소심한 당신도 할 수 있다

부동산 경매 따라 잡기

개정증보판

이재범(핑크팬더) 지음

책수레

차례

핑크팬더의 좌충우돌 경매 경험담

『부동산 경매 따라잡기』는 내가 직접 투자했던 내용을 기반으로 쓴 책이다(2013년 출간된 '소액 부동산 경매 따라잡기'). 솔직히 고백하자면, 부동산 경매를 하며 매일같이 투자 일기를 썼다. 비밀 글로 꾸준히 썼던 걸 나중에 공개하였고, 출판사에서 제안이 와 책으로 펴내게 되었다. 일기에서 쓸데없는 글들을 제거하고 추려서 책으로 펴냈었다.

예전이나 지금이나 투자 책은 읽을 때 입이 벌어지면서 놀라운 수익률에 깜짝 놀라는 경우가 무척 많다. 특히나 부동산 경매 책은 이게 사실인지 여부가 궁금할 정도로 신기한 이야기와 경험이 많다. 이런 내용은 이제 막 부동산 경매를 시작하려는 사람이나 관심 있는 사람들에게 흥미롭지만, 나와는 다른 세계 이야기처럼 느껴져서 좌절하게 된다.

그런 면에서 이제 막 부동산 경매를 시작한 사람이 기초부터 뭘 해야 할지에 대해 쉽게 알려준 책이 바로 『부동산 경매 따라잡기』이다. 이제 부동산 경매를 배우거나 시작하려는 사람은 막상 무엇부터 해야 하는지 막막하다. 대부분의 책은 너무 고수들의 이야기라 내가 따라 하기 힘들다.

그런 책의 주인공은 임장(현장조사)이든 뭐든 척척 해낸다. 별 어려움도 없이 금방 낙찰받고, 손쉽게 명도하고, 임대를 놓거나 매도해서 수익을 낸다. 정작 이제 시작하는 사람 입장에서는 너무 현실감이 없게 느껴진다.

이 책은 초보자가 처음 현장조사를 다니고 입찰할 때 필요한 심리에 대해 제대로 알려주는 책이 없던 시절에 나왔다. 아쉽다고 해야 할지 다행이라고 해야 할지, 몇 년이 지난 지금도 이렇게 초보자를 위한 부동산 경매 책은 없다. 시작하는 사람의 눈높이에 맞춰 쉽게 알려준다는 점이 이 책의 희소성이자 특징이다.

이미 언급한 것처럼 내가 투자를 하며 느꼈던 모든 것을 일기로 썼고 가감 없이 모든 것을 다 밝혔다. 일기를 쓸 때 누군가 볼 것이라 여기며 쓰지는 않는다. 그처럼 좌충우돌 부동산 경매를 하며 경험하고 느낀 감정까지 전부 밝혔다.

그래서인지 많은 사람들이 책을 읽고 큰 도움이 되었다고 나에게 말해줬다. 책이 절판되었는데도, 꼭 구해서 읽고 싶다며 문의하는 사람도 많았다. 다행히 이번에 다시 책을 세상에 선보일 수 있어 저자로서 기쁘다. 몇 년이 지나도 이 책이 꾸준히 사람들에게 선택된 이유가 분명히 있을 것이다. 그렇기에 다시 펴낼 수 있게 되었다.

이 책은 다른 부동산 경매 책과 달리 두루뭉술하지 않게, A부터 Z까지 숨김없이, 현장조사에서부터 입찰, 낙찰, 명도, 임대까지 전부 순서대로 과장 없이 밝혔다. 그 과정에서 분명히 얻는 것이 있으리라 본다. 그 과정은 꽤 지루한 반복의 연속이다. 책을 읽어봐도 반복적으로 행동하는 루틴이 나온다. 누구도 이런 과정을 피할 수 없다는 것도 알게 될 것이다.

판타지 같은 영웅담을 담은 책은 재미있게 읽을 수 있지만, 현실을 살아가는 우리는 현실을 외면할 수 없다. 내가 직접 부동산 경매를 하며 겪은 생생한 과정을 읽고, 경매를 간접 체험하고 이미지 트레이닝도 하면서, 실전 같은 경험을 쌓길 바란다.

사실 이런 이야기는 이미 개정판 전에도 말했던 내용이다. 또다시 반복하는 것은 시간이 지나도 여전히 현실과 동떨어진 부동산 경매 책이 많기 때문이다.

현실을 제대로 직시하면서, 부동산 경매를 포기하지 않고 실천하려는 당신에게 이 책을 선사하고 싶다. 즐거운 간접 경험이 되기를 진심으로 바란다.

핑크팬더 이 재 범

실전 경매가 두려운 분들께

부동산 경매가 대중화되어 이제는 누구나 부동산 경매를 한다. 하지만 부동산 경매를 처음 접하는 사람 중 열의 아홉은 여전히 어디서부터 어떻게 시작해야 할지 감을 잡기 힘들다.

시중에 나와 있는 부동산 경매 책은 하나같이 화려하고 감히 쳐다볼 수 없는 경지에 오른 고수들의 이야기이다. 사람들은 이런 책을 읽으며 '나도 할 수 있다'는 자신감을 갖기도 하지만, '과연 내가 할 수 있을까?' 하는 불안감을 갖게 되는 경우가 더 많다.

무엇보다 그들의 이야기는 이제 막 부동산 경매에 관심을 갖고 공부하는 사람, 임장이나 입찰을 시작하는 사람의 눈높이에 맞춰 이야기하지 않는다. '대항력 있는 임차인', '법정지상권', '유치권', '지분경매' 등과 같은 어려운 용어를 사용하거나, 보통 사람은 감히 꿈도 꿀 수 없는 정도의 금액으로 투자하는 내용을 담고 있다.

이제 용기를 갖고 시작해 보려는 사람들의 의지를 꺾고, 질려 버리게 만들기 일쑤다. 책을 읽어도, 어디서부터 어떻게 시작해야 할지 도무지 감이 잡히지 않고, 점점 더 막막해진다. 나 역시 부동산 경매를 시작하기 전에 많은 책을 읽었지만, 이제 막 부동산 경매를 시작하는 초보자의 눈높이에 맞는 책을 찾기 힘들었다.

설령 그런 책이 있어도, 과정에 대한 자세한 설명보다는 어떻게 낙찰받고 얼마만큼의 수익을 얻었는지에 대한 이야기뿐이었다. 임장할 때의 두려움은 어떻게 해소하고, 낙찰받고 처리하는 과정은 어떻게 해야 하는지 배우기 어려웠다. 마치 사막 한복판에서 오아시스를 찾아가는 것처럼 막막한 느낌이었다.

지금부터 펼쳐질 이야기는 내가 부동산 경매를 하면서 겪은 일과 생각을 가감 없이 있는 그대로 기록한 것이다. 그렇기에 때로는 유치하기도 하고, 같은 일이 반복되기도 하며, 시원하게 빨리 해결하지 못해 답답하게 느껴지기도 한다.

하지만, 다른 책에서는 볼 수 없었던 자세한 이야기가 실려 있다. 부동산 경매에 입문하여 하나씩 일을 처리하는 과정에 대한 이야기이기 때문에, 재테크나 투자에 관심이 있어 부동산 경매를 시작해 보려고 하는 사람들에게 실질적인 도움이 될 것이다.

모쪼록 이 책이 부동산 경매를 시작해 이론만 접하다, 그 실전 과정에 대해 궁금증을 갖게 된 분들에게 많은 도움이 되길 바란다.

핑크팬더 이 재 범

입찰, 그리고 첫 낙찰

입찰의 첫발을 내딛다

처음으로 입찰하는 날이다. 아직 시간이 많이 남았지만, 일찍 집에서 출발했다. 확실히 미리 연습해 보는 것이 중요하다고, 작년에 경매 법정에 가서 모의 입찰한 경험이 있어서, 전혀 헤매지 않고 수월하게 도착했다.

처음 입찰하러 가는 날인데 이상하게도 전혀 떨리지 않았다. 어젯밤에도 평소처럼 잠을 잘 잤고, 오늘 아침에도 평소처럼 일어났다. 법원에 가서 입찰하는 것은 생전 처음인데 말이다. 그래도 나름대로 이런저런 무대에도 서 보고, 몇백 명 앞에서 이야기해 본 경험도 있기 때문이리라 생각했다.

법원에 도착한 후, 혹시 경매가 취소된 것은 아닌지, 보증금은 10%가 맞는지 등등을 확인하고 화장실로 향했다. 긴장하지 않았다고 생각했지만, 사실 긴장이 되긴 했던 모양이다. 작은 실수를 하나 하고 말았다. 도착하자마자 입찰표를 작성하고 봉투에 넣어 버린 것이다. 너무 빨리 해버리고 나니 할 일이 없어졌고, 이제부터 뭘 어떻게 해야 할지 조금 막막해졌다.

계획은 이러했다. 이날 나온 2회 차(1회 유찰된) 빌라 중에서 가격이 너무 높은 것은 빼고, 대략 6,000만 원 미만이면 모두 입찰하는 것이다. 최저가보다 약간 높은 금액을 써서 낙찰되면 땡잡은 것이고, 떨어지면 그러려니 하는 전략이다.

그런데 처음부터 계획이 틀어지고 말았다. 다섯 건에 입찰하려고 했는데, 미처 수표를 교환하지 못했다. 보증금 500만 원을 넣어야 하는 물건에 1,000만 원 수표를 넣을 수 없어, 할 수 없이 가장 금액이 적은 두 건에만 입찰해야 했다. 전날 너무 바빠 수표를 교환할 시간이 없어 벌어진 참사였다.

그래도 입찰표 작성법이나 봉투에 넣는 방법 등은 사전에 인터넷을 통해 충분히 숙지했기 때문에 어렵지 않게 할 수 있었다. 그런데 마지막 보증금을 적는 난에서 약간 당황했다. 최저가의 10%를 적어야 하는지, 내가 입찰한 금액의 10%를 적어야 하는지 헷갈렸다. 처음에는 이번 회차 최저가의 10%를 적으려고 했는데, 생각해 보니 내가 입찰한 금액의 10%가 맞는 것 같았다. 그래서 입찰가의 10%를 적고 봉투에 넣었다. (입찰 보증금은 이번 회차 최저가의 10%가 맞다.)

10시 30분이 되자마자 줄을 서서 봉투를 제출했다. 그런데 봉투 일부를 뜯어서 돌려주는데, 내가 받은 종이에는 아무런 표시가 없었다. 앞으로 여러 건을 동시에 입찰할 때는 돌려받을 종이 위에 사건번호를 적어야겠다는 생각이 들었다.

시간이 워낙 많이 남아 앞자리에 앉아서 책을 읽었다. 11시 20분에 마감하고 정리한 후, 낙찰 결과를 발표하기까지 정말 시간이 멈춘 듯한 느낌이었다. 시간이 얼마나 안 가던지. 게다가 내가 입찰한 물건은 전부 뒷번호라 거의 끝날 때까지 기다려야 했다. '앞으로 앞번호만 입찰해야 하나' 하는 생각이 들 정도였다.

결과적으로 두 건 다 떨어졌다. 나와 같은 물건에 입찰했던 사람들은 내게 고마워해야 하지 않을까. 내가 입찰한 물건은 두 개이고, 모두 두 명이 들어왔는데, 다 내가 2등이다. 하나는 500만 원, 하나는 100만 원 정도 차이가 났다. 그 사람들이 나보다 욕심을 조금 덜 낸 것 같다.

하긴 나는 최저가에서 조금 더 쓰는 전략을 썼으니, 내가 욕심을 너무 많이 부린 것인지도 모르겠다. 내가 들어가지 않았으면 그들은 단독 입찰로 낙찰받아 오히려 마음이 싱숭생숭했을 것이다. 내가 있었기에 낙찰의 승리감을 맛볼 수 있지 않았을까?

처음이라 나름대로 적당하다 싶은 입찰가를 산정했는데, 두 건 모두 떨어진 것을 보면 앞으로 입찰가를 조금 더 올려 써야 할 것 같다. 하루에 대여섯 건 정도 입찰할 계획이니, 한 달 내로 하나 정도는 낙찰되지 않을까 생각한다.

오늘 하루에만 벌써 두 번 떨어지는 경험을 쌓았다. 초고속으로 경험을 쌓고 있다. 내가 들어간 물건에는 나와 낙찰자 외에는 입찰한 사람이 없어, 바로 앞으로 나가 봉투를 받았다. 봉투 번호가 몇 번이냐고 물어본 후에 내 종이 번호를 확인한 후 교환했다. 급하게 종이에 사건 번호를 적었는데, 두 개뿐임에도 불구하고 바꿔 적었던 모양이다.

다른 사람들의 경매를 지켜보다 보니 재미있는 일도 꽤 있었다. 첫 번째는 200원 차이로 낙찰받은 경우였다. 두 사람이 처음에 같은 금액을 적었다가 마지막에 한 사람이 200원을 더 적었는데, 결국 그 사람이 낙찰받았다. 사람들이 웅성웅성하니, 경매 집행관은 정확하게 이야기해 주겠다며 마이크 가까이에서 잘 들리게 다시 한번 이야기했다. 순간 법정 안에는 웃음이 빵 터졌다.

더 재미있는 일은 그다음에 일어났다. 그 사건에 물건번호가 또 있었는데, 그 두 사람이 또다시 맞붙었던 것이다. 이번에도 앞에서 낙찰받았던 사람이 200원 차이로 낙찰받았다. 같은 일이 두 번 연속으로 일어나니 경매 집행관도 웃느라 난리였다.

어떻게 두 건에 두 명이 응찰하여 둘 다 200원 차이로 희비가 교차되었는지…. 집에 와서 물건을 살펴보니 최저가에서 아주 조금만 올려 입찰가를 썼고, 물건의 위치도 내가 보기에는 별로였다. 무슨 사연이 있는 걸까?

또 다른 재미있는 일은, 단독으로 낙찰받을 수 있었는데 입찰표에 실수를 해 무효가 된 경우였다. 3자를 볼펜으로 지우고 0으로 고쳐 쓴 것이다. 정말 바보 같은 행동으로 낙찰의 기회를 무효로 만든 셈이다.

마지막은 얼마나 대단한 물건인지 스무 명이 넘게 응찰했고, 그중 한 명이 무려 1억 원이 넘는 차이로 낙찰받았다. 그러자 다른 한 명이 호기롭게 나섰다.

"제가 차순위 신고합니다."

"차순위 신고할 수 있는 자격이 안 됩니다."

하지만 반전이 기다리고 있었다. 낙찰받은 사람이 맨 앞 숫자를 1로 적어야 하는데 2로 적은 것 같았다. 정확하지는 않지만 분위기가 이상했고, 같이 온 것으로 보이는 사람들이 옆에서 "너 잘못 적었어?" 하고 물으며 당황하는 모습이 보였다.

참 재미있는 일이 많이 벌어지는 법정이다. 나 역시 금액을 잘못 적으면 어쩌나 걱정하기도 했는데, 입찰표 위에 친절하게 한글로 금액 단위가 적혀 있어 잘못 기입할 일은 없을 듯했다. 은행에서도 잘못 기입할까 봐 숫자 말고 한글로 적으라고 하는 것처럼 입찰표에도 한글로 적게 하는 것이 좋지 않을까 생각했다.

입찰과 발표가 모두 끝난 후 법원 식당에서 점심을 먹고, 구월동, 만수동, 간석동 임장(현장조사)을 했다. 1시 30분부터 5시 20분까지 했으니 거의 네 시간을 쉬지 않고 걸은 셈이었다.

앞으로도 경매 법정에 가는 날은 이렇게 하려고 한다. 따로 시간을 내지 않고, 법원에 온 김에 임장도 함께 하는 걸로 말이다. 몸은 피곤하지만, 시간도 줄이고 효율적으로 일할 수 있는 방법인 듯하다. 앞으로 일주일에 최소한 하루 정도는 입찰하러 갈 계획이다.

차순위매수신고인의 결정

▶ 차순위매수신고는 집행관에게 최고가매수신고인이 대금 지급 기한까지 그 의무를 이행하지 않으면 자기의 매수신고에 대해 매각을 허가해 달라는 취지의 신고를 하는 것을 말한다(「민사집행법」 제114조 제1항).

▶ 최고가매수신고액에서 매수신청보증을 뺀 금액을 넘는 금액으로 매수신고를 한 사람으로서 차순위매수신고를 한 사람은 차순위매수신고인이 된다(「민사집행법」 제114조 및 「부동산 등에 대한 경매절차 처리지침」 제34조 제4항).

▶ 차순위매수신고를 한 사람이 두 사람 이상인 경우에는 매수신고 가격이 높은 사람을 차순위 매수신고인으로 정하고, 신고한 매수 가격이 같은 경우에는 추첨으로 차순위매수신고인을 정한다(「민사집행법」 제115조 및 「부동산 등에 대한 경매절차 처리지침」 제34조 제4항).

| 소중한 자산이 될 패찰의 경험들

두 번째로 입찰하러 가는 날이다. 법원에 너무 일찍 도착할 필요가 없다는 것을 알았기 때문에 아이들이 학교에 갈 때 같이 나갔다. 한참 가다가 생각해 보니 수표 발행하는 것을 잊은 것이 아닌가? 즉시 은행에 가서 수표 발행을 하며 궁금한 점을 물어보았다.

혹시 수표 발행이 무료인 통장이 있는지 물어보니, 신한은행은 수표 발행이 무조건 공짜라고 한다. 일주일에 한두 번, 몇 건씩 수표 발행을 할 때마다 수수료를 낼 생각을 하니 아깝기도 하고 억울하다는 생각이 들었는데, 얼마나 다행인지…. 농협에 갔을 때 통장이 있어야만 발행된다는 말을 들었기 때문에, 신한은행도 그럴 것이라 생각해서 통장을 가져갔는데, 신한은행에서는 체크카드로도 발행된다고 한다.

"체크카드로도 발행됩니다. 한 번 발행할 때 600만 원까지만 되는데, 금액은 한도를 풀면 늘릴 수 있고요."

그 말에 한도를 풀어 달라고 하고 체크카드도 만들었다. 신한은행 통장을 만든 지 10년이 다 되어 가는데, 체크카드도 없고 인터넷뱅킹 신청도 안 되어 있었다. 정말 좋은 정보라 횡재한 느낌까지 들었다.

경매 법정으로 올라가 입찰표를 다섯 장 가져와, 하나씩 적고 도장을 찍은 후 수표와 함께 봉투에 넣었다. 봉투 위에는 각각의 사건번호를 적었다. 다섯 건이나 적다 보니 시간이 꽤 걸렸다.

입찰표를 제출한 후 맨 앞자리에 앉았다. 지난주보다 사람이 많이 줄어 한산하다고 느껴질 정도였다. 앉아서 책을 읽고 있는데 경매 집행관이 입찰 마감을 알렸다. 그러자 나도 모르게 얼굴이 화끈거리며 긴장되기 시작했다. 이번에는 다섯 건이나 입찰해서 그런지, 중간중간 내가 들어간 사건 발표를 듣다 보니 지루할 틈이 없었다.

첫 번째 물건(감정가 8,500만 원 / 2회 차)은 스무 명이 들어와서 7,633만 원에 낙찰되었다. 나는 조금 욕심을 부려 액수를 살짝 올려 적었는데, 내 예상보다 훨씬 높은 금액에 낙찰되었다. 확실히 좋은 물건을 낙찰받으려면 적지 않은 액수를 적어야 한다.

두 번째 물건(감정가 1억 5,700만 원 / 3회 차)은 사실 사람들이 많이 들어올 것이라 예상했다. 무슨 이유인지 모르겠지만, 완전히 새 건물인데 두 번이나 유찰되었다. 모든 것이 깔끔한 사건이었다. 그래서 그런지 오늘의 하이라이트였다. 컨설턴트 두 명과 함께 내 옆에 앉아 있던 어르신도 그 물건에 들어갔다. 나도 혹시나 하는 마음에 들어갔지만, 내 금액은 아마도 뒤에서 다섯 번째 이내일 듯하다. 총 스물여섯 명이 들어와 지난번 최저가보다 높은 1억 2,588만 원에 낙찰되었다. 지난번에 많은 사람이 아차! 하고 지나친 것 같다.

세 번째 물건(감정가 8,000만 원 / 2회 차)은 딱 두 명이 들어왔다. 낙찰자와 나다. 부동산 중개업소 이야기로는 빌라의 선호도는 떨어지지만 임대로는 괜찮을 것이라고 했다. 그 말에 6,000만 원을 넘지 않는 선에 적었는데, 6,100만 원에 낙찰되었다. 오늘도 낙찰자에게 실수하지 않았다는 만족감을 안겨 주었다.

네 번째 물건(감정가 9,000만 원 / 2회 차)은 주안역에서 가깝고, 바로 앞에 유치원이 있으며, 근처에는 초등학교도 있어, 상당히 괜찮다고 생각했다. 이 물건에도 열 명이나 들어왔다. 이렇게 사람이 많이 들어오면 나는 당연히 떨어진다. 입찰가를 높게 쓰지 않으니 말이다. 이 물건은 7,754만 8,800원에 낙찰되었다.

다섯 번째 물건(감정가 7,000만 원 / 2회 차)은 임장 첫날 처음 본 물건이었다. 그렇게 훌륭하지는 않았고, 교통편도 좀 애매해서 최저가보다 조금 더 쓰자는 생각으로 들어갔다. 혹시나 단독일지도 모르겠다는 마음도 있었다. 나까지 두 명이 입찰했고, 이번에도 보기 좋게 2등을 했다.

50만 원 차이였다. 차이가 크지 않았지만, 아쉽다기보다는 담담했다. 내 물건이 아니었나 보다 하는 생각이 들었다. 다만, 경매 집행관이 갑자기 낙찰자를 불러 인감증명서를 확인하기에, 혹시나 그 사람이 무효가 되는 것이 아닌가 했는데, 쓸데없는 망상이었다.

하루에 여러 건 입찰하다 보니 입찰과 패찰 경험을 아주 압축적으로 하고 있다. 그저 나보다 욕심을 조금 덜 낸 사람이 낙찰되는 것이다. 단지 그뿐이다. 당시에는 별 느낌이 없었는데, 다시 생각하니 50만 원 차이로 떨어진 물건은 많이 아쉽기는 하다. 벌써 네 건이나 되는 물건에서 두 명 경합에 2등이자 꼴등을 했다.

법원 식당에서 밥을 먹고 나가다, 수표를 입금하는 걸 잊은 게 생각났다. 잽싸게 은행에 들어가서 입금하고, 부평동과 부개동 임장을 했다. 상당히 더운 날이라 갈증이 엄청났다. 한여름에 세 시간 넘게 계속 걸으며 임장하려니 여간 힘든 게 아니다. 그래도 이제 내가 들어가려고 하는 인천 지역의 빌라는 거의 다 돌아다닌 셈이다.

다음부터는 지금과 다른 방법으로 돌아다녀야겠다. 단순히 경매물건을 임장하는 것뿐만 아니라 5,000만 원 전후의 빌라가 부동산 중개업소에 나온 것이 있으면 중개업소에도 들어가 한번 구경하는 방법으로 말이다. 그렇게 하면 임장은 대략 다섯 건 미만으로 하고, 남는 시간은 중개업소를 통해 빌라를 구경하면서 조금 쉴 수도 있지 않을까?

입찰표 작성 시 유의사항

▶ 기일입찰표에 흠이 있으면 개찰에서 제외될 수 있으니, 기일입찰표를 작성할 때는 세심한 주의가 필요하다.
▶ 기일입찰표에 흠이 있는 경우에는 다음과 같이 처리된다(「부동산 등에 대한 경매절차 처리지침」 별지 3).

흠결사항	처리기준
입찰기일을 적지 않거나 잘못 적은 경우	입찰봉투의 기재에 의해 그 매각기일의 것임을 특정할 수 있으면 개찰에 포함
사건번호를 적지 않은 경우	입찰봉투, 매수신청보증봉투, 위임장 등 첨부 서류의 기재에 의해 사건번호를 특정할 수 있으면 개찰에 포함
매각 물건이 여러 개인데 물건번호를 적지 않은 경우	개찰에서 제외. 단, 물건의 지번, 건물의 호수 등으로 적거나 입찰봉투에 기재가 있어 매수신청 목적물을 특정할 수 있으면 개찰에 포함
입찰자 본인 또는 대리인의 이름을 적지 않은 경우	개찰에서 제외. 단, 고무인, 인장 등이 선명해서 용이하게 판독할 수 있거나, 대리인의 이름만 기재되어 있으나 위임장, 인감증명서에 본인의 기재가 있는 경우에는 개찰에 포함
입찰자 본인과 대리인의 주소, 이름이 함께 적혀 있지만(이름 아래 날인이 있는 경우 포함), 위임장이 붙어 있지 않은 경우	본인의 입찰로서 개찰에 포함
입찰자 본인의 주소, 이름이 적혀 있고 위임장이 붙어 있지만, 대리인의 주소, 이름이 적혀 있지 않은 경우	본인의 입찰로서 개찰에 포함
위임장이 붙어 있고 대리인의 주소, 이름이 적혀 있으나 입찰자 본인의 주소, 이름이 적혀 있지 않은 경우	위임장의 기재로 보아 본인의 주소, 이름을 특정할 수 있으면 개찰에 포함
한 사건에서 동일인이 본인인 동시에 다른 사람의 대리인이거나, 동일인이 2인 이상의 대리인을 겸하는 경우	쌍방의 입찰을 개찰에서 제외
입찰자 본인 또는 대리인의 주소나 이름이 위임장 기재와 다른 경우	이름이 다른 경우에는 개찰에서 제외, 이름이 같고 주소만 다른 경우에는 개찰에 포함
본인 또는 대리인의 이름 다음에 날인이 없는 경우	본인의 입찰로서 개찰에 포함
입찰 가격의 기재를 정정한 경우	정정인(訂正印) 날인 여부를 불문하고 개찰에서 제외
입찰 가격의 기재가 불명확한 경우 (예, 5와 8, 7과 9, 0과 6 등)	개찰에서 제외
보증금액의 기재가 없거나 기재된 보증금액이 매수신청보증과 다른 경우	매수신청보증봉투 또는 보증서에 의해 정해진 매수신청보증 이상의 보증 제공이 확인되는 경우에는 개찰에 포함
보증금액을 정정하고 정정인이 없는 경우	매수신청보증봉투 또는 보증서에 의해 정해진 매수신청보증 이상의 보증 제공이 확인되는 경우에는 개찰에 포함
하나의 물건에 대해 같은 사람이 여러 장의 입찰표를 제출한 경우	입찰표 모두를 개찰에서 제외
보증의 제공 방법에 관한 기재가 없거나 기간 입찰표를 작성, 제출한 경우	개찰에 포함
위임장은 붙어 있으나 위임장이 사문서로 인감증명서가 붙어 있지 않은 경우, 위임장과 인감증명서의 인영이 다른 경우	최고가매수신고인 결정 전까지 인감증명서를 제출하거나 그 밖에 이에 준하는 확실한 방법으로 위임장의 진정 성립을 증명한 때에는 그 입찰자를 최고가매수신고인(차순위매수신고인)으로 결정할 수 있음

예상치 못한 첫 낙찰

벌써 세 번째 응찰이다. 회사에 출근하는 것처럼 습관적으로 전철을 타고 주안역까지 간다. 법원에 도착해 은행에서 다른 날보다 많은 수표를 발행했다. 오늘은 무려 여섯 건이나 응찰할 계획이다.

수표를 여러 건 발행하는 걸 본 은행원이 많이 들어가느냐고 묻더니, 오늘 665만 원 찾는 분이 두 분 있었다고 귀띔해 준다. 고맙다고 이야기는 했지만 귀담아듣지는 않았다.

여섯 건을 응찰하려니 입찰표 쓰는 시간도 만만치 않다. 도장 찍고 확인까지 하려니 꽤 시간이 걸렸다. 실수를 대비해서 입찰표를 조금 많이 갖고 왔는데, 남은 것은 챙겨 가서 다음에는 집에서 미리 작성해 와야겠다.

오늘은 지난번보다 사람이 더 없었다. 보통 사람이 없다가도 마감 시간이 되면 꽉 들어차는데, 오늘은 마감 시간이 되었음에도 불구하고, 입찰봉투도 별로 없고 줄 서는 사람은 아예 없었다.

이날 처음으로 무려 네 번이나 내 이름이 불렸다. 낙찰자 호명 전에 두 번이나 불렸다는 것이 문제였지만.

"이재범 씨!"

앞으로 나가니, 사건번호가 없는데 어떻게 입찰표를 썼느냐고 묻는다. 얼굴이 화끈거리고 주체할 수 없는 부끄러움이 나를 감쌌다. 분명 법정 앞에 붙어 있는 종이를 봤을 때 취소된 사건번호가 하나도 없었는데….

앉자마자 내 이름을 또 부른다. 망신도 이런 망신이 없다. 다행히 이번에는 나 혼자가 아니라 한 명이 더 있었다. 사실 응찰 결과 발표 5분 전에 취소된 사건이 있어, 열 명 정도 나가서 입찰표를 받아 올 때만 해도 안타깝다는 생각을 하고 있었다. 그런데 나는 5분 전에 취소된 것도 아니고, 정말 창피해서 쥐구멍이라도 찾고 싶을 정도였다.

첫 번째 물건(감정가 9,500만 원 / 2회 차)에 7,650만 원을 썼는데, 8,760만 원을 쓴 사람이 낙찰을 받았다. 열 명이나 응찰했고, 괜찮은 물건이라는 생각에 나도 조금 더 썼는데, 역시나 더 높게 쓴 사람이 있었다.

그다음에 들어간 물건(감정가 9,000만 원 / 4회 차)은 4회 유찰된 물건으로, 감정가는 높게 형성되어 있었지만 부동산 중개업소에서는 현재 시세가 6,500만 원 정도라고 했다. 반지하지만 깨끗했고, 바로 옆에 초등학교가 있었으며, 반대편으로는 공원과 인천 지하철 1호선이 있었다. 인천은 버스 교통편이 잘되어 있어 지하철이 그다지 중요하지는 않지만, 그래도 꽤 좋은 조건이었다.

나는 지난번 유찰가보다 과감하게 올려 쓰기로 마음먹었다. 그리고 처음으로 내 이름이 불리는 경험을 했다. 내가 1등을 할 것이라고는 생각하지 못했기 때문에 왠지 얼떨떨하고 어색했다. 막상 1등이 되니 기분이 좋다기보다 정말 잘된 것이 맞나 하는 생각이 들었다.

무려 열다섯 명이 응찰하여 4,500만 원으로 내가 낙찰받았고, 차순위가 4,190만 원 정도였다. 내가 모르는 호재가 있는 것인지, 차순위 신고를 하라고 하니 무려 두 명이나 하려 했다. 하지만 두 명 다 금액 부족으로 하지 못했다. (p15 차순위 매수신고인의 결정 참고)

영 수 증			
			이재범 귀하
사건번호	물건 번호	부동산 매각 보증금액	비 고
2009타경	1	3,100,000원	

위 금액을 틀림없이 영수 하였습니다.

2010.06.11

인천지방법원 집행관사무소

집 행 관   문칠성   (인)

❀ 사건에 대한 문의는 민사 집행과 담당 경매계에 문의하십시오.

낙찰받은 빌라 보증금 영수증

이름이 불리어 앞에 나가 서류를 작성하는데, 바로 다음 사건을 부르는 것이 아닌가? 사실 이 물건(감정가 1억 원 / 2회 차)은 임장도 가지 않았고, 아파트니 그냥 응찰이나 해보자는 심정으로 한 것이었다.

9,000만 원 전후면 가능하지 않을까 하는 마음으로 응찰했고, 평소 같으면 1억 원에 나왔으니 7,000만 원대로 썼을 텐데, 무려 8,200만 원이나 적었다. 뭔가에 홀렸던 모양이다. 더군다나 이 물건은 엘리베이터도 없는 6층 건물이라 그렇게 좋다고 할 수도 없었다. 결국 내가 단독 입찰로 낙찰받았다.

영 수 증			
		이재범 귀하	
사건번호	물건번호	부동산 매각 보증금액	비 고
2009타 경ㅣ	1	7,000,000원	

위 금액을 틀림없이 영수 하였습니다.

2010.06.11

인천지방법원 집행관사무소

집 행 관   문 칠 성 (인)

❋ 사건에 대한 문의는 민사 집행과 담당 경매계에 문의하십시오.

낙찰받은 아파트 보증금 영수증

이왕 앞으로 나온 김에, 지금 부른 사건도 내가 낙찰자라고 말하고 같이 서류를 작성하니 편하기는 했다. 그러나 임장도 없이 받은 낙찰에 단독 입찰이라, 뭔가 잘못된 건 아닌가 하는 생각이 들었다. 가격을 높게 썼으니 아무래도 내 경매 인생의 최대 사고로 기록되지 않을까 하는 우려가 생겼다.

9,500만 원 정도에 실거래가 된 것을 확인하고 8,200만 원을 적었던 것인데, 사설 정보지의 정보로는 현재 8,500~9,500만 원에 거래된다고 한다. 그렇다면 분명 내가 실수한 것으로 보인다. 그럼에도 장점을 찾자면, 이 지역이 현재 재개발 중인데 이상하게 이 아파트만 제외되어 있었다.

지금 상황에서 최상의 결과는 임대를 놓고 기다리다, 이 아파트가 재개발 구역에 포함되는 것이다. 앞으로 신도시 아닌 곳을 더욱 발전시킨다고 하니, 아파트 주민들이 합심하여 재개발 구역에 포함될 수 있도록 민원을 넣어 포함되기를 바랄 뿐이다.

마지막 물건(감정가 6,500만 원 / 2회 차)도 임장을 가지 않았다. 임장을 다니다 보면 굳이 임장을 가지 않아도 될 것 같다는 생각이 드는 경우가 있다. 거의 다 뻔하기 때문이다. 막상 현장에 가보면 사진으로는 파악할 수 없던 정보를 알 수 있어, 잘했다는 생각이 들 때도 있지만 말이다. 이 물건은 사진으로 보기에 괜찮은 듯싶어 미친 척하고 들어가 보기로 했던 것이다. 5,040만 원을 썼는데, 열한 명이 들어와서 5,578만 원에 낙찰되었다.

오늘 들어간 물건 중 두 건을 임장 없이 입찰했다. 아파트보다는 빌라가 되기를 원했는데…. 낙찰받으면 대출상담사들이 주위로 마구 몰려든다고 하던데, 전혀 그렇지 않았다. 두세 명 정도 명함을 주고 간 것이 전부였다. 한 번에 다섯 장 정도씩 명함을 주고 갔다. 와서 전화번호를 물어보고 가는 사람도 있었다.

| 첫 낙찰, 새로운 고민의 시작

사람이 없어 그런지 확실히 빨리 끝났다. 점심을 먹고 나니 아직 1시도 되지 않았다. 평소에는 1시가 되어도 한창 개찰 중이었는데 말이다. 낙찰된 집들은 매각결정이 나면 그때 가보려고 한다.

은행에 수표를 입금하려고 하니, 급할 때 창구를 이용하지 않고 즉시 수표를 발행할 수 있는 통장이 있다고 한다. 부동산 경매 전용 계좌를 만들면, 사람이 많을 때 차례를 기다리지 않고 즉시 수표를 발행할 수 있다고 해, 통장을 만들었다.

통장을 만들며 은행원과 이런저런 이야기를 했다. 아무래도 특수한 지점이다 보니 거기서도 이런저런 이야기를 들을 수 있었다. 자신들도 자주 와 눈에 익은 사람들과는 정보를 나누기도 한다고 한다.

법원을 나와 주안동 임장을 했다. 처음 주안동 임장했던 곳이 알고 보니 법원에서 10분도 안 되는 거리였다. 역시 직접 걸어 보면 좀 더 자세히 알게 된다.

오늘 생각지도 못하게 무려 두 건을 낙찰받게 되었다. 날짜로 따지면 3일 만에 1등이 된 것이다. 건수로 따지면 대략 열 건이 넘어 일어난 결과였다. 보통 최소 열 건에서 쉰 건 이상 떨어져 봐야 한다고 하는데, 너무 이른 결과가 아닌가 하는 우려가 앞선다.

또한 이렇게 두 건을 낙찰받고 보니 향후 응찰에 걱정이 생긴다. 낙찰받은 두 건에 돈을 지출하면 당장 수중에 현금이 없게 된다. 돈이 어느 정도 회수될 때까지 자금 운용을 어떻게 해야 할지 고민이다. 한 건만 낙찰되었어도 이런 걱정은 하지 않았을 텐데….

다만, 대출 금리를 7%로 잡고 계산했었는데(리스크를 감안하여 보수적으로), 실제로는 5.8% 금리에 대출 가능 금액이 80%라고 하니, 어떻게든 해결할 수 있겠다는 생각도 든다.

경매할 때 나의 첫 번째 원칙은 수익률이다. 즉시 매도하지 않아도 임대수익이 나온다면 아무런 불만이 없다. 낙찰받은 두 건에 대해서는 명도, 임대 등이 끝나야 정확한 수익률을 계산할 수 있다. 첫 번째 낙찰이 나에게 이익이 될지 손해가 될지는 그때 가서야 결정될 것이다.

낙찰받은 반지하 빌라는 여러 번 유찰된 물건인데, 왜 그렇게 감정가가 높았는지 모르겠다. 감정평가서에는 분명 4,000만 원으로 되어 있다. 나는 감정가보다 무려 500만 원이나 더 써서 낙찰받은 셈이다. 평소에 감정가보다 높게 낙찰받는 사람들을 욕하던 내가 말이다.

수익률을 따져 봤을 때, 5,000만 원 미만으로 입찰할 경우 대부분 수익이 난다. 월세 받아서 이자를 내고도 10만 원 이상 남는 것으로 계산된다. 다만 묶이는 자금이 얼마나 될지가 관건이다.

얼마나 수리해야 하느냐에 따라 달라지지만, 반지하 빌라는 대략 700만 원에서 900만 원 정도 투자금이 들어가지 않을까 싶다. 그렇게 보면 투입 금액 대비 최소 10% 정도 수익률이 나오는 셈이다.

워낙 여러 번 유찰되어 모 카페에서도 이 물건에 대해 이야기가 나온 적이 있다. 내가 부동산 중개업소에 문의했던 시기에는 실거래가가 6,500만 원 정도였지만, 지금은 그다지 평이 좋지 않다.

집이 그렇게 좋은 것도 아니고, 집주인이 도망간 적도 있으며, 이런 저런 조건을 따져 봤을 때 5,000만 원 이상은 절대 받을 수 없을 거라고 한다. 그런 집을 무려 4,500만 원에 낙찰받았으니 내 첫 번째 낙찰은 실패로 기록되어야 할 것 같다.

물론 가격은 잘 팔리지 않는 현재 시점에서 산정된 것이다. 부동산 경기가 좋아지면 다시 가격은 올라갈 것이다. 사실 매매 6,500만 원을 생각하고 들어갔지만, 그보다 임대가 잘되었으면 하는 바람이 있다. 반지하라는 단점을 제외하면 여러모로 좋은 곳이라 생각하기 때문이다.

한편 생각지도 못하게 임장도 안 가고 낙찰받은 D아파트를 다시 살펴보니, 임차인은 없고 소유자가 사는 듯했다. 처음 시작하는 것이라 이왕이면 이런 물건을 피하고 싶었는데…. 아무래도 돈을 받아 가는 사람이 명도가 좀 쉬울 테니 말이다.

자기가 살던 집에서 자신의 의지와는 상관없이 나가는 사람이니 분명 좋은 감정은 아닐 것이다. 쉽지 않은 게임이 될 듯하지만, 덕분에 좋은 경험을 하게 될 것이라고 긍정적으로 생각하기로 했다. 사진에 현관문 잠금장치도 제대로 안 되어 있는 것을 보아, 제법 손봐야 하는 것이 아닐까 하는 생각이 든다.

이 아파트는 무엇보다 임대를 놓을 것인지, 매매할 것인지가 관건이다. 매매로 많이 쳐서 9,500만 원에 판다고 가정하면 얼마라도 수익이 난다. 하지만 임대를 놓으면 답이 나오지 않는다.

보증금 2,000만 원에 월세 20만 원으로 임대를 놓으면, 매월 만 원이상의 돈이 나가고, 보증금 1,000만 원에 월세 30만 원으로 하면, 매월 10만 원이 들어오지만, 묶이는 돈이 1,600만 원가량 된다.

결국 매매를 전제로 해야 하는데, 이 물건은 지난 1분기에 최저 8,000만 원에서 최고 9,600만 원에 팔렸고, 2분기 시세는 아직 없다. 게다가 내가 받은 물건은 선호도가 떨어진다는 6층이다. 엘리베이터가 없기 때문이다. 어쨌든 9,500만 원에 팔지 못하면 어차피 손해다.

같은 임대라도, 전세를 놓으면 목돈이 들어와, 그 돈을 다른 곳에 투자하여 이익을 볼 가능성은 생긴다.

대출이 80%나 되니, 4,000만 원에 들어올 사람이 있을지 모르겠다(당시 인천 지역 최우선변제금액은 2,200만 원). 2,000만 원으로 두 개의 계약서를 써서(부부에게 따로따로) 그들이 안전하게 보증금을 지킬 수 있게 하는 방법밖에 없을 듯하다. 이것도 임차인들이 동의해야만 가능한 방법이다. 임대수요가 아주 많다면 불가능한 것은 아닌데, 지금은 시기상 어떨지 모르겠다(나중에 알아보니 이 방법은 부부가 따로 계약서를 작성해도, 합산 보증금 4,000만 원으로 보기 때문에 불가능했다).

전화번호를 받아 간 대출중개인들이 문자로 대출금리를 보내왔다. 두 곳에 전화번호를 줬는데 연락이 온 것은 세 곳이다. 자기들끼리 서로 연락처도 공유하나 보다.

숫자를 놓고 이리저리 계산해 봤는데, 결국 중요한 것은 이자율보다는 얼마나 대출을 많이 받을 수 있느냐였다. 대출금리가 9%라도 낙찰가 90%를 대출받으면, 전세를 놓을 때 오히려 남는 금액이 크다. 물론 계속 이자를 내야 하는 엄청난 리스크를 안고 가야 하지만 말이다.

내가 생각한 전략은 여러 건을 낙찰받아 비록 차입금이지만 목돈을 늘리는 것이다. 그 후 그 돈으로 매매를 위주로 하고, 그다음에 매매차익으로 하나씩 수익을 낸 후, 하나하나 전세를 월세로 돌리는 것이다.

그렇게 해서 대출을 갚은 후에 순수하게 월세만 들어오는 시스템을 만드는 것이다. 이런 전략은 말 그대로 차입금을 통해 기회를 넓히는 것이어서, 잘되면 대박이고 잘못되면 도망다녀야 할지도 모른다.

문자로 온 대출 금리는 모두 생각보다 저렴하다. 한국은행에서 계속 금리를 동결하고 있기 때문에 일반 은행의 대출금리도 움직이지 않는 것은 알고 있었다. 그런데 법무비 차이가 제법 나는 것을 봐서는 대출 중개인들이 수수료로 많이 가져가는 것이 아닐까 하는 생각이 든다. 그건 전화를 해보면 자세히 알 수 있을 것이다.

셀프등기를 하고 싶었지만, 대출 때문에 법무사를 끼고 하는 쪽을 택했다. 나중에 좀 더 경험을 쌓고 어느 정도 신용이 쌓이면, 은행을 통해 직접 셀프등기를 해 비용을 절약해야겠다. 리모델링은 직접 할 자신이 없어 업자를 통해 할 생각이니, 등기 비용이라도 아껴야 한다. 도배, 장판 등은 업자에게 맡기고, 형광등 같은 간단한 것들은 내가 직접 하는 쪽으로 생각하고 있다.

생각보다 빨리 두 건을 낙찰받은 상태라, 또 응찰하러 가도 되는 건지 조금 헷갈린다. 소화불량에 걸려 급체하는 것은 아닌가 하는 생각이 든다. 대략 계산해 보면, 대출을 받고, 임대를 놓고, 보증금을 받아, 투자금을 회수할 때까지 3,000만 원 정도는 필요하다. 그렇다면 더 이상 입찰하면 안 된다는 계산이 나온다. 어떻게 해야 할까?

| 낙찰받은 집을 찾아가다

인천의 거의 모든 곳을 도보로 서너 시간씩 다니다 보니 많이 익숙해졌다. 버스를 타고 부평역으로 가는 중이다. 가정오거리를 지나치다 보니 재개발로 이주가 거의 끝난 상태인 듯했다. 건물마다 빨간색으로 X 표시가 되어 있고, '공실'이라는 글자가 적혀 있었다.

아직까지는 생활하는데 전혀 지장 없는 건물 같은데, 굳이 그것들을 다 철거하고 재개발할 필요가 있을까 하는 생각이 들었다. 이미 기반시설이 있는 곳을 다시 개발하면 그만큼 여러 인프라의 활용이 쉬울 수는 있겠지만, 그곳에서 생활하던 사람들은 다들 어디로 갔을까?

부평역에서 내려 인천 지하철을 탈 생각이었는데, 가다 보니 임장했던 곳인 듯 익숙한 풍경이 보였다. 근처에서 내려 걸어가면 될 것 같다는 생각에 버스에서 내려 걸어가 보니 내 생각이 맞았다. 정확히 내가 가려는 장소에 도착했다. 낙찰받은 물건 중 D아파트에 먼저 가보았다.

사실 내 성격이 워낙 여린 편이라, 임장을 가더라도 초인종을 누르고 집 구조를 들여다보지는 않는다. 그저 건물의 외관을 보고 우편함에 있는 우편물을 보며, 대략 그 집의 상태와 그 집에 살고 있을 사람에 대해 추측하는 정도다.

그런데 이번에는 아무 생각 없이 초인종을 눌렀다. 하지만 초인종이 고장인지 울리지 않았다. 문을 두드렸으나 역시 아무런 응답이 없다. 포스트잇에 연락 달라는 메모를 적어 문에 붙이고 나왔다.

마찬가지로 낙찰받은 반지하 빌라에도 가서 문을 두드렸으나, 아무런 응답이 없어 포스트잇만 붙이고 나왔다. 문에 전단지가 많이 붙어 있어 한쪽으로 정리하고 내가 쓴 메모가 잘 보이게 했다. 이제 내 집이라고 생각해서인지 아무런 망설임이 없었다.

아직까지 두 군데 다 연락이 없다. 그들도 어떻게 해야 할지 알아보느라 그런 것이라 생각하고 있다. 알아봐도 특별한 방법은 없을 텐데 말이다. 다음 주에 입찰하러 갈 때 법원 우체국에서 내용증명을 보내야겠다. 같은 내용증명이라도 법원 우체국에서 온 것은 법원에서 보낸 느낌이 들어 좀 더 압박하는 효과가 있다고 한다.

전화가 왔다. 모르는 번호였지만 느낌상 메모를 남기고 온 곳 중 한 곳인 것 같았다. 예상대로 D아파트 전 소유자였다.

"제가 은행 이자를 내지 못해 경매로 넘어가게 되었습니다. 경기가 안 좋다 보니 이렇게 되어 버렸네요."

"아, 그러세요…. 제가 아직 잔금 납부를 하지 않은 상태니까 지금이라도 해결하시면 될 텐데요."

말을 뱉고 보니 쓸데없는 이야기를 한 것 같았다.

"이자가 벌써 1,000만 원이 넘어서…."

"그럼 어떻게 하실 생각이세요?"

"우선 보증금을 마련해야 하는데…. 그런데 직접 이사를 오실 생각이신가요?"

"아니요, 임대를 놓을 생각입니다. 저도 대출을 6,000만 원 이상 받은 거라 매달 지불해야 하는 이자만 몇십만 원이라서요."

"그러시군요. 우선은 제가 보증금을 마련해 보고, 조만간 다시 연락드리겠습니다."

"그럼 다음 주까지 기다리면 될까요?"

"네, 제가 늦어도 다음 주까지는 연락드리도록 하겠습니다."

"네, 알겠습니다. 저는 임대를 놓을 생각이니, 보증금이 마련되면 저랑 다시 계약하는 것도 한번 생각해 보세요."

"네, 알겠습니다."

목소리만으로는 깐깐한 아저씨일 듯하다. 그러나 통화할 때의 느낌으로는 상당히 점잖은 분 같다. 잘 이야기하면 쉽게 풀릴 수도 있겠다는 생각이 들었다. 수익률로 보면 특별한 호재가 있지 않는 한 돈이 묶여 고생할 것 같지만, 명도나 임대 등은 크게 문제없을 것 같다. 이분에게 다시 임대를 놓게 되면 더없이 좋고 말이다.

혹자는 무조건 내보내는 것이 좋다고 하는데, 내 생각에는 이분에게 다시 임대를 놓아 그만큼 묶이는 돈을 줄이는 것이 좋을 것 같다. 현재 추가 비용으로 200~300만 원 정도를 생각하고 있는데, 이분이 그대로 살게 되면 추가 비용도 전혀 들지 않을 것이다. 나중에 이분이 잘되어 내게서 다시 이 집을 사가면, 나도 좋고 이분에게도 좋지 않을까 하는 상상을 해본다.

생각해 보니 통화할 때 서로 이사비 등에 대해서는 전혀 이야기하지 않았다. 상대방도 이사비 같은 이야기는 전혀 꺼낼 생각이 없는 듯하다. 보증금이 마련되는 대로 이곳을 떠나 새롭게 출발하려 한다는 느낌이 들었다.

반지하 빌라에는 임차인이 살고 있어 편하게 진행될 것이라 생각했는데, 연락이 전혀 없다. 좀 더 기다려 보고, 편지를 써서 보낸 후에도 연락이 없으면, 다음 주에 내용증명을 보내야겠다.

어차피 칼자루는 내가 쥐고 있으니 최대한 신사적으로 대응하고, 그래도 통하지 않으면 법을 내세우며 행동에 나서려고 한다. 상대방의 행동에 따라 대응할 것이다.

즉시 매매를 염두에 두다

당분간은 무리해서 입찰하지 않기로 했다. 이미 두 건을 낙찰받아, 잘못 낙찰받으면 장기간 돈이 묶일 수 있기 때문이다. 최저가보다 아주 조금만 더 써서 운이 좋으면 단독으로 낙찰받을 생각으로 들어가기로 했다. 그런 행운이 올 확률은 거의 없겠지만, 한 번이라도 된다면 그것만으로도 대성공이다. 받은 것 중 하나가 그런 전략이었는데, 눈에 뭐가 씌었는지 너무 높게 써내고 말았다.

월요일이 되자 다시 법원으로 향했다. 이날 내가 응찰한 물건들은 대부분 뒤쪽에 진행되었다. 두 시간 넘게 꼼짝도 못 하고 앉아서 기다렸다. 원래 여섯 건 정도 들어가려 했는데 생각을 바꿨다. 비록 임대수익을 목적으로 하더라도, 즉시 매매도 염두에 두고 응찰하는 전략을 적용하기로 했다.

그래서 예상 매도가도 감정가에서 1,000만 원~1,500만 원 정도 낮

취 잡았다. 입찰하려는 물건이 대부분 1억 원 미만이라, 감정가에서 1,000만 원만 낮춰도 큰 문제는 없다. 거기에 내가 최저가보다 1~2% 높은 금액으로 입찰하는 전략을 사용하고 있으니, 낙찰받자마자 팔면 300~500만 원 정도 이익을 볼 수 있었다.

부동산매매사업자 등록을 해야 하는지에 대해서는 이해득실을 따져 봐야겠다. 사업자등록을 하면, 건강보험이나 국민연금 등을 내야 하고, 그 금액에 대한 부담도 만만치 않으니 신중히 생각해야 한다.

최종적으로 총 네 건에 입찰하기로 생각을 정리했다.

첫 번째 물건(감정가 6,500만 원 / 2회 차)은 부평동에 있는 반지하 빌라다. 사실 아파트라고 불려도 좋을 만큼 상당히 큰 빌라 단지가 형성되어 있는 곳이다. 위치가 좋아 반지하라도 어느 정도의 수익은 낼 수 있을 것 같았지만, 말 그대로 반지하라 즉시 팔 수는 없을 것 같아 응찰을 포기했다. 4,600만 원에 들어가려 했으나, 낙찰가는 5,300만 원대였다. 어차피 들어갔어도 탈락했을 가격이었다.

두 번째 물건(감정가 1억 원 / 2회 차)은 부평역에서 아주 가까운 곳이다. 많은 사람이 들어올 가능성이 큰 물건이다. 그렇다면 적어도 8,000~8,500만 원에는 들어가야 하지만, 그 금액으로 들어가면 이익을 볼 가능성이 없었다. 7,150만 원에 들어갔으나 역시 예상대로 8,900만 원대에 낙찰되었다.

세 번째 물건(감정가 9,000만 원 / 2회 차)은 아파트다. 좀 오래되기는 했지만, 그래도 아파트다. 임장을 가지는 않았다. 사실 아파트는 굳이 임장을 갈 필요성을 느끼지 못한다. 뻔하기 때문이다. 얼마나 수익이 날 수 있는지만 파악하면 된다. 내가 너무 낙관적으로 생각하고 있는 건지도 모르겠지만 말이다. 어느 정도를 써야 급매로 팔아 이익을 볼 수 있을지 정확히 계산이 안 된다. 고민하다가 6,450만 원을 썼다. 역시나 예상한 대로 80%대에 낙찰되었다.

네 번째 물건(감정가 7,000만 원 / 2회 차)은 홈플러스 앞에 있는 빌라다. 주변이 상대적으로 조용하고, 있을 것은 다 있는 곳이다. 꼭 매매가 아니더라도 임대수익을 낼 수 있는 물건이라고 생각했다. 혹시나 하는 마음으로 5,010만 원을 썼는데, 역시나 5,600만 원대에 낙찰되었다.

입찰하지는 않았지만 살펴본 또 다른 물건(감정가 1억 원 / 2회 차)도 빌라인데, 그 근처는 완전히 빌라촌이다. 비슷한 빌라들이 마치 아파트처럼 똑같은 모습을 하고 있었다. 임대수요도 많고, 매매수요도 어느정도는 있을 것이라는 판단이 들었다.

그러나 지금 내게 중요한 것은 적당히 낙찰받는 것이 아니라, 철저하게 최저가로 낙찰받아 파는 것이다. 그래서 7,110만 원을 적었는데, 7,600만 원대에 낙찰되었다. 아마도 미리 낙찰받은 두 건이 없었다면 이 물건은 낙찰가와 비슷하게 써서 아슬아슬한 경합을 하지 않았을까 생각한다.

오늘 학익동과 문학동 임장을 하기로 마음먹었기 때문에 먼저 법원 근처 임장을 했다. 걷다 보면 너무 힘들어서 내가 이걸 꼭 해야 하나 생각이 든다. 그렇다고 여기서 멈출 수는 없다. 일단 인천을 어느 정도 알 때까지는 임장을 해봐야 한다. 힘은 들지만, 분명히 전진하고 있는 것이라 믿는다.

| 대출, 최종 결정

낙찰받은 후 대출과 관련된 전화나 문자가 꽤 왔다. 그렇게 연락 온 곳을 포함해 총 네 명과 이야기를 나누고, 이런저런 조건들을 알아보았다. 그 이상 알아볼 수도 있지만, 더 이상 알아보기도 귀찮은 데다, 알아보면 알아볼수록 별 차이가 없었다. 관건은 얼마나 비용을 적게 들이느냐였다. 몇 번 경험해 봐야만 그중에서 믿을 만한 사람을 알 수 있을 것 같다.

계속 전화가 온다. 다들 오랜 기간 대출을 취급했고 믿을 만한 사람이라고 이야기한다. 통화할 때마다 난감하기도 하고, 들을수록 마음이 흔들리기도 했는데, 차일피일 미루다 오늘 최종적으로 결론을 내렸다. 제일 먼저 나에게 전화한 사람과 하기로 한 것이다.

사실 가장 적극적인 사람이 한 명 있었는데, 그 사람과 할 걸 그랬나 하는 생각도 잠시 들었다. 다들 조건이 비슷하기 때문에 왠지 친근감이 드는 사람과 하는 것이 낫지 않을까 생각했다.

최종 결정을 내린 후, 아무래도 금리가 너무 낮은 것 같아 확인 차원에서 전화했더니, 변동금리라 그렇고 고정금리는 더 높다고 이야기한다. 신용등급에 따라 0.2% 정도 차이가 난다고 한다.

결정하고 보니, 연락이 왔던 곳들과 한 번만 더 통화해 보고 결정할 걸 그랬나 하는 생각도 든다. 한편으로는 마음이 편해지고 뭔가 진행이 되어 간다는 생각에 뿌듯하기도 하다.

그런데 빌라는 아무 때나 자서(은행에서 대출을 받기 위해 관련 서류에 서명하고 날인하는 것)해도 상관이 없는데, 아파트는 매주 목요일과 금요일에 자서를 한다. 내일 인천에 가는 길에 하면 좋을 텐데…. 금요일 3시에 만나 자서하기로 하고, 그동안 연락을 준 대출중개인들에게 문자를 돌렸다.

'다음 기회에 하겠습니다.'

한 분은 즉시 전화를 걸어 몇 %에 하기로 했느냐고 묻는다. 또 한 분은 더 신경 써주지 못해 미안하다고 문자를 보냈다. 이 두 분은 다음 기회에 다시 연락해서 진행해 봐야겠다. 앞으로 계속 경매를 할 것이니 말이다.

대출 자서를 하기 위해 남동구청 근처에 있는 법무사 사무실로 갔다. 그런데 반지하는 취급을 안 한다며, 한다 해도 변동금리라고 말하는 것이 아닌가? 전화로 한 이야기와 전혀 다른 이야기를 하니 기분이 확 상했다. 믿지 못하겠다는 생각이 들어 그냥 나오려는데 통화했던 대출중개인이 왔다. 여기는 아파트만 하니 다른 곳으로 가자고 하여, 기분을 풀고 자서를 했다.

다른 것은 모르겠지만 둘 다 화재보험에 가입해야 한다는 것이 마음에 들지 않았다. 하지만 모든 것이 처음이니 일단 경험 삼아 해본다는 마음으로 하라는 대로 하기로 했다. 내가 보험 영업을 직접 했었는데도 불구하고, 여기서는 내 생각을 내세울 수가 없었다.

그 외에도 몇 가지 이야기를 하는데, 수긍이 가는 것도 있고, 가지 않는 것도 있었다. 하지만 불리하더라도 일단 받아들이기로 했다. 이런 경험을 통해 나의 경험치를 쌓으면 점점 유리한 위치에서 협상할 수 있으리라 판단했다. 나의 최대 장점인 '한번 시작했으면 포기하지 않고 끝까지 간다'는 점이 득이 될지 실이 될지는 모르겠지만, 일단 끝까지 가보기로 마음먹었다.

| 또 다시 여섯 건 입찰

법원에 이렇게 사람이 없는 날은 정말 처음이었다. 법정이 텅텅 비었다. 지난번에도 이런 분위기일 때 두 건이나 낙찰받았는데, 오늘도 그렇게 되는 것은 아닌지 살짝 걱정되었다. 또 두 건이나 낙찰받으면 운영 자금이 턱없이 모자랄 텐데…. 사람이 정말 드물어 입찰 마감 후에 의자에 앉아 있는 사람이 별로 없었다.

솔직히 최저가에 100~200만 원 정도 더 쓰는 전략이라 단독입찰을 노리고 들어가는 것이다. 그런 생각을 하니 괜히 시간만 버리는 것은 아닐까 하는 생각도 들었다.

첫 번째 물건(감정가 8,500만 원 / 2회 차)은 6,210만 원에 들어갔다. 인천지하철 1호선이 1분도 안 되는 거리에 있어 교통편이 아주 좋았다. 중심지에서는 조금 떨어져 있지만 살기에는 좋을 것 같았다. 이 물건은 7,200만 원대에 낙찰되었다.

두 번째 물건(감정가 8,000만 원 / 2회 차)은 5,710만 원에 들어갔다. 교통편이 썩 좋지는 않지만, 같은 모양의 빌라들이 모여 빌라촌을 형성하고 있어, 어느 정도 가격 안정성이 유지될 것 같았다. 이 물건은 7,000만 원에 낙찰되었다.

세 번째 물건(감정가 9,000만 원 / 2회 차)은 6,410만 원에 들어갔다. 선순위 전세권이 있는데, 고맙게도 배당신청을 해 아무 문제가 없는 물건이었다. 게다가 2002년에 지은 건물로 거의 새 건물이나 다름없었다. 7,300만 원대에 낙찰되었는데, 어떤 사람이 나보다 적은 6,310만 원을 적었다. 나보다 더 무서운 사람이다.

네 번째 물건(감정가 9,000만 원 / 2회 차)은 잠시 고민했는데, 도저히 임대로도 매매로도 아니라는 생각이 들었다. 한 번 더 유찰되어야 관심을 갖지 않을까 싶었는데, 역시 생각대로 유찰되었다. 재미있는 것은 분명히 다음번에 이번 유찰가에 근접하거나 초과하는 가격대로 낙찰될 것이라는 사실이다.

다섯 번째 물건(감정가 6,000만 원 / 2회 차)은 빌라촌 초입에 있었다. 두 건을 낙찰받지 않았다면 임대수익을 노리고 들어갔겠지만, 받자마자 팔려는 생각이라 입찰을 포기했다. 90% 수준에서 낙찰되었는데, 조금 높지 않나 하는 생각이 들었다.

마지막 물건(감정가 8,500만 원 / 2회 차)은 6,050만 원에 들어갔다. 효성 사거리에 있는 물건으로 나는 괜찮게 봤는데, 경매정보지에는 그다지 좋게 소개되어 있지 않았다. 그러나 나는 저가에 들어가니 상관없다고 생각했다. 결국 6,400만 원대에 낙찰되었는데, 최저가 전략으로 가지 않았으면 내가 낙찰받을 수도 있지 않았을까 싶다.

이날 보니, 나와 같은 전략을 쓰는지, 여섯 장 정도 되어 보이는 입찰표를 들고 있는 사람이 눈에 띄었다. 지난번에도 본 듯하다. 그 사람과 나는 둘 다 최저가 전략으로 입찰하고 있는 것 같다. 그래도 그 사람은 매일 오는 것은 아닌 것 같았다.

사람도 거의 없는데도, 내가 들어간 것들은 전부 다섯 명 이상 들어왔다. 그런데도 얼마나 사람이 없는지 12시 전에 모든 것이 끝났다. 최저가 전략이 아니라 정말 낙찰을 받기 위한 전략으로 갔으면 하나 정도는 박빙의 승부였을지도 모르겠다.

아쉬운 건도 하나 있었다. 대금 미납으로 다시 나온 아파트가 있어서 입찰할까 하다가 말았는데, 다시 유찰되었다. 좀 연구하고 들어갈

걸 그랬나 하는 생각이 들었다. 재개발 구역에 포함되어 있던데, 그게 정확히 어떤 의미인지 모르다 보니 섣불리 결정할 수가 없었다.

어쨌든 전략을 조금 수정할 필요가 있는 듯하다. 인천 빌라 말고 서울이나 인천 아파트로 말이다. 인천이 좋은 점은 1회 유찰될 때마다 가격이 30%씩 떨어진다는 것이다. 다양한 방법을 고민해 보고, 좀 더 좋은 방법을 찾아봐야겠다. 이런 과정을 거쳐야만 어느 정도 수준에 오르고 안정적인 수익을 창출할 수 있을 것이다.

드디어 전략을 제대로 세웠다.

내가 여유 있게 1년에 한두 번 하는 것이 아니라, 90% 정도는 전업으로 하는 것이니, 돈이 장기간 묶이는 것은 불리하다. 우선 초급매로 팔 수 있는 것을 낙찰받아 이익을 내고, 그 이익금으로 다음 물건을 낙찰받아 임대로 돌리는 전략을 세웠다.

당분간 무조건 초급매로 팔 수 있는 아파트를 선정하여 들어가기로 했다. 어찌 됐건 단기 매매를 하려면 사람들이 많이 사고파는 아파트여야 하니, 어느 정도 대단지가 형성되어 있는 곳을 노리기로 했다. 아니면, 최근에 거래가 거의 없어 정말로 싸게 낙찰받을 수 있는 곳으로 들어가기로 했다.

문제는 현재 낙찰받은 두 건의 낙찰대금을 납부하면 수중에 남는 돈이 없다는 것이다. 아직 잔금을 치르지 않아 그 돈으로 우선 입찰하는데, 앞으로는 어떻게 될지 잘 모르겠다. 하지만 일단 시작했으니 무조건 들어가 보기로 했다.

당장 돈이 없더라도 일단 수익이 나는 물건을 낙찰받으면, 어떻게 해서라도 돈을 만들어 잔금을 치르고 이익을 내는 것이 현재의 목표다. 한 달에 한 건은 낙찰받아야 한다. 쉽지는 않겠지만 노력하면 잘되리라 본다.

낙찰받은 반지하 빌라의 세입자에게서 계속 연락이 없어, 법원에 가자마자 사건열람을 신청했다. 뭘 열람할 것인지 묻기에 세입자 정보를 열람하려 한다고 말하니, 세입자의 전화번호와 주민등록번호만 알려 주고 끝이다.

게다가 난 보지도 못했는데 종이에 인지를 붙이라고 한다. 도둑이 따로 없다. 위층에 있는 우체국에서 인지를 사서 붙이고, 다시 내려와 주고 왔다. 비록 500원밖에 안 하지만, 복사한 것도 아니고 보지도 못했는데 이런 식으로 국가에서 돈을 벌다니….

초급매로 팔 것을 생각할 때 꽤 괜찮은 아파트가 하나 눈에 들어왔다. 내가 입찰한 것은 아니었는데, 1등이 1억 9,700만 원에, 2등이 1억 9,100만 원에 들어갔다. 두 명 모두 거의 매일 법원에서 입찰하는 것 같다. 한 명은 세입자가 아무 말 없이 즉시 나갈 만한 생김새에다 눈에서 광선이라도 나올 것 같은 인상이라 바로 각인이 되었던 사람이었다. 다른 한 명은 경매계장 앞으로 자주 나가 기억에 남았던 사람이다.

오늘은 두 건에 입찰했다.

첫 번째 물건(감정가 2억 5,000만 원 / 2회 차)은 1억 9,000만 원에 초급매로 팔아 500만 원 정도 남기는 것으로 계산하고, 1억 6,495만 원에 들어갔는데 아쉽게도 2등을 했다. 낙찰가는 1억 6,800만 원대로, 나하고 300만 원 정도밖에 차이가 나지 않았다. 아까웠다. 그 밑으로 여섯 명이 더 있었는데, 이 물건에 들어온 사람들이 전부 수익률을 엄격하게 보고 온 것인지 내가 계산을 잘못한 것인지는 모르겠지만, 여하튼 떨어졌다.

두 번째 물건(감정가 2억 2,000만 원 / 2회 차)은 정말로 '못 먹어도 그만'이라는 마음으로 들어갔다. 초급매로 1억 2,000만 원에 나왔고, 1억 3,000만 원에 팔 수 있는데, 1억 2,100만 원에 낙찰되었다. 금액을 보면 실수요자가 들어간 듯한데, 정말 실수요자일까 하는 생각이 든다. 2등과는 6만 500원 차이가 났다. 나는 최저가에 70만 원을 더 썼기 때문에 당연히 떨어졌다.

그 밖에 특이한 물건으로 2회 유찰되고, 건축물대장에 위반건축물로 등재되어 더 알아볼 생각도 안 하고 넘어간 것이 있었는데, 무려 여덟 명이 들어왔다. 1등이 100%를 넘겨 가져갔다. 무엇을 본 것인지 궁금하다.

또 하나는 어떤 분이 한 봉투에 두 개의 사건을 넣어 무효가 되었다. 운 좋게도 최저가보다 200만 원 더 써낸 분이 단독으로 낙찰되었다. 내 뒤에 앉아 있던 노인 세 분이 주인공인 것 같은데, '저기 가서 응찰 종이 많이 가져와야 하는데'라는 말을 하는 걸 봐서는 전문적으로 경매를 하는 듯했다.

나갈 때 보니 실수를 해 무효 처리된 분은 남편이 채소 장사를 하는지 채소 트럭을 타고 가셨다. 직접 들어가 살려고 한 것 같은데, 좀 안타까웠다.

예전의 내 전략대로 빌라에 입찰했으면 두세 건은 낙찰받았을 것 같다. 단독이 두 건인가 있었고, 두 건 정도는 유찰된 물건이었다. 하지만 지금 상황에서는 낙찰이 꼭 기쁘지만은 않았을 것이다.

오늘 300만 원 차이로 2등을 한 걸 보면, 수익률 계산을 제대로 하는 것 같다. 첫 낙찰의 실수를 교훈 삼아 지금처럼 정확하게 산출해서 제대로 된 물건을 낙찰받을 수 있도록 해야겠다.

그때도 맞고 지금도 맞다

최저가 전략

1장에서 소개된 투자 방법 중 하나가 '최저가 전략'이라고 불리는 방법이다. 부동산 경매는 이번 회차의 최저가보다 높은 가격을 써내야 한다. 그중에 가장 높은 금액을 쓴 사람이 낙찰받는다. 내가 이번 회차 최저가에서 1,000만 원을 더 써내도, 누군가 나보다 단 10원만 더 쓰면, 그가 최고가 매수인이 된다.

얼마를 쓸 것인지 정답은 없다. 오랫동안 입찰을 하다 보면 대략적인 감이 생기면서, 어느 정도 금액을 써야 낙찰될 것인지 어렴풋한 느낌이 들 뿐이다. 부동산 경매는 무조건 싸게 사는 것으로 알지만 결코 그렇지 않다. 사람들이 물건을 보는 눈은 비슷하기 때문이다.

부동산 경매에서 낙찰받는 가격은 대개 시세보다는 저렴하지만, 급매보다 반드시 싸다고 할 수는 없다. 대체로 급매 전후 가격에서 받을 때 그나마 잘 받았다고 한다. 이런 상황에서 나는 최저가 전략을 썼다.

당일 나온 다수의 물건 중에서 내가 들어갈 물건을 선정한 후, 이번 회차의 최저가에서 조금 더 금액을 올려 입찰했다. 물론 미리 해당 빌라의 대략적인 시세를 파악한다. 이렇게 파악한 시세가 이번 회차의 최저가보다 높다면 입찰을 결정한다.

인천 법원의 경우, 하루에 나오는 빌라 물건이 대략 10건이 넘고, 많을 때는 20건도 넘는다. 이 책을 쓸 당시 인천 법원은 하루에 빌라가 40~50건씩 나올 때였다.

그렇다면 현재 10~20건 정도 나오는 물건으로 이 방법이 가능하냐는 의문이 있을 것이다. 하지만 지금이라고 다를 것은 없다. 해당 빌라의 시세를 제대로 파악했다면 몇 개의 물건이든 들어갈 수 있다.

대체로 1회 차에는 들어가기 어렵지만, 한 번 유찰되면 30%씩 가격이 내려간다. 2회 차에는 기본적으로 몇천만 원 정도의 금액이 내려간다. 이런 물건이 보통 5개 정도는 되기 마련이다. 이 물건들을 최저가 전략으로 들어가면 된다.

이 책을 쓸 당시보다 시간이 꽤 흘렀지만, 여전히 '최저가 전략'은 유효하다. 책에서 소개된 주택은 대부분 빌라였다. 그것도 주로 수도권이었다. 수도권 빌라는 여전히 몇천만 원으로 입찰할 수 있다.

예를 들어 8,000만 원짜리 빌라가 경매로 나왔고, 1회 차에 아무도 입찰하지 않으면 30% 저감된다. 2회 차에는 30% 저감된 5,600만 원부터 입찰이 가능하다. 얼마를 쓸 것인지와 상관없이, 보증금은 이번 회차 최저가의 10%만 있으면 된다. 따라서 560만 원만 있으면 입찰할 수 있다.

빌라마다 이번 회차의 최저가는 다르지만, 대략 2,000~3,000만 원 정도의 현금을 갖고 있다면, 하루에 입찰할 수 있는 물건은 4~5개나 된다. 최저가 전략은 여전히 유효한 방법이라는 걸 알 수 있다.

다만, 당시와 조금 다른 점도 있다. 그때보다는 투자에 필요한 금액이 좀 더 상승했다. 당시는 2,000만 원이면 가능했지만, 지금은 빌라 시세가 다소 올라, 조금 더 여유 있게 3,000만 원 정도가 필요하다. 하지만, 내가 들어가는 빌라 개수를 조절하면 2,000만 원으로도 여전히 가능하다.

한 달에 한 번 정도 월차를 내서 법원에 입찰하러 가면 된다. 지금은 예전과 달리 월차 등을 확실히 챙기는 문화다. 월차를 제대로 쓰지 않으면 오히려 불이익을 받기도 하는 등, 예전과는 달리 좀 더 쉽게 입찰할 수 있는 분위기다. 따라서 월차를 내고 입찰하면 된다. 이것마저 어려우면, 부모님이나 주변 사람들에게 대리 입찰을 부탁하는 것도 방법이다. 이런 식으로 최저가 전략은 지금도 얼마든지 가능하다.

중요한 것은 당신이 포기하지 않고, 부동산 경매에 관심의 끈을 놓지 않는 것이다. 경매로 나오는 좋은 물건은 많다. 열심히 찾기만 한다면 입찰할 물건은 무궁무진하다. 최저가 전략은 상당한 인내가 필요한 방법이긴 해도, 누구나 시도할 수 있는 좋은 전략이다. 떨어져도 잃는 것이 없으니 손해 나는 장사는 아니지 않은가?

금리는 무시하라

2019년 기준으로 보통 일반 은행은 1~2%의 이자를 주고, 저축은행은 2~3%의 이자를 준다. 대부분의 은행은 예대 마진(예금 이자율과 대출 이자율의 차이)을 통해 수익을 올리는 구조로 되어 있다.

예를 들어, 예금 이자율이 2%라면, 우리가 대출받을 때 은행에 줘야 하는 이자율은 4% 정도 된다. 특별한 경우가 아니라면, 보통 우리가 받는 예금 이자율에 1.5~2% 정도 더한 것을 대출 이자율로 볼 수 있다.

한국은행에서 기준금리를 정하고, 각 은행은 기준금리를 따라 이자를 정한다. 은행이 특별행사로 하는 예금이나 적금이 아니라면, 예금 금리는 거의 대동소이하다. 물론 지점별로 지점장 재량에 따라 이자를 조금 더 주기도 한다. 하지만 이런 것들은 지점장과 친분이 있거나 자산이 아주 많은 경우가 아니라면 가입하기 쉽지 않다.

과거 IMF 전후에는 예금 금리가 두 자릿수였기 때문에 재테크라는 용어가 필요 없었으며, 현금을 은행에 넣어 두기만 해도, 먹고사는 데 지장 없을 만큼의 이자를 받을 수 있었다. 대출을 받아야 하는 기업으로서는 고금리였겠지만, 은행도 기업도 매출 신장을 통해 그 이상의 수익을 얻을 수 있었기 때문에 모두가 만족했던 시절이었다.

아무런 위험을 감수하지 않고 1억 원을 은행에 맡겨만 두어도 생활할 수 있는 이자가 나오던 시절이 지나고, 어느덧 이것저것 따지면 은행에 돈을 넣어 두는 것이 실제로는 그다지 이익이 되지 않는 시절이 다가왔고, 이를 깨달은 사람들이 시작한 것이 바로 '재테크'였다.

이러한 재테크를 통해 부를 획득한 사람이 많아지고(사실 많다고 느끼는 것은 이런 사람들이 드물어, 매체에서 찾아서 인터뷰하기 때문에 나타나는 착시 현상이다), 들어오는 수입은 뻔하다 보니 '나도 한번 해보자'는 마음을 먹지만, 역시나 중요한 것은 목돈이다. 가진 돈 100만 원으로 투자해 봤자 기껏 돌아오는 수익은 외식 한 번 하면 끝날 정도에 불과하다.

그래서 사람들은 목돈을 만들기 위해 노력한다. 조금이라도 금리가 높은 상품을 찾기 시작하고, 이를 재테크의 첫걸음이라 믿는다. 실제로 각종 재테크를 알려 주는 책이나, 예금이나 적금의 중요성을 강조하는 글들은, 시간을 들여서라도 좀 더 금리가 높은 곳을 찾아 가입하라고 이야기한다.

적은 돈으로 주식 투자 등의 방법을 통해 매월 꾸준히 수익을 올려, 그 돈으로 경제적 자유를 이룩했다는 이야기도 있지만, 이는 그 사실 여부는 논외로 치더라도 대부분의 사람에게는 쉽지 않은 일이다.

이러니저러니 해도 결국에는 목돈을 만들어야만 무엇이라도 할 수 있다. 예를 들어, 투자라는 것을 모르고 평소에 관심을 두지 않던 사람에게 생각지도 못한 기회가 올 수 있는데, 그런 행운이 오더라도 목돈이 없으면 그 기회를 결코 살릴 수 없다.

인생에 세 번의 기회가 온다고 이야기하지만, 그것은 사회가 수동적이고 사회의 흐름이 예측 가능한, 약간은 고리타분한 곳에서나 통하던 일이다. 현재와 같이 복잡다단하고, 하루가 다르게 기술이 발전하는 사회에서는 그 기회가 열 배 이상 많이 온다. 하물며 우리나라처럼 역동적인 면에서 세계적으로 내로라하는 나라라면 더 말할 것도 없다.

목돈을 만드는 데 금리는 중요하지 않다. 중요한 것은 '목돈을 만든다는 사실' 그 자체다. 금리가 몇 % 이상 차이가 난다면 모르겠지만, 실제로 작은 금리 차이는 목돈을 만드는 데 큰 도움이 안 된다.

금리가 조금 높더라도 1년 후에 받는 금액을 비교해 본다면, 아무리 많아도 몇만 원을 벗어나지 않을 것이다. 그 몇만 원이라도 더 받기 위해 노력하는 것이 목돈을 만들기 위한 기본자세라고 말한다면 딱히 반박할 말은 없다.

어쨌든 이자가 낮더라도, 스스로 설정한 기간 동안 돈을 모아서 목돈을 만든다는 사실이 더 중요하다. 1년이면 1년, 2년이면 2년, 3년이면 3년이라는 기간 동안 절대 그 돈을 건드리지 말고, 목돈을 만드는 것이 중요하다는 얘기다.

많은 사람이 적금을 든다. 모든 사람이 적금을 들고 있다고 해도 과언이 아니다. 적금을 들지 않으면 괜한 죄책감마저 들 정도다. 하지만 이렇게 적금을 들고 있는 사람들에게 물어보면 100이면 100, 대부분 목돈이 없다고 말한다.

그 이유는 목돈을 만들기 위해 적금을 드는 것은 맞지만, 만기까지 적금을 붓지 못하고 중도에 해약하거나, 만기까지 적금을 부어도 막상 모인 금액이 그리 많지 않으니, 어영부영 쓰는 경우가 많기 때문이다.

쓸데없는 보상심리가 작동해 이자에 해당하는 금액 정도는 기특한 자신을 위해 써도 된다고 생각하는 경우가 많고, 남은 원금은 특별한 의미를 부여하지 않은 돈이다 보니 자신도 모르는 사이에 사라지고 마는 것이다.

사람마다 다르겠지만, 무언가를 하기 위해서는 최소한 1,000만 원은 갖고 있어야 한다. 이 돈은 어떠한 일이 생겨도 쓰지 않을 돈이어야 한다. 무슨 일이 생겨서 그 돈을 써버린다면 그건 결코 자신의 자산을 늘리기 위한 돈이 아니다. 자산이라는 것이 꼭 투자를 통해 늘려야 하는 것도 아니고, 모든 사람이 자산을 늘리기 위해 투자할 필요가 있는 것도 아니지만 말이다.

투자를 하든 하지 않든, 목돈을 만드는 것이 바로 경제적 자유를 이룩하기 위한 첫걸음이다. 물론 자신의 몸값을 올리는 것이 가장 최선이고 빠른 길이다. 하지만 모든 사람이 다 똑같은 길을 가는 것도 아니고, 현실적으로 직업은 생활비를 얻기 위한 선택일 수밖에 없는 경우가 대부분이다. 그나마 차선책으로 선택할 수 있는 것이 바로 목돈을 만드는 것이다.

목돈을 만드는 것이 중요하지, 금리를 조금 더 준다는 은행을 찾아 예금이나 적금에 가입하는 것이 중요한 게 아니라고 말하는 것은 바로 이 때문이다. 금리를 조금 더 준다는 곳에 목숨 걸고 가입하려고 할 필요는 없으며, 그런 행동이 어디 가서 재테크한다고 자랑할 만한 일도 아니다. 진정으로 중요한 것은 의미 있는 금액이 될 때까지 우직하게 돈을 모아 목돈을 만드는 것이다.

낙찰 물건 처리기 I

나를 피하는 세입자

임장(현장조사)을 하러 걸어가는 중에 연락이 안 되는 빌라 세입자가 생각나, 그곳에 먼저 들르기로 했다. 쪽지도 붙여 두고 편지도 보냈는데, 아무런 연락도 없다. 피 같은 돈 500원을 들여 세입자의 핸드폰 번호는 알아냈지만, 잔금 치른 후에 연락하기로 하고 일단 탐색전을 벌이기로 했다.

어차피 세입자는 내 동의가 없으면 보증금을 받지 못하니 칼자루는 내가 쥐고 있는 셈이다. 임대를 놓게 된다면 현 세입자가 나간 후에 집 내부를 보고 리모델링을 해야 하니, 아직까지 부동산 중개업소에 내놓지도 못하고 그저 세월만 보내고 있다. 빌라에 가서 붙여 둔 쪽지가 그대로 있는지 확인하기로 했다.

방에 불이 켜져 있고 누군가 책상에 앉아 있는 것이 보였다. 앉아 있는 사람은 20대로 보이는데, 얼핏 보니 책상에는 만화책이 꽂혀 있었다. 우편함도 깨끗하고, 문 앞도 지난번과 달리 아주 깨끗한 상태였다. 문을 두드릴까 말까 잠시 고민하다 문을 두드렸다.

"계세요?"

아무런 반응이 없다. 문을 두드리며 다시 한번 불렀는데도 반응이 없다. 작게 두드리고 불렀지만, 들리지 않을 정도는 아니었다. 밖으로 나와 다시 창문 쪽으로 가니 불이 꺼져 있다. 이럴 수가…. 도대체 안에 있는 사람은 무슨 생각을 하고 있는 것일까? 아니면, 어떤 코치를 받고 있기에 저렇게 행동하는 것일까?

때가 되면 만나 이야기할 수 있겠지 생각하며 일단 물러나기로 했다. 약간 괘씸하다는 생각도 들었다. 황급히 불을 끈 것을 보니 내 쪽지나 편지를 다 받은 것 같은데, 연락도 없고 피하기만 하다니, 도대체 무슨 꿍꿍이속인지 모르겠다.

핸드폰으로 통화를 하고, 조금 강하게 나가야겠다. 내용증명을 보내, 불법 거주한 날짜만큼 보증금에서 빼겠다는 뜻도 밝혀야 할 것 같다. 아무것도 몰라서 그렇게 행동하는지, 누군가의 쓸데없는 코치를 받고 행동하는지 조만간 알게 되겠지.

| 서두르지 말고 나만의 원칙을 지키자

오늘도 여전히 법원으로 출발했다. 요즘은 아침마다 살짝 고민이 된다. '가봤자 낙찰되지 않을 것이 분명한데, 시간 아깝게 꼭 가야 하나' 생각이 든다. 하지만 내 계획이 있으니 언젠가는 원하는 물건을 낙찰받을 수 있으리라는 기대를 품고 법원으로 출발했고, 운이 좋게도 제때 지하철과 버스가 와서 일찍 도착했다.

먼저 내일자 매각물건명세서를 살펴보았다. 예전에는 인터넷으로 보는 것과 큰 차이 없겠지 하는 생각으로 그냥 넘어갔었다. 알고 보니 매각물건명세서상 약간 문제가 있다고 생각되는 것에는 주민등록등본이 첨부되어 있었다.

그곳에 전입일 등이 자세하게 기재되어 있으니, 그것만 봐도 현 임차인의 정보를 정확하게 알 수 있겠다는 생각이 들었다. 그렇게 몇 개의 물건을 보고 있으니 의외로 재미가 쏠쏠했다. 일주일 치 매각물건명세서만 있으니 그 점을 참고하여 봐야겠다.

2층으로 올라가 잽싸게 입찰표를 제출하고, 늘 그렇듯이 앉아서 책을 읽었다. 경매계 직원들은 자주 오는 사람들을 눈여겨보고 얼굴을 알 텐데, 어쩌면 나도 알지 않을까 생각했다. 일주일에 두 번 정도 와서 항상 앞에 앉아 마감 30~40분 전부터 책을 읽고 있으니, 의도하지는 않았지만 눈에 띄지 않았을까 싶다.

첫 번째 물건(감정가 2억 2,000만 원 / 2회 차)은 구월동에서 알아주는 아파트다. 입지조건도 좋고, 교통도 좋다. 좀 오래되었다는 단점 빼고는 꽤 괜찮은 곳이다. 그만큼 사람들의 관심이 많은 물건인데, 그래도 들어갔고 역시나 떨어졌다. 대부분 1억 7,000만 원대에 입찰했다. 아마도 열 명 정도가 그 가격대에 써낸 것 같다.

두 번째 물건(감정가 1억 8,500만 원 / 2회 차)은 효성동에서 꽤 괜찮은 아파트다. 예상대로 많은 사람이 입찰했다. 총 9명이 들어왔고, 예상대로 이번에도 나는 떨어졌다. 그래도 나는 최저가에서 100만 원 정도 더 써낸

데, 내 밑에 있던 한 명은 딱 10만 원을 더 썼다. 정말 대단한 사람이다.

내가 들어가는 아파트들이 전부 대단지 아파트다 보니 사람이 몰릴 수밖에 없다. 부동산 침체기라 그런지 대단지 아파트에 사람이 많이 몰려든다. 그런데 계속 이렇게 가면, 안 될 것 같다는 생각이 들었다. 사람이 많이 몰리는 물건은 낙찰가가 높아져 낙찰받기가 쉽지 않다. 이제부터 다른 방식을 생각해 봐야 할 것 같다.

오늘 내가 들어간 물건에 사람들이 열 명 이상씩 들어온 것을 보니 쑥스럽고 낯 뜨겁다는 느낌마저 들었다. 계속 이래서는 절대 수익을 낼 수 없다. 물론 나는 그저 500만 원 정도의 이익만 노리고 들어가고 있기는 하다.

사실 조금 빠듯하게 볼 때 그 정도고, 실제로는 최저 500만 원을 보고 들어간다. 이대로는 답이 안 나올 것 같다. 흔한 말로 레드오션에 뛰어들고 있는 셈이다. 그렇다고 이런 시기에 무조건 빌라를 낙찰받을 수도 없다. 싸게 낙찰받기 어렵기 때문이다.

임대수익을 노리는 것은 묶이는 돈 때문에 당분간 자제해야 하고, 그러다 보니 흠이 있는 물건을 사서, 흠을 제거하고 팔아야 한다는 결론이 나온다. 어쩔 수 없이 어제부터 흠이 있는 것들을 조사하고 있다. 그중 흠이 아닌데 사람들에게 흠으로 보이는 물건이 몇 개 보였다.

돈을 편하게 버는 것은 역시 힘든 일이다. 어느 정도 마음고생과 몸고생을 해야만 할 것 같다. 이제부터 담배꽁초 투자 대신 집중 투자를 해야 할 듯하다. 시간이 좀 걸리더라도 제대로 수익이 나는 물건에 집중해서 투자해야겠다.

추가로 오늘 진행된 물건 중에 내가 임장했던 물건들을 중심으로 간단한 평가를 하면 다음과 같다. 오늘의 대박 물건은 주안에 있는 신축 빌라(감정가 1억 3,500만 원 / 2회 차)다. 감정가 대비 50%까지 떨어진 상태라 당연히 사람들의 엄청난 관심과 입찰이 이어졌다. 이런 것은 오히려 피해야 한다. 분명 이전 유찰가보다 훨씬 높은 가격에 낙찰된다. 특별한 하자가 없는 경우라면 말이다.

예상대로 무려 서른여섯 명이나 몰렸다. 매각물건명세서에는 2층이라고 되어 있지만 실제로는 1층이고, 네모반듯하지 않고 약간 삼각형이었다. 주위에 신축 빌라도 많고, 주안역과 가깝다는 장점이 있기는 하지만, 조금 높게 가져간 것 같다.

부평역 근처에 있는 빌라(감정가 8,300만 원 / 2회 차)는 교통이 좋아 예상대로 사람이 많이 몰렸다. 열다섯 명이 응찰하여 84% 정도에 가져갔다. 적당한 가격인 것 같다.

간석동 산기슭에 있는 빌라(감정가 5,800만 원 / 2회 차)는 네 명이 응찰했다. 나는 그 동네에 있는 빌라는 무조건 입찰하지 않기로 했다. 모두 너무 별로다. 더구나 이 물건은 앞뒤가 꽉 막혀 한낮에도 어두컴컴하다.

매매는 절대 안 될 듯하고, 임대도 아주 싸게 내놓지 않으면 안 될 것 같다. 게다가 교통편도 좋지 않다. 임장을 하고 들어간 것인지 모르겠다.

나는 주변 부동산 중개업소에 물어보지도 않고 집 안을 들여다보지도 않는데도 이 정도의 지식을 갖고 있는데, 그 사람은 대체 무슨 생각에 들어간 것인지 알 수가 없다. 이 물건은 78%에 가져갔다. 그렇게 비싸게 가져갈 만한 물건은 아닌 것 같다.

간석동에 있는 또 다른 물건(감정가 1억 4,000만 원 / 2회 차)은 산기슭에 있지도 않았고, 신축 빌라라 꽤 괜찮았다. 가격도 적당하게 80%에 가져갔다. 사람들은 가격이 얼마인지를 상당히 중요하게 생각한다. 하지만, 가격이 싸다고 여러 명이 달라붙어 높게 가져가는 것보다는, 조금 무리해서라도 이런 물건을 선택해 적절한 가격에 가져가는 것이 좋다. 딱 두 명이 응찰했다.

다 끝내고 평소처럼 임장을 가려는데, 순간 고민이 다시 시작되었다. 이제부터 이렇게 입찰하지 않을 건데 굳이 갈 필요가 있는가 하는 생각이 들었다. 일단 가기로 결심했다. 버스로 가려다 내 임장은 단순히 현장 조사뿐만 아니라 운동을 겸한 것이니 걸어서 가기로 했다.

연수구에 가보니 다른 곳과는 달리 신도시의 느낌이 강하게 났다. 이런 느낌을 맛보기 위해 걸어서 임장을 하는 것이다. 차로 물건만 간단히 보고 돌아간다면 정작 중요한 현장의 생생한 느낌을 알 수 없다.

세 군데를 보고 아직 두 군데가 더 남았지만, 이쯤에서 그만하기로 했다. 더 이상 보는 것은 무의미하다는 생각이 들었다. 이제 다른 전략으로 경매를 할 것이니, 오늘은 그저 연수구의 느낌을 알았다는 것에 만족하기로 했다.

| 아파트 전 소유자에게 다시 임대를

지하철을 타고 가는데 전화가 왔다. 낙찰받은 D아파트의 전 소유자였다. 경락대출을 받게 되면, 자기가 대출 이자를 내고 이사 갈 때까지 살면 안 되겠냐는 이야기였다. 그러면 새로 월세 계약을 해야 한다고 대답해 주었다. 나는 보증금 500만 원에 월세 35만 원을 제안했다.

그는 지금 아파트 근처에서 가구 공장을 하고 있어서 이쪽으로 이사를 온 것인데, 지금은 보증금 내기가 힘드니 월세만 내는 것으로 할 수는 없느냐고 되묻는다. 자세한 이야기는 만나서 하는 것이 좋겠다고 대답하고, 언제 시간이 나는지 물어보았다. 이번 주 내로 다시 전화를 하겠다고 한다. 알겠다고 하고 전화를 끊었다. 그렇게 나쁜 방법은 아니라는 생각이 들었다.

내가 먼저 조건을 걸어야겠다. 보증금이 없으니 월세 60만 원을 이야기하려고 한다. 좀 세 보이기는 하지만, 우선 그렇게 제안해 봐야겠다. 그리고 주민등록을 다른 곳으로 옮겼다가 새로 전입신고를 한 후, 주민등록등본을 보여 달라고 해야겠다. 그래야 선순위가 되지 않으니 말이다.

계약기간은 2년으로 하고, 특약으로 임대차 기간 동안의 각종 수리 비용은 임차인이 자신의 비용으로 처리한다는 조항을 넣어야겠다. 그 외에 좀 더 생각해서 특약으로 몇 가지 조건을 넣어야겠다.

월세를 못 낼 경우를 대비해서 뭔가 조건을 걸어야 하는데, 어떻게 하는 것이 좋을지 생각이 잘 나지 않는다. 무엇보다 월세 60만 원을 어떻게 받아들일지 모르겠다.

예상대로 되면, 이자를 제하고도 30만 원 이상이 들어와 수익률이 대략 15%를 넘게 된다. 물론 꽤 많은 돈이 묶이기는 하지만 말이다. 지금까지는 내 생각대로 흘러가고 있다.

반지하 빌라 세입자에게는 아직도 연락이 없다. 내일 전화해 보고, 전화를 안 받으면 일단 내용증명을 보내 압박해야겠다. 예상과 완전히 반대로 진행되고 있다. 예상대로라면 채무자가 명도 저항이 있고, 배당받는 세입자는 순순히 따라 줘야 하는데 말이다.

그래도 명도 저항이 있을 것이라 예상한 아파트 채무자와 이야기가 잘 진행되고 있고, 연락 없는 빌라 세입자는 어차피 내 도장이 있어야 배당을 받을 수 있으니 큰 문제는 없으리라 생각한다.

전 소유자의 대항력 시기

[대법원 2000. 2. 11., 선고, 99다59306, 판결]

【판시사항】

[1] 경락으로 소멸되는 선순위 저당권보다 뒤에 등기되었거나 대항력을 갖춘 주택 임차권의 효력을 경락인에 대하여 주장할 수 있는지 여부(소극)

[2] 주택임대차보호법 제3조 제1항 소정의 주민등록이 대항력의 요건을 충족시킬 수 있는 공시방법이 되기 위한 요건

[3] 갑이 주택에 관하여 소유권이전등기를 경료하고 주민등록 전입신고까지 마친 다음 처와 함께 거주하다가 을에게 매도함과 동시에 그로부터 이를 다시 임차하여 계속 거주하기로 약정하고 처 명의의 임대차계약을 체결한 후에야 을 명의의 소유권이전등기가 경료된 경우, 갑의 처가 주택임대차보호법상 임차인으로서 대항력을 갖는 시기(始期)(=을 명의의 소유권이전등기 익일부터)

【판결요지】

[1] 경매목적 부동산이 경락된 경우에는 소멸된 선순위 저당권보다 뒤에 등기되었거나 대항력을 갖춘 임차권은 함께 소멸하는 것이고, 따라서 그 경락인은 주택임대차보호법 제3조에서 말하는 임차주택의 양수인 중에 포함된다고 할 수 없을 것이므로 경락인에 대하여 그 임차권의 효력을 주장할 수 없다.

[2] 주택임대차보호법 제3조 제1항에서 주택의 인도와 더불어 대항력의 요건으로 규정하고 있는 주민등록은 거래의 안전을 위하여 임차권의 존재를 제3자가 명백히 인식할 수 있게 하는 공시방법으로 마련된 것으로서, 주민등록이 어떤 임대차를 공시하는 효력이 있는가의 여부는 그 주민등록으로 제3자가 임차권의 존재를 인식할 수 있는가에 따라 결정된다고 할 것이므로, 주민등록이 대항력의 요건을 충족시킬 수 있는 공시방법이 되려면 단순히 형식적으로 주민등록이 되어 있다는 것만으로는 부족하고, 주민등록에 의하여 표상되는 점유관계가 임차권을 매개로 하는 점유임을 제3자가 인식할 수 있는 정도는 되어야 한다.

[3] 갑이 주택에 관하여 소유권이전등기를 경료하고 주민등록 전입신고까지 마친 다음 처와 함께 거주하다가 을에게 매도함과 동시에 그로부터 이를 다시 임차하여 계속 거주하기로 약정하고 임차인을 갑의 처로 하는 임대차계약을 체결한 후에야 을 명의의 소유권이전등기가 경료된 경우, 제3자로서는 주택에 관하여 갑으로부터 을 앞으로 소유권이전등기가 경료되기 전에는 갑의 처의 주민등록이 소유권 아닌 임차권을 매개로 하는 점유라는 것을 인식하기 어려웠다 할 것이므로, 갑의 처의 주민등록은 주택에 관하여 을 명의의 소유권이전등기가 경료되기 전에는 주택임대차의 대항력 인정의 요건이 되는 적법한 공시방법으로서의 효력이 없고 을 명의의 소유권이전등기가 경료된 날에야 비로소 갑의 처와 을 사이의 임대차를 공시하는 유효한 공시방법이 된다고 할 것이며, 주택임대차보호법 제3조 제1항에 의하여 유효한 공시방법을 갖춘 다음날인 을 명의의 소유권이전등기일 익일부터 임차인으로서 대항력을 갖는다.

이상한 방향으로 흘러가는
세입자와의 관계

빌라 세입자에게 연락했다. 연락처는 이미 지난주에 알았지만, 아직까지 잔금을 치르지 않아 정식으로 주인이 된 것은 아니기 때문에 굳이 연락하지 않았다. 더구나 나를 피하고 있는데 내가 거기에 장단을 맞출 이유가 없었다. 그래도 이제 모든 준비가 끝났고 잔금 납부만 하면 되기 때문에 전화를 하기로 했다.

목소리를 듣는 순간, 왠지 좀 아니라는 느낌을 강하게 받았다. 낙찰자라고 밝히고 쪽지도 붙여 두고 편지도 보냈는데 전혀 연락이 없어 전화했다고 말하니, 자신은 신경 쓰기 싫으니 다른 사람하고 이야기하란다. 보증금을 돌려받으려면 내 동의가 있어야 한다고 말했는데도, 전혀 말이 통하지 않는다. 그래서 그 사람의 연락처를 알려 달라고 했다.

아니, 본인 이름으로 된 보증금이 걸려 있는데 다른 사람하고 이야기하라니! 법무사하고 이야기라도 한 것인가? 보증금을 전액 받아 가는 사람이라 크게 신경 쓸 필요 없고, 칼자루는 내가 쥐고 있으니 상관 없다고 생각했는데, 왠지 이상한 방향으로 흘러갈 것 같은 불길한 예감이 든다. 신사적으로 웃으면서 대화로 풀어나가야 하는데….

자신의 돈 이야기를 다른 사람과 하라니 좀 답답하다. 전화상의 말투도 영 마음에 들지 않는다. 우선 다음 주에 내용증명을 보내야겠다. 내가 쪽지나 편지로 너무 점잖게 나가서, 이사비라도 받으려고 그러는지도 모르겠다. 하지만 이런 사람에게는 한 푼도 줄 수 없다.

오히려 잔금납부 시점부터 부당이득금으로 감정가(이 물건은 감정가가 터무니없이 높게 나왔다)의 연 7% 수준으로 임대료를 받아낼 것이다. 또한 명도할 때 임차인이 배당받는 보증금에 모든 공과금과 그와 관련된 각종 비용을 가압류 하겠다는 내용증명을 보내, 무서운 맛을 보여 줘야겠다. 혹시 위장 임차인가? 이렇게 나올 이유가 없는데, 대체 왜 이러는지 모르겠다.

저녁에 세입자가 새로운 번호를 문자로 보내왔다. 그쪽으로 연락하라는 이야기였다. 즉시 전화할까 하다가 뭐가 급하다고 금방 전화하나 하는 생각이 들었다. 분명 칼자루는 내가 쥐고 있으니 서두를 필요가 없다. 투자에서는 서두르는 사람이 무조건 지게 되어 있다. 알려 준 번호로 전화하기 전에 간단하게 내가 할 이야기를 정리한 후 전화를 걸었다.

"여보세요? 빌라 낙찰자인데요. ○○○ 씨가 이 번호를 알려주면서 이쪽으로 전화하라고 해서 전화했습니다."

"아, 네, 그러세요…."

잠시 침묵이 흐른다. 절대로 먼저 이야기를 꺼내면 안 된다는 생각이 든다.

"낙찰자세요?"

"네."

"명도 때문에 그러세요?"

"명도 때문은 아니고요. OOO 씨가 자기는 잘 모르고 귀찮다면서, 이 번호로 연락하라고 해서 전화했습니다."

그러면서 세입자와 나누었던 이야기를 했다. 내 인감도장이 있어야 보증금을 받을 수 있는데, 어떻게 할 것인지에 대해서 말이다.

"저기… 배당기일이 잡혔나요?"

"죄송한데, OOO 씨와는 어떤 관계세요?"

"먼 조카뻘인데, 통 연락이 없다가 갑자기 어떻게 해야 하는지 모르겠으니 도와 달라고 연락이 와서, 그럼 내가 이야기해 보겠다고 했죠."

말은 이렇게 했지만, 역시 내가 예상한 대로 브로커인 것 같다. 배당기일이라는 표현을 먼저 꺼내는 것을 보면 분명하다. 단순히 부동산 일을 한다고 배당기일이라는 표현을 알고 있지는 않을 것이다.

"배당기일이 잡히면 연락하겠습니다. 지금은 나갈 수 있는 상황도 아니고, 보증금이 조카가 가진 전 재산이라고 하는데, 편의를 좀 봐주셔야죠."

"언제 이사 가실 것인지만 알려주시면, 제가 그날 이사 가는 것 확인하고 인감도장 찍어 드리겠습니다. 굳이 배당기일이 아니더라도 일주일 정도 여유는 드릴 수 있습니다."

"알겠습니다."

"저도 정확하게 알아야 부동산 중개업소에도 내놓고 다른 준비도 할 수 있으니까요."

"그렇죠. 그런데 이사비는 어느 정도 생각하세요?"

"이사비요? 저는 배당으로 보증금을 전액 받아 가는 사람에게 이사비를 주는 경우는 본 적이 없는데요. 보증금을 전액 배당받지 못하면 저도 조금 생각해 보겠지만요. 말 그대로 전세 살고 있다가 이사 간다고 주인이 이사비 주는 경우는 없잖아요?"

"그러세요? 크게 상관은 없지만, 어떻게 생각하시는지 궁금해서요."

가볍게 상대방의 의도를 차단했다.

"그러면 배당기일 잡히면 연락드릴게요."

"그리고 죄송하지만, 제가 낙찰자로 문서화해야 하는 것들이 있으니, 관련된 서류나 편지가 가더라도 기분 나빠하지 마세요. 혹시나 해서 문서화 해두는 것이니, 그렇게 아시면 될 것 같습니다."

"뭐, 인도명령 같은 거요?"

다시 한번 브로커라는 생각에 '딩동댕!'을 외쳤다. 인도명령이라는 이야기를 먼저 하는 걸 보면 그냥 친척은 아닌 것이 틀림없다.

통화를 끝내고 보니 조리 있게 이야기를 잘한 것 같다. 스스로 대견하다는 생각이 들 정도다. 약간 더듬기는 했지만, 내가 해야 할 이야기를 상대방 기분 상하지 않게 다한 듯하다. 이제 남은 것은 내용증명을 보내, 내가 취할 행동에 대해 알려주는 것이다. 내가 먼저 주먹을 날리지는 않겠지만, 상대방이 날리면 나도 날릴 수밖에 없다.

추가로 보증금 500만 원에 월세 30만 원으로 재계약할 생각이 있느냐고 물어봐야겠다. 아무래도 계속 살던 곳에 사는 게 편할 테니, 한번 찔러보는 것도 나쁘지 않을 것 같다. 성사된다면 추가 수리비가 들지 않으니 나도 좋고 말이다.

| 법무사 비용 정산을 끝내다

오늘로 법무사 비용 정산을 대략 끝냈다. 법무사 비용을 조목조목 따져 보니 비싸지는 않지만, 그렇다고 저렴하지도 않았다. 하지만 일일이 따질 필요는 없을 것 같았다. 그냥 깔끔하게 두 건 다 법무사 비용 중에 말소에 들어가는 보수료를 없애 달라고 대출중개인에게 연락했다. 내가 법무사에 직접 얘기하는 것보다 대출중개인을 통해 전달하는 게 나을 것 같았다.

과세표준					
낙찰가	82,000,000	이전	1,080,000		
잔금	75,000,000	설정	850,000		
대출금	65,000,000	기준시가	57,000,000		
설정	84,500,000				

내용 \ 사건명		이전	설정	말소		비고	금액
공과금	등록세	820,000	169,000	21,000		잔금	10,000,000
	교육,농특	164,000	33,800	4,200		공과금	1,831,620
	소계	984,000	202,800	25,200		보수액	823,150
	주택채권	151,620	119,000			임대차	50,000
	송달료	50,000				인도명령	
	완납증명	50,000				은행비용	390,000
	제증명	50,000	50,000			취득세	
	작성료	50,000	50,000			연체금	
	취득세					합계	13,314,770
	농특세					실입금액	13,314,770
	합계	1,349,620	435,800	46,200			
보수액	보수액	155,000	145,000	100,000			
	누진액	82,000	84,500				
	부가세	23,700	22,950	10,000			
	여비일당	50,000	50,000				
	등록대행	50,000	50,000				
	합계	360,700	352,450	110,000			

아파트 법무사 비용 내역

사건명		소유권이전	근저당권설정	인도명령무료	말소	2			
공과금 및 제비용	등록세	450,000	93,600		6,000		과세표준액	2,600,000
	교육세	90,000	18,720		1,200		채권최고액	46,800,000
	농특세						낙찰대금	45,000,000
	대법원증지	165,000	16,500		6,000		보증금	3,100,000
	인지세	10,500					매각잔금	41,900,000
	주택채권	47,600	65,800				은행대출금	36,000,000
	실거래신고						지연이자	
	제증명	50,000	50,000					
	등기원인서류	30,000					본인부담금	590,000
	등본/대장/발급	10,000					총등기비용	1,840,000
	목적물가산						전입세대열람	40,000
	등록대행/납부	50,000	50,000				확인서면	
	공증료						기타집행료	
	공증대행료						추가교통비	
	송달료	231,500					부동산목록대	
	제출대행/작성		30,000				진행비	
	완납증명원	20,000					은행비용	360,000
	보수액	145,000	130,000		45,000		고객납부금	8,140,000
	누진액	35,000	36,800				취득세	450,000
	일단/여비	70,000					총합계액	8,590,400
	부가세	18,000	16,680					
	합계	1,274,100	508,100		58,200			

빌라 법무사 비용 내역

잠시 후 대출중개인은 그렇게 해주겠다고 말했다. D아파트는 11만 원을, 빌라는 5만 원을 깎아 주기로 했다. 더불어 인도명령도 공짜로 해주기로 했다. 이제 잔금만 법무사에 보내면 된다. 막상 돈을 입금하려니 돈이 묶인다는 생각에 안타깝기만 하다. 역시 현금을 갖고 있을 때가 제일 좋다.

이미 두 건을 낙찰받은 상태라 가진 돈이라고는 입찰 보증금을 낼 정도밖에 없다. 이제는 수익이 잘 날 수 있는 것 위주로 보고 있다. 그래서 유치권이 설정되어 있거나 여러 번 유찰되어 가격이 50% 이상 떨어진 물건만 검색하고 있다.

유치권이 설정된 물건들을 살펴보았다. 확실하고 안전하게 들어갈 수 있는 물건은 임차인이 유치권을 설정한 것이다. 임차인이 유치권을 설정하면 필요비와 유익비로 보기보다는 사치비로 보는 것이 대부분의 판례다. 필요비나 유익비로 판단되는 부분도 있을 수 있지만, 그렇게 큰 부분을 차지하지 않을 테니, 충분히 싸게 낙찰받으면 그만큼 이익을 볼 수 있다고 판단했다.

지금까지 검색한 물건 중 괜찮은 것들은 전부 상가다 보니, 즉시 매매하기보다는 임대수익을 계산하게 된다. 현재 상가를 열심히 운영하고 있는 임차인이 유치권을 설정했다는 것은 사업하면서 투입한 돈이 아까워서라고 볼 수 있다.

한편으로는 그만큼 그곳에서 계속 운영하고 싶다는 의지가 있는 것으로도 볼 수 있다. 지금까지 일하던 곳을 떠나 다른 곳으로 가는 것은 힘들게 만들어 놓은 단골을 놓치는 꼴이니 아깝다는 생각이 들 수밖에 없을 것이다.

따라서 그런 곳은 낙찰받은 후에도 협상 과정에서 유리한 위치에 설 수 있을 것이라고 생각했다. 새로운 임차인을 구하려면 시간도 들고 이자도 나가고 여러 가지로 불편하지만, 재계약한다면 투자금도 즉시 회수되고 여러 불편함을 없앨 수 있으니 일석이조다. 유치권까지 신고했으니 명도 저항은 충분히 예상할 수 있다. 하지만, 그런 것은 내용증명만으로도 해결할 수 있을 것이라 생각했다.

먼저 발견한 물건은(감정가 3억 800만 원 / 5회 차) 현재 학원으로 운영되고 있는 곳이었는데, 뒤늦게 임차인이 유치권을 신고한 경우였다. 힘들게 학원을 운영해 이제야 본격적인 궤도에 올랐다는 감정평가서가 있는 것을 보면 충분히 승산이 보였다. 임차인 역시 다른 곳으로 이사를 가기보다는 그곳에서 계속 학원을 운영하고 싶어 할 것이라는 판단이 든다.

간단하게 조사해 보니, 그 건물 아래층에 있는 부동산 중개업소에서 인터넷을 통해 상가 월세를 내놓았다. 그리고 비슷한 크기의 학원이 보증금 2,000만 원에 월세 90만 원으로 나와 있었다. 현재 이 학원은 보증금 6,000만 원에 월세 12만 원이었다. 그래서 나는 보증금 2,000만 원에 월세 80만 원으로 계산하고 들어가야겠다고 생각했다.

먼저 현장에 가서 어떤 학원인지 알아보고, 주변에 학원이 얼마나 있는지 봐야 했다. 학원이 잘되고 있는지, 앞으로도 계속 잘될 수 있는지 검토해야 할 것 같다. 그래야 임대료를 밀리지 않고 꼬박꼬박 낼 수 있을 것이다.

입찰일이 다음 주인데, 마침 내일 고양지원이 열리는 날이니, 아침에 가서 가볍게 경매 법정 맛을 보고 현장조사를 해봐야겠다. 학원이니 2~3시 이후에 문을 열지 않을까 생각한다.

지금은 입찰 보증금을 낼 정도의 돈밖에 없지만, 나머지 문제는 일단 낙찰된 후에 생각하기로 했다. 감정가의 50% 미만으로 낙찰받고, 잘 이야기하면 거의 전액을 대출받을 수도 있을 것 같다. 쉽지는 않겠지만 감정가와 낙찰가의 차이가 워낙 커서 시도해 볼만하다.

이 물건은 뒤늦게 유치권을 신고했는데, 1억 9,000만 원대에 들어가지 않은 사람들은 내가 보지 못한 무엇을 본 걸까? 내 생각과는 달리 막상 현장에 가서 보면 그다지 좋지 않은 물건이 아닐까 하는 우려가 든다.

더구나 빌라나 아파트를 보는 눈도 부족한 내가 상가를 보는 눈이라고 있을 리가 없을 텐데, 내일 임장을 한다고 답을 얻을 수 있을까? 하지만 혼자서 아무리 생각해 봐도 답은 나오지 않았다. 가서 직접 보는 것이 정답일 것이다.

고양지원은 인천지방법원의 3분의 1 정도 크기였다. 그러나 새 건물이라 인천지방법원보다는 좀 더 현대화되어 있다는 느낌이 들었다. 워낙 작은 경매 법정이라 사람들이 많아 보였다. 입구도 대출중개인들이 진을 치고 있어 정신이 없었다.

주변을 살펴보니 이곳도 1층에 은행이 있었고, 2층에 경매계가 있었다. 2층으로 가서 유치권이 설정되어 있는 매각물건명세서를 봤는데, 그다지 특이한 점은 없었다. 경매법정으로 들어가 책을 읽으며 기다렸다. 오늘따라 사람이 많이 모인 것인지 입찰봉투가 엄청나게 쌓였다.

고양지원은 진행 속도가 좀 느려서 짜증이 났다. 처음에 일일이 모든 응찰 물건에 대해 몇 명이 응찰했는지 다 불러 주었다. 경매법정이 아니라 경마장에 있는 느낌이었다. 자신이 들어간 물건에 몇 명이나 입찰했는지 알게 된 사람은 상당히 조바심을 느끼게 될 것이고, 단독 입찰이라는 것을 알게 된 사람은 느긋하게 진행되는 것을 즐길 것 같았다.

그러고 나서 다시 앞번호부터 부르면서 일일이 사람들을 앞으로 나오게 했다. 나는 인천지방법원에 익숙해서인지 쓸데없이 시간을 낭비하고 있다는 느낌이 들었다. 한두 개 정도 발표하는 것을 듣고 지하 식당으로 점심을 먹으러 갔다. 크기는 작았지만 텔레비전이 있어, 보면서 밥을 먹을 수 있어 좋았다.

밥을 먹은 후 커피를 빼 들고 경매법정 밖에 있는데, 모니터로 일일이 번호와 상황이 중계되니 더욱더 경마장 분위기가 났다. 좀 더 지켜보다 임장할 장소로 출발했다.

| 직접 보고 다각도로 판단하라

먼저 근처에 학원이 얼마나 있는지부터 파악하기로 했다. 시청에서 해당 물건지까지는 학원이 전혀 없었다. 그런데 그 후로는 상당히 많은 학원들이 포진하고 있었다. 시청에서 멀어질수록 아파트가 밀집해 있었고, 그쪽으로 학원이 많이 있었다. 근처를 전부 돌았는데, 해당 물건은 학원 밀집지역에서 조금 떨어져 있었다. 그래도 거기부터 시청까지는 학원이 없으니 괜찮을 것이라는 판단을 내렸다.

안에까지 들어가지는 못해도 학원 문 앞까지는 가보려고 올라갔다. 3층으로 올라가니 상가가 하나 보였고, 반대편에 학원이 있었다. 그런데 문 앞에 커다랗게 '유치권 점유 중'이라고 적혀 있었다. 아울러 '가

난한 사람의 이득을 취하려는 자는 망할 것이다'라는 식의 문구도 몇 개 적혀 있었다.

유치권을 신고했으니 당연히 명도 저항이 있을 것이라 예상했지만, 그런 문구가 적혀 있는 것을 실제로 보니 마음이 편치 않았다. 이 임차인은 아무 잘못도 없는데 보증금을 한푼도 받지 못하게 된 것이다. 학원을 차려 시설비까지 투자했는데 자신에게 돌아오는 것이 전혀 없는 상황인 셈이다.

그래도 주택 임차인은 조금이라도 배당받는 경우가 있는데, 상가 임차인은 월세를 보증금으로 환산한 후 배당을 하니 억울하겠다는 생각이 들었다. 환산 보증금(= 보증금 + 월세 x 100) 금액이 높아져 최우선변제(권리 순서에 상관없이 가장 먼저 배당받는 것) 대상에서 제외되기 때문이다. 월세와는 상관없이 보증금만으로 배당을 해야 하는 것이 아닌가 하는 생각이 들면서 임차인이 측은하게 느껴졌다. 괜히 내가 죄를 짓는 것 같았다.

그렇지만 어차피 누군가는 낙찰받아야 채권 관계가 사라지는 것이고, 임차인도 빨리 이 상황에서 벗어날 수 있게 될 것이다. 비록 손해만 보고 끝나는 것이긴 해도 말이다. 더구나 재계약하면 시설비는 건질 수 있을 것이고, 새로운 마음으로 학원을 열심히 운영하여 돈을 벌면 서로에 이득이 되는 것이라 생각했다.

그럼에도 아이들이 들어오는 문에 그런 문구가 적혀 있다는 것은 문제가 아닐 수 없다. 학원은 초등부뿐 아니라 고등부까지 운영하고 있었다. 중고등학생은 조금 덜할지 몰라도 초등학생만 되어도 부모들이 민감하게 반응할 텐데, 저렇게 문에 무서운 글을 써놓았다는 것이 못내

찜찜했다. 아이들이 분명 집에 가서 부모에게도 이야기할 텐데….

게다가 홍보 현수막도 시간이 한참 지난 것이라 좀 아쉬웠다. 해가 바뀐 지 벌써 반년도 넘었는데 말이다. 감정평가서에는 어렵게 정상 궤도로 올려놓았다는 문구가 있었는데, 맞는지 확인해야 했다. 아이들이 이 학원을 많이 다니고 있느냐가 이번 입찰의 핵심이자 내 수익률의 핵심이라고 할 수 있으니, 그 점을 확인하는 것이 중요했다.

다행히 한 블록 떨어진 곳에 버스도 다니고, 골목길 치고는 번화한 사거리라 사람들이 꽤 있을 것이라고 생각하고, 그곳에서 진을 치고 있었다. 그런데 갑자기 소나기가 쏟아지기 시작했고, 한 시간 동안 비를 피해 있을 수밖에 없었다. 기다리기 지루해 가져간 책을 읽었다. 비가 그친 후, 밤늦게까지 사람들 들어가는 것을 체크하는 것이 정석이긴 하지만, 좀 미련하다는 생각이 들어 다른 방법을 쓰기로 했다.

지나가는 아이들을 붙잡고 물어보기로 했다. 모르는 아이들에게 말을 걸려니 유괴범이나 성추행범처럼 보이지는 않을까 싶어 목이 자라처럼 움츠러든다. 별일은 아니지만 왠지 쑥스럽고 지나는 어른들이 신경 쓰여 많이 하지는 못하고, 10팀의 아이들과 중학생, 어른에게 질문했다.

"학생, 이 근처에 유명한 학원이 어디니?"

지나가는 여중생들에게 묻자마자 동시에 두 아이가 대답했다.

"하버드 학원요. 거기가 제일 유명해요. 저기 길 건너에 있어요. 꽤 멀기는 하지만."

길 건너에 아파트촌이 있는데, 그 근처에 꽤 큰 건물이 있는 걸 인터넷 지도에서 본 것 같다. 그 건물에 있지 않을까 추측했다.

"저기 ○○○ 학원이 있던데, 거긴 어때?"

"○○○ 학원요? 거기는 잘 모르겠는데….'

"혹시 다니는 친구는 없어?"

"잘 모르겠어요."

"그래, 고맙다."

그리고 또 한 무리의 아이들에게 물었다.

"저기 얘들아, 물어볼 것이 있는데…. 근처에 유명한 학원이 어디야?"

"왜요?"

"근처에서 학원을 한번 운영해 볼까 하고…."

"무슨 학원요?"

"응, 보습학원!"

"하버드가 제일 유명하고, 여기 있는 아카데미 학원도 많이 다녀요."

"그래? 저기 ○○○학원 있던데, 거기는 어때?"

"거긴 잘 몰라요, 여기서는 아카데미 학원을 주로 가요."

"혹시 ○○○학원 다니는 친구는 없어?"

"거기도 작년에 친구들이 다녔어요."

"지금은?"

"몰라요, 작년에 다녔으니까 지금도 좀 다니겠죠."

다시 한번 지나가는 여중생들에게 물었다.

"저기, 학생, 물어볼 게 있는데, 근처에서 제일 유명한 학원이 어디야?"

"하버드 학원이 제일 유명해요. 그리고 탑 학원에서 전교 1등이 나와서 거기도 많이 다니고요."

"그래? 그럼, 저기 있는 ○○○학원은?"

"거기는 잘 모르는데…. 아, 맞다, 친구가 다닌다."

"그래?"

"야, 걔는 무시해도 돼!"

"왜?"

"걔는 거의 전교 꼴등이에요."

"그럼, 거기는 주로 공부 못하는 아이들이 다니는 건가?"

"그렇겠죠."

"그래, 고마워."

대체로 이런 분위기였다. 사거리에서 바로 보이고 걸어서 1~2분 거리에 있는데, 이 학원이 있다는 것조차 모르는 사람이 상당히 많았다. 이 학원은 아이들의 안중에는 없었다. 초등학생은 부모가 골라주는 학원에 가는 경우가 많을 텐데, 결국 이곳은 어머니들에게는 선택의 대상이 아닌 듯했다.

한두 시간 정도 지켜보는 동안, 학원으로 들어가는 학생을 한 명도 보지 못했다. 곰곰이 추측하고 어떻게 된 일인지 생각해 봤다. 마치 탐정처럼 현장 조사를 통한 물증과 현장의 목소리를 통해 스토리를 만들어 보는 것이다.

추리 결과는 이렇다. 처음 감정가격을 산정하러 감정평가사가 왔을 때는 어느 정도 운영이 되었다는 얘긴데, 지금은 그로부터 반년이 지났다. 그동안 학생들이 점점 사라진 것이다. 원장은 이렇게 된 것이 경매 때문이라는 생각이 들어, 본전 생각에 유치권을 신고하게 된 것이다. 유치권을 신고해도 돈을 받지 못할 확률이 크다는 것을 아마 모르고 있는 듯하다. 보증금을 못 받으니 유치권을 통해 시설비라도 일부

건지려는 생각을 한 것 같다.

하지만 학원에 그런 문구를 써 붙인다는 것은 자살행위다. 그런 문구를 보고 누가 학원에 들어와 공부하려 하겠는가? 게다가 아무리 수업이 늦게 시작된다고 해도 4시 30분까지 불이 켜져 있지 않다는 것은 이해할 수 없었다. 최소한 선생님들이라도 나와 준비해야 하는 시간 아닌가?

임장을 오기 전에 든 의문 하나는 이 물건은 뒤늦게 유치권을 신고했는데, 유치권 신고 전까지 계속 유찰된 이유가 무엇이냐는 것이었다. 바로 여기에 답이 있는 것 같았다.

이 물건은 사람들이 많이 다니는 길목에 있는 것도 아닌 데다 3층에 있다. 낙찰받는다 해도 쉽게 팔릴 것 같지 않았다. 또한 쉽게 임대가 나갈 것 같지도 않았다.

그렇다면 방법은 하나, 지금 운영되고 있는 학원과 재계약하는 것뿐이다. 그렇지 않을 경우 공실이 되어 돈이 묶이게 된다. 지금 나에게 가장 두려운 것은 돈이 묶이는 것이다.

이 유치권은 어디까지나 임차인이 유치권을 신고하여 실제로 유치권이 성립할 가능성이 없다. 오히려 임대차보호법에 의해 임차인이 원상회복을 해야 하는 것이 맞다. 따라서 협상할 때 낙찰자가 유리한 조건이었다.

나의 계획은 내용증명으로 깨끗하게 해결한 뒤 다시 재계약하는 것이다. 가격이 50% 정도 떨어진 물건이니 거의 90%까지 대출받을 수 있지 않을까 하는 생각도 들었다.

먼저 그곳의 저당권자인 은행에 문의해 보고, 정 안 되면 죽어라 돌아다니며 돈을 빌린 후 소유권을 이전받아 대출을 실행하면 될 것이라고 생각했다.

결국 핵심은 그곳이 어느 정도 운영이 잘되고, 임차인이 애착을 갖고 열심히 일하고 있는 사업장이어야 한다는 것이다. 그래야 나에게 기회가 된다. 지금의 나는 돈이 묶이면 안 되기 때문이다.

이것이 임장을 오기 전의 내 계획이었다. 그런데 와서 보니, 이 물건은 포기해야 할 것 같다. 사람들에게 탐문 조사를 해서 긍정적인 면 열 가지, 부정적인 면 열 가지를 찾아보고 최종 결정을 내리려 했는데, 아무래도 상황이 포기 쪽으로 기운다.

이 물건은 다른 용도로는 쉽게 임대 놓을 물건이 아닌 것으로 보였다. 1층이 아니라 쉽게 나가지도 않을 테고, 주변에도 현재 공실이 있는 건물이 있었다. 그곳 역시 학원 용도로 임차인을 구하고 있는 중이었다.

결정적으로 이 학원은 아이들에게 전혀 인지도가 없었다. 초등학생 아이를 데리고 지나가는 어머니들에게 좀 더 물어보지 못해 아쉽지만, 초등학생들이나 중학생들이 모르니 큰 차이는 없지 않을까 싶다.

나름 좋은 물건으로 보였고, 학원이라 어느 정도 깔끔하게 해결될 것이라 믿었는데, 좋다가 말았다. 그래도 와서 직접 보고 실상을 파악한 것이 정말 다행이라는 생각이 든다.

이제 오산에 있는 유치권과 미용실 유치권을 현장 조사하고 탐문해 봐야겠다. 아울러 검색을 다시 해 좋은 물건이 있는지 확인해 보고, 2회 이상 유찰된 아파트도 찾아봐야겠다. 매월 한 건은 낙찰받아야 하는데, 조금 걱정이 된다.

임차인의 유치권 성립 여부

대법원 1975.4.22. 선고 73다2010 판결【가옥명도등】[공1975.6.15.(514),8432]

【판시사항】
임대차종료시에 임차인이 건물을 원상으로 복구하여 임대인에게 명도키로 약정한 경우에 비용상환청구권이 있음을 전제로 하는 유치권 주장의 당부

【판결요지】
건물의 임차인이 임대차관계 종료시에는 건물을 원상으로 복구하여 임대인에게 명도하기로 약정한 것은 건물에 지출한 각종 유익비 또는 필요비의 상환청구권을 미리 포기하기로 한 취지의 특약이라고 볼 수 있어 임차인은 유치권을 주장을 할 수 없다.

내용증명을 보내다

빌라 세입자에게 친절하고 자세하게 내용증명을 작성해 보냈다. 조금 세게 나간 것 같기는 했지만, 만만해 보이지 않으려면 이 정도는 써 주어야 하지 않을까 생각했다. 더구나 문서화할 것이라고 그쪽에 말해 두지 않았던가?

D아파트 전 소유자는 연락하겠다고 해놓고는 2주일이 넘도록 연락이 없다. 나로서는 빨리 처리하는 것이 좋지만, 상대방의 감정도 생각해야 하고, 서로 웃으면서 해결하기를 원하기 때문에 너무 서두르지는 않으려 했다.

하지만 며칠 전에 전화했는데도 받지 않고 연락도 없으니 어쩔 수 없이 내용증명을 보내기로 했다. 일단 내용증명을 보내 전 소유자 측에서 빨리 결정을 내리도록 압박해야겠다.

내용증명

발신인 : 이 OO (연락처 : 000-0000-0000)
주 소 : 서울 OOO OOO OOO- OOO
수신인 : 이 OO
주 소 : 인천광역시 OOO OOO OOO-OOO

안녕하십니까?
본인은 인천광역시 OOO OOO OOO-OOO OOO 호를 2010년 O월 O일 인천지 방법원 (사건번호 OOOO타경OOOOO 부동산임의경매)에서 최고가로 낙찰받은 이OO입니다. 본인의 향후 계획을 다음과 같이 명확하게 전해드리고 귀하의 협조를 구하고자 본 내용증명을 송부합니다.

1. 본인은 인천지방법원으로부터 2010년 O월 O일 매각허가가 이루어진 후 2010 년 O월 O일에 잔금납부를 한 후 인도명령을 신청했습니다. 인도명령은 2002년 7 월 1일 개정된 민사집행법에 근거를 두고 있으며 대항력 없는 현 임차인에 대해서 는 신청 후 약 1~2주 내에 결정문이 나오며 그 즉시 강제집행이 가능하게 됩니다.

2. 2010년 O월 O일이 배당기일로 대법원 2004.8.30. 선고 2003다23885에 근 거하여 배당기일까지 이사를 하지 않으신다면 감정가의 월1%를 부당이득으로 청 구하거나 배당금에서 가압류를 통해 받도록 하겠습니다.

3. 계속 거주를 원한다면 본인과 귀하는 보증금 5,000,000원에 월세 300,000원으 로 새롭게 임대차계약을 할 용의가 있습니다.

4. 이사하는 날 모든 것을 확인한 후 명도확인서와 인감증명서를 지급하도록 하겠 습니다.

5. 본인과 귀하가 서로 원만하게 명도에 합의하고 원치 않는 피해가 발생하지 않도 록 알려드리는 차원이며, 제시한 조건에 동의하신다면 별지로 첨부한 명도이행각서 를 작성하여 연락주시기 바랍니다.

2010년 OO월 OO일
낙찰자 이 O O (연락처: 000-0000-0000)

내용증명 - 빌라

명도이행각서

갑 : 이 OO
    서울 OOO OOO OOO- OOO
을 : 이 OO
    인천광역시 OOO OOO OOO-OOO

목적물의 표시:
갑과 을은 위 표시 목적물에 대하여 다음과 같이 성실히 이행하기로 약속하며, 이 약속의 내용을 명백히 함과 아울러 후일의 증거를 위하여 그 증서를 각 1씩 상호 보관키로 한다.

- 다 음 -

1. 을은 위 목적부동산을 타인에게 이전하거나 점유명의를 변경하지 아니한다.

2. 을은 2010년 O월 O일까지 위 부동산을 갑에게 인도(명도)한다.

3. 을은 2010년 O월 O일 명도일까지 가스비, 전기세, 수도세 등 각종 공과금을 정산한다.

4. 건물에 부착된 보일러, 싱크대 등 부착물과 시설물은 현 상태로 두고 인도(이사)한다.

5. 인도(이사)시에는 깨끗이 정리하고, 잔존물(쓰레기)이 없도록 한다. 인도일 이후에 남아 있는 잔존물은 폐기 처분하여도 파손, 분실 등 어떠한 민, 형사상의 책임을 묻지 않기로 한다.

6. 약정한 날에 명도를 하지 않을 경우 을은 소유권이전일부터 이사일까지 감정가 기준으로 월 1%를 갑에게 지급한다. 또한 강제집행 때 강제집행 비용은 물론 집행에 소요되는 모든 비용을 갑이 청구하면 을은 지급한다.

2010년 OO월 OO일
갑: (인)
을: (인)

첨부. "을"의 인감증명서

명도이행각서 - 빌라

임차권의 소멸 시기

대법원 2004.8.30. 선고 2003다23885 판결【건물명도등】

【판시사항】
주택임대차보호법상의 대항력과 우선변제권을 가지고 있는 임차인이 임차주택에 대한 경매절차에서 보증금 전액을 배당받을 수 있는 경우 임차권의 소멸시기(=임차인에 대한 배당표의 확정시) 및 임차인에 대한 배당표가 확정될 때까지 임차인에 의한 임차주택의 사용·수익이 낙찰대금을 납부한 경락인과의 관계에서 부당이득으로 되는지 여부(소극)

【판결요지】
주택임대차보호법 제3조의5의 입법 취지와 규정 내용에 비추어 보면, 주택임대차보호법상의 대항력과 우선변제권의 두 권리를 겸유하고 있는 임차인이 우선변제권을 선택하여 임차주택에 대하여 진행되고 있는 경매절차에서 보증금에 대한 배당요구를 하여 보증금 전액을 배당받을 수 있는 경우에는, 특별한 사정이 없는 한 임차인이 그 배당금을 지급받을 수 있는 때, 즉 임차인에 대한 배당표가 확정될 때까지는 임차권이 소멸하지 않는다고 해석함이 상당하다 할 것이므로, 경락인이 낙찰대금을 납부하여 임차주택에 대한 소유권을 취득한 이후에 임차인이 임차주택을 계속 점유하여 사용·수익하였다고 하더라도 임차인에 대한 배당표가 확정될 때까지의 사용·수익은 소멸하지 아니한 임차권에 기한 것이어서 경락인에 대한 관계에서 부당이득이 성립되지 아니한다.

위 판례에서 배당받는 임차인은 배당을 받을 때까지는 임차인으로 주택을 사용할 수 있다고 했기 때문에 배당일 후에도 계속 머물게 된다면 부당이득의 청구를 할 수 있다. 그러므로 명도이행각서 6번 문구는 '소유권 이전일부터'가 아니라 '배당일부터'가 정확하다.

드디어 지난번에 임장을 다녀왔던 학원의 입찰일이다. 나는 깨끗하게 포기했지만, 가격이 50% 미만으로 떨어졌으니 적어도 두세 명은 들어갈 것 같았다.

결과는 두 명이 입찰해서 1억 3,000만 10원에 낙찰되었다. 2등과는 몇십만 원 차이가 나지 않을까 싶다. 아마 가서 학원을 직접 보고 나면 땅을 치며 후회하지 않을까 걱정된다.

나는 확실하게 낙찰받으려면 1억 5,000만 원 정도는 써야 하고, 그렇지 않더라도 최소한 1억 3,500만 원 정도는 써야 한다고 생각하고 있었다. 내가 들어갔으면 무조건 내 것이 되었을 물건이다.

나중에 일산에 임장이나 입찰 갈 일이 있을 때 한번 들러서 어떤 변화가 있는지 확인해 봐야겠다. 내 예상과는 달리 여전히 학원이 운영되고 있다면 내 조사는 완전히 틀렸다고 할 수 있을 것이다.

여하튼 이번 물건으로 아주 좋은 경험을 했다. 비록 입찰하지는 않았지만 임장과 대략적인 느낌으로 추측한 낙찰가도 내 예상을 벗어나지 않았다.

| 진척을 보이기 시작한 아파트 계약

토요일 오후 다른 식구는 모두 나가고 집에서 홀로 여유롭게 늦은 점심을 먹고 있는데 전화가 왔다. D아파트 전 소유자였다.

"여보세요? 죄송합니다. 미리 전화를 드렸어야 하는데, 바빠서 미처 전화드리지 못했습니다."

정말로 바빠서 전화를 못 한 것인지는 모르겠지만, 내가 보낸 내용증명을 보고 전화한 것 같았다.

"네, 그렇지 않아도 전화가 없어 편지 보내 드렸는데 받으셨죠?"

"편지요? 아무것도 못 받았는데요? 그때 이야기했던 것에 대해 말씀드리려고 전화했습니다."

편지에 전화번호도 적었고 반송되지도 않았는데 못 받았다니, 말이 안 된다. 아저씨도 참….

"자세한 사항은 제가 편지에 적었습니다만, 보증금에 월세 35만 원을 보증금 없는 월세로 할 경우, 두 배로 계산해 월세 70만 원이어야 맞습니다. 그런데 그렇게까지 하는 것은 좀 심한 것 같아 60만 원으로 하려고 합니다. 내년 1월 12일까지는 합의서에 의해 거주하시고, 그후에는 임대차 계약에 의해 거주하시게 되고요. 합의서에 의한 계약은 8월 13일부터입니다."

"제가 직원들 월급 주는 날이 매월 13일입니다. 그래서 하루 이틀 정도 늦게 보낼 수도 있을 것 같은데…."

"하루 이틀 정도는 상관없습니다. 편지에도 적었듯이 이틀 이상 늦어지면 인도명령으로 처리할 생각이고요."

"그리고 나중에라도 보증금을 낼 수 있게 되면 원래대로 월세 계약을 했으면 합니다."

"그럼요, 보증금 준비되시면 언제든지 새롭게 임대차 계약을 하시면 됩니다."

나는 속으로 외쳤다.

'이왕이면 빨리 돈을 모아서 저한테 다시 아파트를 사가시면 더 좋고요.'

"그리고 현재 계약은 배우자 분 이름으로 되어 있는데, 다시 하는 계약은 지금 저랑 통화하시는 분과 해야 할 테니 인감증명서를 갖고 오셔야 하고요."

"계약은 누구 이름으로 해도 상관없습니다."

다시 속으로 외쳤다.

'전화하신 분이 대화를 주도하시는 분이니 전화하신 분과 계약을 해야겠죠.'

"이런 내용을 전부 편지로 보냈으니 확인하시면 됩니다."

"그럼, 편지를 보고 전화드리면 되겠네요."

"네, 보시고 다음 주 내로 언제 계약할 것인지 알려 주세요."

"그러면 제가 캐피탈에 내는 이자는 어떻게 되나요? 법원에서 연락이 없는데…."

"경매를 통해 이 아파트와 관련된 채무는 모두 소멸됩니다. 그렇게 되면 캐피탈에 있는 것들도 없어지는 것으로 알고 있습니다. 캐피탈에서 어떻게 하는지까지는 구체적으로 모르겠네요."

"말일이 캐피탈에 이자를 내야 하는 날이라서요."

"잘은 모르지만 상관없을 것 같은데요."

"네, 그럼 편지를 보고 연락드리겠습니다."

확인해 보니 돈을 받아 가는 채권자 중에 캐피탈은 없던데 무엇을 말하는 건지 잘 모르겠다.

내용증명

발신인 : 이 OO (연락처 : 000-0000-0000)
주 소 : 서울 OOO OOO OOO- OOO
수신인 : 이 OO
주 소 : 인천광역시 OOO OOO OOO-OOO

안녕하십니까?
본인은 인천광역시 OOO OOO OOO-OOO OOO 호를 2010년 O월 O일 인천지
방법원 (사건번호 OOOO타경OOOOO 부동산임의경매)에서 최고가로 낙찰받은
이OO입니다. 본인의 향후 계획을 다음과 같이 명확하게 전해드리고 귀하의 협조를
구하고자 본 내용증명을 송부합니다.

1. 본인은 인천지방법원으로부터 2010년 O월 O일 매각허가가 이루어진 후 2010
년 O월 O일에 잔금납부를 하여 소유자가 되었습니다. 아직 인도명령을 신청하지
않았지만, 인도명령은 2002년 7월 1일 개정된 민사집행법에 근거를 두고 있으며,
신청 후 약 1~2주 내에 결정문이 나오며 그 즉시 강제집행이 가능하게 됩니다.

2. 몇 차례 통화로 서로간의 계획에 대해 이야기를 나눴습니다만 최종 통화 후 약속
한 날짜가 지나도 연락이 오지 않아 이렇게 내용증명을 보냅니다.

3. 계속 거주를 원한다고 하셔서, 보증금 5,000,000원에 월세 350,000원을 이야
기하였습니다. 그러나 귀하는 보증금을 낼 형편이 안 된다고 하셨습니다. 따라서 본
인은 보증금이 없는 위험성을 감안하여 월세의 두 배인 700,000원을 청구하여야
하나, 현 상황을 감안하여 월 600,000원에 계약하도록 하겠습니다.

4. 자세한 사항은 합의서를 읽어보시고 참고하시기 바랍니다.

5. 본인과 귀하가 서로 원만하게 명도에 합의하고 원치 않는 피해가 발생하지 않도
록 알려드리는 차원이니, O월 O일까지는 연락주시기 바랍니다.

2010년 OO월 OO일
낙찰자 이 O O (연락처: 000-0000-0000)

내용증명 - 아파트

합의서

갑 : 이 OO
   서울 OOO OOO OOO- OOO
을 : 이 OO
   인천광역시 OOO OOO OOO-OOO

목적물의 표시:
갑과 을은 위 표시 목적물에 대하여 다음과 같이 성실히 이행하기로 약속하며, 이 약속의 내용을 명백히 함과 아울러 후일의 증거를 위하여 그 증서를 각 1씩 상호 보관키로 한다.

- 다 음 -

1. 을은 월 600,000원에 8월 13일부터 거주하며 대문열쇠를 복사하여 갑에게 제공한다.
2. 을이 월세 지급날짜인 매월 13일에서 2일 이상 월 600,000원을 갑에게 지급하지 않으면, 즉시 인도명령을 통해 명도하며 이에 대한 모든 비용을 을에게 청구한다.
3. 을은 2항에 근거하여 갑이 임의로 개문하여도 갑에게 책임을 묻지 않는다.
4. 을은 2011년 1월 12일까지 합의서를 통해 거주하는 것으로 한다.
5. 을은 2011년 1월 13일부터 임대차계약에 의해 거주하는 것으로 한다.
6. 합의서와 임대차계약서에 의해 거주하는 동안 수리비는 을의 비용으로 처리한다.

2010년 OO월 OO일
갑: (인)
을: (인)

첨부. "을"의 인감증명서

합의서 - 아파트

법원에서 총 세 통의 인도명령서가 도착했다. 세입자 두 명과 소유자 한 명의 인도명령서다. 그래서 어떻게 진행되고 있는지 문건처리 내역을 확인해 보았더니 우려했던 일이 발생했다.

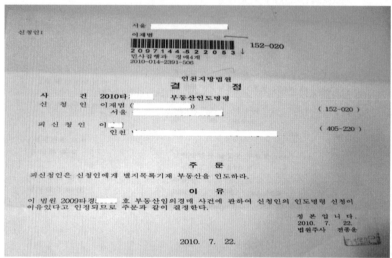

부동산 인도명령 결정문

▮ 문건처리내역

접수일	접수내역	결과
2009.09.23	등기소 남동등기소 등기필증 제출	
2009.10.06	감정인 건일에셋감정평가법인 감정평가서 제출	
2009.10.09	기타 인천지법집행관 현황조사서 제출	
2009.10.22	임차인 이〇 권리신고및배당요구신청 제출	
2009.12.07	교부권자 인천남동구 교부청구 제출	
2010.01.18	채권자대리인 정진욱 재평가신청서 제출	
2010.01.22	감정인 (주)건일에셋감정평가법인 감정평가서 제출	
2010.06.28	최고가매수신고인 열람및복사신청 제출	
2010.07.12	최고가매수신고인 등기촉탁신청 제출	
2010.07.12	최고가매수신고인 매각대금환납증명	
2010.07.22	채권자 한국양계축산업협동조합 배당배제신청 제출	
2010.07.22	채권자 한국양계축산업협동조합 채권계산서 제출	

문건처리 내역

배당배제 신청이 되어 있었던 것이다. 세입자가 약간 이상해 보이긴 했는데, 아니나 다를까 이런 서류가 제출되어 있었다. 나로서는 가짜든 진짜든 상관없이 배당받고 나가는 것이 가장 좋은데 말이다. 내용증명을 보냈는데 아직까지 아무 연락이 없는 것도 좀 이상하다.

그냥 배당받고 나가려고 따로 연락을 안 하는구나 생각했는데, 좀 더 긴장하고 추이를 지켜봐야 할 것 같다. 생각지도 못했던 이사비가 나가는 것은 아닐까 하는 생각이 든다. 혹시라도 문제가 생긴다면 불법침입과 부당이득죄, 경매방해죄를 내세워 잘 이야기해서 내보내야겠다.

일단 인도명령이 신청되었으니 잘될 것이라 생각한다. 그런데 인도명령은 문건 송달 내역에 나오지 않는다. 내가 받았으니 그쪽도 받았으리라 본다. 내가 보낸 내용증명들이 반송되지 않는 것을 보면 우편물은 다 제대로 가고 있는 것 같다.

| 계속되는 입찰 고민

휴가 중이지만 물건은 열심히 보고 있다. 그중 하나가 충북 보은의 미용실이다. 보은 시내 중심에 있고, 감정가 1억 8,000만 원에 현재 최저가 8,000만 원으로 나와 있다. 2008년에 보증금 3,000만 원에 월세 50만 원으로 임대차 계약이 되어 있다. 임차인이 유치권을 신고했지만, 자신의 영업을 위해 신고한 것이라 당연히 인정되지 않는다.

경매정보지에 나온 정보로는 임차인이 그곳에서 계속 운영하고 싶어 할 것이라는 판단이 들었다. 문제는 임차인이 한푼도 배당받지 못한다는 것이다. 아무리 자본주의의 법칙을 따른다고는 하지만, 이럴 때는 쉽지 않은 것이 사실이다. 임차인과 재계약하는 것에 초점을 맞추고 들어가는 것이 좋은 방법이긴 하지만, 그런 점 때문에 망설이게 된다.

미용실 바로 위층이 공매로 나와 더 적은 금액에 낙찰되었기 때문에 이번에는 유찰될 것 같다. 물론 이번에 들어가도 현재 미용실이 내고 있는 보증금과 임대료만으로도 충분히 매력적이지만, 욕심이 스멀스멀 밀려오는 것은 어쩔 수 없다. 결국 이번에는 포기하고 유찰되면 다음번에 들어가리라 마음먹었다.

입찰 당일 오후에 확인을 해보니 아뿔싸, 생각지도 못한 경쟁자가 나와 가져가 버린 것이 아닌가? 저당권자인 신협이 무려 1억 원에 가져간 것이다. 선량한 경매 투자자들에게 양보해야지, 그렇게 높은 금액에 가져가다니…. 신협이 들어갈 정도면 꽤 괜찮은 물건이었던 것 같다. 그 지역에서 살고 있고, 지방 경제를 꽉 잡고 있는 사람들이니 말이다. 내가 이번에 들어갔다면 9,000만 원 이상은 절대 쓰지 않았을 텐데, 가서 입찰했으면 입맛만 다실 뻔했다.

그 외에 포항 오피스텔이 대량으로 나와 한참 고민했다. 임대 수익으로는 괜찮을 것 같았지만, 관리의 어려움과 전날 가야 한다는 부담감 때문에 결국 포기했다. 사실 그것보다는 굳이 그 금액을 묻어 놓고 임대료를 받을 상황이 아니라는 점이 더 컸다.

또 하나 들어갈까 했던 물건은 지난주에 청주에 대량으로 나온 아파트였다. 경매로 나온 물건이 너무 많아, 오전에도 경매를 하고 오후에도 경매를 한다. 오전에 낙찰되지 않으면 오후에 바로 다시 입찰 들어가면 된다. 나는 잘 모르는 곳이었지만, 아는 사람들이 단체로 들어간다고 했다. 임대 수익은 충분히 얻을 수 있을 것으로 보여 고민 끝에 들어가기로 했다.

돈은 없었지만 열 건 정도 들어가기로 하고, 가진 돈을 모두 동원했다. 부족한 금액 900만 원은 어머니에게 빌리기로 했다. 한 건당 290만 원만 있으면 되기 때문에 건수에 비해 필요한 금액이 그리 많지 않아 다행이었다. 들어간 것이 모두 낙찰될 리는 없지만, 무조건 낙찰될 것이라는 전제하에 계획을 세웠다.

가진 돈보다 훨씬 많은 돈이 필요하기 때문에 일단 낙찰받게 되면 무조건 돈을 빌리러 다녀야 한다. 그런데 그 많은 돈을 묶어 둘 정도로 가치가 있는지 확신이 서지 않았다. 게다가 지금 휴가 중이라 아이들과 이곳저곳 놀러 다닐 계획을 세우는 중인데, 약속을 깨면 아이들에게 상처를 주지 않을까 걱정도 되었다.

이미 어머니에게 900만 원을 빌린 상태였지만, 결국 당일 오전에 포기하고 같이 가기로 한 팀에게는 미안하다고 문자를 보냈다. 어머니에게 돈을 돌려보내고 아이들과 휴가를 즐기기로 했다. 우습게도 나중에 확인해 보니 변경이 되었다. 갔으면 괜히 시간만 버리고 올 뻔했다.

D아파트 전 소유자는 지난번 전화 후 연락이 전혀 없다. 기다리다 문자로 연락 좀 달라고 하니 전화가 왔다.

"연락이 없으셔서 문자를 보냈습니다. 지난번에 통화할 때 언제 만나자는 이야기는 못 한 것 같아서요."

"제가 수요일에 거래처 때문에 화곡동과 서초구에 갈 일이 있는데, 그때 어떠세요?"

"좋습니다. 그럼, 그날 오후에 연락 주세요."

"제가 근처에 가서 전화드리겠습니다."

"그날 뵙겠습니다. 인감증명서와 인감도장 잊지 말고 가져 오세요."

통화를 끝내고 보니, 현재 그 집에 전입되어 있는 또 한 명이 누구인지 묻지 않았다. 아무 상관 없는 사람이면 전입말소를 해야 한다. 전 소유자와 보증금 없이 계약하는 것이라 리스크를 최대한 없애야 한다.

법무사에서 두 번이나 전화가 왔다. 인도명령을 신청했는데 관계가 정확하지 않아 반려되었다고 한다. 어떻게 할 것인지 알려 달라고 해서, 이번 주에 만나서 확인하고 알려 주겠다고 했다.

보증금이 없어 조금 걱정되고, 돈이 묶인다는 점이 아쉽기는 하지만, 그래도 이대로라면 수익률이 15%를 상회하니 첫 경매 낙찰치고는 괜찮지 않을까 싶다.

빌라 세입자의 대리인에게도 연락을 달라고 문자를 보냈다. 다행히도 바로 답문자가 왔다. 뜻하지 않게 배당배제가 되어 그것을 처리하고 이번 주 안으로 연락을 주겠다고 한다. 하긴, 다음 주가 배당기일이니 그 전에 모든 것을 해결하지 않으면 그쪽도 문제긴 할 터였다.

이번 주 안으로 연락이 와 모든 것이 끝나기를 바랄 뿐이다. 무사히 끝나면 리모델링을 하고 부동산 중개업소와 상담하여 결정을 내려야겠다. 당연히 임대를 우선으로 생각하지만, 어떻게 될지 모르니 여러 방법을 고민해 볼 생각이다.

현 세입자와 재계약하면 좋겠지만, 리모델링을 해보는 것도 좋은 경험이 될 것이다. 빠르지는 않지만 하나씩 해결되고 있는 것 같다. 이제부터 중요한 것은 집중하고 집중하여 돈을 지속적으로 불리는 것이다.

임대차 계약서를 작성하다

내일 D아파트 전 소유자와 만나 합의서와 임대차 계약서에 도장을 찍는다. 중개인 없이 직계약을 한다. 내가 계약서를 직접 작성해야 한다. 임대차계약서는 인터넷에 있는 표준계약서를 참고하여 다시 만들었다. 무엇보다 혹시나 놓치는 점이 없는지 걱정되었다. 전 소유자와의 계약이라 더욱 신경이 쓰인다. 합의서는 기존에 만들어 두었던 것을 약간 보완했다.

오늘 전화가 왔다. 내일 오전에 내가 사는 곳 근처로 오겠다고 한다. 어제 깜박하고 묻지 않은 전입자에 대해 물어보았더니, 지방에 사는 지인인데 가끔 올라와도 집에는 안 오고 공장에서 잔다고 했다. 열쇠를 하나 가져오라는 이야기도 어제 깜박 잊고 하지 못해 오늘 했다.

도대체 어떤 옷을 입고 가야 할지 고민이 된다. 양복을 입으면 왠지 위화감을 주고, 괜히 있는 척하는 것처럼 보이지 않을까 생각이 들고,

평상복을 입자니 너무 가벼워 보이는 것 같다. 그냥 임차인이면 그렇게까지 신경을 쓰지 않았을 텐데, 전 소유자가 내 임차인이 되는 것이라 될 수 있는 한 상대방의 기분을 상하지 않게 하는 방법을 고민했다. 결론은 그냥 청바지에 재킷을 입고 나가기로 했다.

가지고 가야 할 물건들도 꼼꼼히 챙겼다. 계약서, 인주, 주민등록증과 지갑을 챙겼고, 계약서에 찍어야 하는 도장은 지난밤에 미리 찍어 놓았지만, 혹시 몰라 도장도 챙겼다. 나가면서 생각해 보니 아무래도 볼펜을 가져가야 할 것 같아 다시 들어가 볼펜도 가지고 나왔다.

역 근처에서 신문을 잔뜩 집어 들고 여유 있게 읽으며 기다렸다. 전화가 왔다. 잽싸게 전 소유자의 차를 찾아 올라탔다. 간단히 설명을 하는데 왜 이리 숨이 차는지 모르겠다. 주차 요원이 차 빼라고 할까 봐 빨리 타려고 뛰어와 그런 것 같다. 다음부터는 급하더라도 천천히 걸어와야겠다. 빈틈을 보이면 안 되니 말이다.

합의서 내용이 조금 바뀌어 지난번보다 두 가지가 추가되었음을 설명하고, 임대차계약서의 특약에 대해서도 간략히 이야기했다. 그러고 나서 서류를 주고 읽어 보라고 한 후에 궁금한 점이 있으면 물어보라고 했다.

궁금한 점이 있으면 물어보라고 한 것은 나의 직업병이다. 고객을 만나 이야기할 때의 버릇이 나도 모르게 튀어나온 것이다. 특별히 없다고 해서 도장을 찍으라고 했다. 도장을 달라고 해서 내가 찍으려 했으나 예의가 아닌 것 같았다.

합 의 서

갑 : 이 OO

　　서울 OOO OOO OOO- OOO

을 : 이 OO

　　인천광역시 OOO OOO OOO-OOO

목적물의 표시:

갑과 을은 위 표시 목적물에 대하여 다음과 같이 성실히 이행하기로 약속하며, 이 약속의
내용을 명백히 함과 아울러 후일의 증거를 위하여 그 증서를 각 1씩 상호 보관키로 한다.

- 다 음 -

1. 을은 월600,000원에 8월 13일부터 거주하며 대문열쇠를 복사하여 갑에게 제공한다.
2. 을이 월세 지급날짜인 매월 13일에서 2일 이상 월600,000원을 갑에게 지급하지 않으
면 즉시 인도명령을 통해 명도하며 이에 대한 모든 비용을 을에게 청구한다.
3. 을은 2항에 근거하여 갑이 임의로 개문하여도 갑에게 책임을 묻지 않는다.
4. 을은 2011년 1월 12일까지 합의서를 통해 거주하는 것으로 한다.
5. 을은 2011년 1월 13일부터 임대차계약에 의해 거주하는 것으로 한다.
6. 합의서와 임대차계약서에 의해 거주하는 동안 수리비는 을의 비용으로 처리한다.
7. 을은 매월 13일에 OO은행 계좌번호 xxxxxxx로 600,000원을 입금한다.
8. 전입되어 있는 OOO은 언제든지 갑이 전입말소를 해도 아무런 책임을 묻지 않는다.

2010년 8월 11일

갑:　　　　(인)

을:　　　　(인)

첨부. "을"의 인감증명서

합의서

부동산 임대차 계약서

본 부동산에 대하여 임대인과 임차인 쌍방은 합의에 의하여 다음과 같이 임대차계약을 체결한다.

1. 부동산의 표시

소 재 지	인천광역시 :	외 1필지	14호		
토 지 지 목	전			면 적	
건 물 구 조	철근콘크리트	용도	주거용	면 적	26.5 ㎡
임대할 부분	호 전체			면 적	39.54 ㎡

2. 계약내용

제1조 위 부동산의 임대차계약에 있어 임차인은 보증금 및 차임을 아래와 같이 지불하기로 한다.

보 증 금	金		원정 (₩)	
계 약 금	金		원정은 계약시 지불하고 영수함.	
중 도 금	金		원정은 년 월 일에 지불한다.	
잔 금	金		원정은 년 월 일에 지불한다.	
차 임	金	600,000	원정은 매월 13일에 (선불 , 후불)로 지불한다.	

제2조 임대인은 위 부동산을 임대차 목적으로 사용 수익할 수 있는 상태로 하여 2011 년 01 월 13 일 까지 임차인에게 인도하며, 임대차기간은 인도일로부터 2012년 08월 12일 까지 (19)개월로 한다.

제3조 임차인은 임대인의 동의 없이 위 부동산의 용도나 구조를 변경하거나 전대 또는 담보제공을 하지 못하며 임대차목적 이외 용도에 사용할 수 없다.

제4조 임차인이 2회 이상 차임 지급을 연체하거나, 제3조를 위반하였을 경우 임대인은 본 계약을 해지할 수 있다.

제5조 임대차계약이 종료한 경우 임차인은 위 부동산을 원상으로 회복하여 임대인에게 반환하며, 임대인은 보증금을 임차인에게 반환한다.

제6조 임차인이 임대인에게 중도금(중도금이 없을 때는 잔금)을 지불하기 전까지는 임대인은 계약금의 배액을 상환하고, 임차인은 계약금을 포기하고 이 계약을 해제할 수 있다.

제7조 공인중개사는 계약 당사자간의 채무불이행에 대해서는 책임지지 않는다. 또한 중개수수료는 본 계약의 체결과 동시에 임대인과 임차인 쌍방이 각각(환산가액의( )%을) 지불하며, 공인중개사의 고의나 과실 없이 계약당사자간의 사정으로 본 계약이 해제되어도 중개수수료를 지급한다.

제8조 [공인중개사의 업무 및 부동산 거래신고에 관한 법]제25조3항의 규정에 의거 중개대상물 확인설명서를 작성하여 ____년 ____월 ____일 공제증서사본을 첨부하여 거래당사자 쌍방에 교부한다.

<특약사항>

1. 2010년 8월 11일에 작성한 합의서의 내용을 임대차계약서에도 승계하여 다른 조건 보다 우선한다.
2. 차임 600,000원은 매월 13일에 ___은행 계좌번호 4__ __ ___으로 입금한다.
3. 보증금이 준비되어 새 계약을 원하면 상호합의하에 새로운 임대차계약을 한다.
4. 본 계약서에 명시되지 않은 사항은 관련 법률 및 부동산 임대차 관례에 따른다.

본 계약에 대하여 계약 당사자는 이의 없음을 확인하고 각자 서명 또는 날인 후 임대인, 임차인, 공인중개사가 각 1통씩 보관한다.

2011년 01월 13일

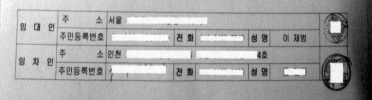

임 대 인	주 소	서울				
	주민등록번호		전 화		성 명	이 재범
임 차 인	주 소	인천			4호	
	주민등록번호		전 화		성 명	

임대차 계약서

그런데 바닥이 평평한 곳에서 찍어야 하는데, 상황이 그렇지 않다 보니 도장이 잘 찍히지 않았다. 조금 두꺼운 종이를 밑에 깔고 다시 도장을 찍었다. 합의서와 임대차계약서에 도장을 찍고 보니 상대방의 주민번호가 없었다.

그래서 볼펜을 주려고 하는데 볼펜이 보이지 않았다. 양해를 구하고 뛰어온 길로 다시 돌아가니 땅에 떨어져 있는 것이 눈에 뜨였다. 집어 들고 다시 차에 와 주민번호를 적게 한 후 한 장씩 나눠 갖고 아파트 열쇠와 인감증명서를 받았다.

전화로 이야기한 채무 관계에 대해 이야기해 주려 하는데, 자기가 법원에 전화해 물어보니 캐피탈은 전액 배당받는다고 먼저 말한다. 그 외의 것들은 파산 신청을 한 후 몇 년 후에 회복하라고 말해 주었더니, 그것은 얼마 되지 않는다며 그것 때문에 파산하기는 싫다고 한다.

"얼마 되지도 않는 돈 때문에 애 엄마 파산 신청을 하고 싶지는 않습니다."

확인하지는 않았는데, 예상대로 아이가 있는 것 같다. 얼굴은 목소리처럼 선량했다. 서로 웃으면서 이야기했고, 마무리도 잘했다. 마지막에 "그런데 임차료는 갖고 오셨나요?"하고 물었다. 내가 생각보다 뻔뻔하게 이런 이야기를 잘한다.

"임차료는 당일에 계좌로 넣어 드리겠습니다."

이렇게 만남은 끝났다. 이번 건은 당일에 임대료가 입금되면 마무리되는 것이다. 아파트는 이제 내 것이 되는데, 우습게도 문만 쳐다보았을 뿐 어떻게 생겼는지도 모른다.

큰 문제 없이 계약서까지는 작성했지만, 임대료가 무사히 내 통장에 입금될 것인가는 또 다른 문제였다. 하지만 만났을 때의 인상과 사람을 믿어야 한다는 생각이 우선이다. 무엇보다 매일같이 외치는 것처럼 '난 기차게 운이 좋다!' 그래서 무사히 임대료가 통장으로 입금될 것이라고 믿었다.

식구들에게는 입금되면 한턱내겠다고 미리 큰소리쳤다. 첫 월세 수익을 올리는 기념으로 그런 것도 있지만, 미리 식구들에게 알리면 나중에 갑자기 돈이 필요할 때 길게 설명하지 않아도 쉽게 도움을 받을 수 있을 것이라는 생각도 했다.

당일이 되었는데 통장에 아무 변화가 없다. 어쩔 수 없이 오후 2시쯤에 오늘이 임차료 입금하는 날이라는 내용과 함께 계좌번호를 문자로 보냈다. 다음 날 인터넷으로 확인하니 다행히도 입금이 되어 있었다.

즐거운 마음으로 식구들과 맛있게 외식했는데, 외식 비용이 엄청났다. 이번 달에 들어온 수익을 전부 써버리고 말았다. 앞으로는 월 300만 원 이상 들어오는 시스템이 만들어진 뒤에 한턱내리라 마음먹었다.

빌라 세입자는 끝내 전화가 오지 않았다. 도대체 무슨 생각인지 전혀 알 수가 없다. 그 세입자는 정말 마음 좋은 낙찰자 만나 편하게 가는 것이다. 먼저 전화할까 하다가 나로서는 아직 아쉬울 것이 없으니 그냥 기다리기로 했다. 이번 달 이자까지 이미 낸 상태라 그만큼 손해지만, 시간이 약이 되리라 생각했다.

더구나 내일이 배당기일이고, 내 확인 없이는 배당을 받을 수 없다. 배당배제가 되었는데도 전혀 연락이 없으니 답답할 뿐이다. 길어 봤자 최대 한 달일 테니 조금 더 기다려 보자고 마음먹었다.

'이건 서로 간의 심리 게임이다. 내가 먼저 전화해 급한 티를 내는 것은 조금이라도 유리한 고지에 올라가는데 전혀 도움이 안 된다' 생각하며 버텨 보았지만, 결국 마음을 바꿔 전화를 걸었다.

"안녕하세요. 내일이 배당기일인데 아무 연락이 없으셔서 전화했습니다."

"네, 전화를 하려 했는데, 전화번호를 잃어버렸네요."

알려고 했으면 충분히 알 수 있었을 텐데…. 아무튼 전화하려고 했다는 것을 보니 배당배제는 해결했나 보다.

"내일이 배당기일인데 어떻게 하실 거예요?"

"지난번에 말씀하신 것처럼 각서를 쓰겠습니다. 제가 있는 용현동으로 오시거나 제가 그쪽으로 찾아가겠습니다."

"굳이 만날 필요는 없을 것 같습니다. 어차피 각서라는 것이 이사를 나가겠다는 이야기니 언제 이사 갈 것인지만 알려 주세요."

"일주일 정도만 시간을 주십시오."

"그럼 다음 주 화요일에 이사 가시는 것으로 알고 있겠습니다. 보통 이삿짐을 다 싸는 시간이 10시에서 11시 정도 될 테니 그 시간에 맞춰 가서, 명도확인서하고 인감증명서를 드리겠습니다."

"미리 주시면 안 될까요?"

"죄송합니다. 그건 좀 힘들 것 같고요. 정확한 날짜와 시간을 알려 주시면 그날 확인하고 드리겠습니다."

아직까지 서로 얼굴을 붉히고 이야기하거나 심기를 건드린 적은 없지만, 사실 믿지는 못하겠다. 상대방이 대리인을 통해 이렇게 나오니 더욱 그랬다.

"알겠습니다. 그럼, 세입자와 이야기해 보고 알려 드릴게요."

다음 날 사건을 조회해 보니 배당이 끝나고 종결된 것으로 되어 있었다. 세입자가 무사히 배당을 받아 간 것인지 확인하기 위해 전화를 걸었지만, 경매계는 계속 통화 중이었다.

세입자 측에서는 여전히 연락이 없다. 다음 주 화요일까지 일주일도 채 안 남았는데, 그 안에 집을 구할 수 있을까? 이렇게까지 연락을 안 하다니, 참 대단한 것 같다. 한편으론 어차피 배당은 다 받아 가고 지금 살고 있는 곳에서 피해 입은 것도 없으니 여유 있게 대처하는 것일지도 모르겠다는 생각이 든다.

며칠 기다리다 금요일이나 다음 주 월요일쯤 인도명령 집행을 신청하겠다고 이야기해야겠다. 내가 점유자를 급하게 만드는 수밖에 없을 것 같다.

| 정중하되 때로는 강한 모습을 보여라

당장 내일이 이사 가기로 한 날인데 아직도 연락이 없다. 될 수 있으면 정중하게 웃으면서 끝내고 싶은데 쉽지 않다. 내가 너무 신사적으로 대한 것일까? 법적 효력은 없지만 나름대로 내용증명도 보내고, 최대한 기다리고 또 기다렸다.

내가 끌려가는 모양새가 되는 것이 싫어서 가능하면 전화하지 않으려 했는데, 어쩔 수 없이 다시 전화해야 할 것 같다. 어떻게 대화를 이끌어 갈지 미리 시나리오를 짜고 전화를 걸었다.

신호는 가는데 전화를 받지 않는다. 아무래도 세입자와 직접 담판을 지어야 할 모양이다. 전화를 끊지 않고 끝까지 기다리고 있었더니 마침내 전화를 받았다.

"여보세요? 낙찰자입니다."

"아, 네, 이재범 씨."

오호라, 이거 봐라…. 이제 내 이름을 알고 있네. 한 번도 이름을 밝힌 적이 없는데….

"내일이 이사 날인데 연락이 없으시네요."

"죄송합니다. 배당배제에 대해서 오늘 채권자 측에서 최종적으로 연락을 주기로 해서, 그 이야기를 듣고 나서 전화하려고 했습니다."

"아무리 그래도 내일이 이사하기로 한 날인데, 이렇게 연락을 안 주시면 안 되지 않습니까?"

"죄송합니다. 개인적으로도 집에 우환이 있어 어제도 응급실에 다녀오고 정신이 없었습니다. 조카에게 이야기했더니 이삿짐도 얼마 안 되고 갈 곳도 정했다고 하더군요. 제가 정 급하면 제가 있는 곳으로 오라고 했는데…. 배당배제 때문에 그걸 처리하느라 그랬으니 늦어도 수요일까지는 다시 연락을 드리겠습니다. 이사는 즉시 할 수 있다고 하니 걱정 안 하셔도 될 것 같고요."

"최대한 좋게 해결하려고 신사적으로 하고 있는데, 연락도 안 주시고…. 그래서 제가 현재 인도명령을 신청한 상태입니다."

"네, 알고 있습니다. 배당배제가 되면 소송을 통해서라도 보증금을 받을 생각이지만, 일단 집은 빨리 비워드리도록 하겠습니다."

"하도 연락이 없어 집행을 할까 생각 중이었습니다. 수요일까지 연락을 주신다고 하니 한 번 더 기다려 보죠. 그리고 제가 내용증명에서도 말씀드렸는데, 이사하실 때 공과금도 정산하셔야 합니다."

"경매 많이 해보셨으니 아실 텐데, 꼭 낼 필요는 없는 것 아닙니까?"

"잔금을 납부한 후에는 제가 내야 하지만, 그 전 것은 정산해 주셔야 합니다."

"알겠습니다. 제가 조카에게 이야기할 테니 그렇게 하는 걸로 하죠."

"그럼, 연락 기다리겠습니다."

빌라의 명도가 마지막을 향해 달려간다는 느낌이 든다. 수요일이면 가부가 결정될 것이다. 어떻게든 이번 주 내로 끝내고, 다음 주에는 대략이라도 내부 상태를 확인한 후 임대를 놓아야 할 것 같다. 반지하라 가능성은 희박하지만, 매매를 할 수 있으면 매매를 하고 말이다.

뜬금없이 D아파트 전 소유자로부터 전화가 왔다. 계약서에 고장 난 것도 본인이 직접 고쳐서 사는 것으로 되어 있기 때문에 그쪽에서 전화 올 일이 없었다. 그렇다고 오는 전화를 안 받을 수도 없는 노릇이었다.

"안녕하세요, D아파트 세입자예요."

아이러니한 상황에 속으로 웃음이 나왔다. 얼마 전까지는 소유자였는데 세입자라고 이야기하다니…. 본인은 얼마나 마음이 아팠을까?

그는 배당이 다 끝났는데 남은 배당금은 어떻게 되며, 배당을 다 받지 못한 금액은 채권 회사에서 어떻게 하느냐고 물었다. 내가 채권 추심을 하는 기관도 아닌데, 그쪽에 대해 잘 알고 있다고 생각하는 것 같았다. 지난번에 차라리 파산 신청을 한 후 몇 년 후에 회복하는 것이 어떻겠느냐고 이야기해서 그런가?

나는 아는 한도 내에서 설명해 주었다. 경매로 그 아파트와 관련된 것은 전부 소멸된 것이니 안심해도 된다. 남은 배당금은 채무자에게 돌아가니 법원에 문의해야 한다고 알려주었다.

그리고 일부만 배당받은 채권자는 그 회사의 사규 내지 내규에 따라 행동하지 않겠느냐고 덧붙였다. 그는 채권 회사에 직접 전화해서 알아보겠다며 전화를 끊었다. 전화를 끊고 나니 누군가에게 도움이 된 것 같아서 기분이 좋았다. 세입자가 된 전 소유자는 좋은 사람 같다.

빌라 세입자 측에서도 문자가 왔다. 이번 주 토요일에 이사하겠단다. 배당배제는 그쪽과 소송을 통해 해결할 것이며, 정확한 시간은 다시 문자로 알려 주겠다고 한다. 나도 바로 문자를 보내 시간에 맞춰 서류를 갖고 가겠다고 했다.

그러고 나서 새로 설치할 디지털 도어락을 검색해 보았다. 최대 5만 원이면 될 것 같다. 그 밖에 얼마나 공사가 필요한지는 직접 가서 내부를 살펴보고 결정해야겠다. 페인트칠, 싱크대 교체, 도배, 장판 순으로 해야한다고 하던데, 늘 유념하고 있어야겠다.

잊고 있었는데, 성남에 있는 피아노 학원의 입찰일이 어제였다. 아파트 단지 한복판에 있어서 위치도 괜찮았고, 더구나 피아노 학원 원장이라면 명도도 수월하지 않을까 생각했다. 관건은 역시 피아노 학원이 얼마나 안정적으로 운영되느냐였다. 그리고 그걸 알려면 직접 찾아가 피아노 학원 근처에서 확인하는 수밖에 없다. 불행히도 학원은 보증금을 한 푼도 받지 못한다.

감정가 1억 원에서 현재 6,400만 원으로 떨어진 상태였고, 학원은 보증금 2,000만 원에 월세 40만 원으로 임차하고 있었다. 피아노 학원이 잘되고 있다면 재계약이 가능하다고 생각했기 때문에 좋게 보고 있었는데, 문제는 나의 게으름이었다. '한번 날 잡아서 가야지' 하고는 더위 때문에 귀찮아 미루고 있었다. 방학이라 2시에서 6시까지만 체크해 봐도 알 수 있을 텐데 너무 귀찮았다.

오늘 확인해 보니 1등이 6,512만 원이고, 2등이 6,503만 원이다. 내 계산에 의하면 7,000만 원까지는 위의 조건대로 재계약하면 무피투자가 가능하다. 내가 들어갔으면 무조건 낙찰되었을 텐데, 무척 아쉬웠다.

이건 전적으로 반성해야 할 일이다. 게으름이 무피투자의 기회를 날려 버렸다. 낙찰되고 잔금을 치르면 아마도 한 달이면 모든 계약이 끝날 수 있었을 텐데…. 아쉽지만, 내 물건이 될 운명이 아니었다고 생각하기로 했다.

무피투자

무피투자란 실투자금이 들어가지 않고도 매도 차익이나 월세 수익을 얻는 것을 말한다. 즉 자기 자본이 들어가지 않는 투자를 말한다. 부동산 투자를 하는 경우, 대부분 가진 돈이 충분치 않으므로, 그 돈을 최대한 활용하기 위해 자신의 돈과 대출을 이용해 매수하게 된다.

예를 들어, 6,000만 원에 빌라를 낙찰받는다고 가정하자. 낙찰가의 80%인 4,800만 원을 대출받았고, 대출 이자율은 5%다. 그렇다면 잔금 1,200만 원, 취득세와 법무비 등의 비용 200만 원, 리모델링 비용 300만 원만 있으면 된다. 대출 이자율이 5%니 매월 20만 정도 이자를 낸다.

정리하면, 총 투자금은 1,700만 원이고, 매월 이자로 20만 원이 나가는 것이다. 여기서 보증금 2,000만 원에 월세로 30만 원으로 월세를 놓으면, 내 돈은 하나도 안 들고, 매달 10만 원 수익이 생긴다.

즉, 300만 원을 받고 집을 산 셈이다. 여기에 매월 이자를 내고 남는 10만 원은 보너스다. 소액 부동산의 장점이 바로 무피투자다.

| 드디어 명도를 끝내다

어제 늦게까지 기다렸지만, 몇 시까지 오라는 문자나 전화가 없었다. 결국 참지 못하고 내가 먼저 문자를 보냈다.

'내일이 이사인데, 아직까지 정확한 시간을 안 알려 주셨네요.'

답문자가 왔다. 지금 조카가 많이 바쁜지 연락이 되지 않으니 내일 11시에 집에서 보자고 한다. 전화기를 확인하니 부재중 전화가 와 있다. 먼저 전화했었는데 내가 미처 받지 못했던 것이다.

보통 약속 시간 5분 전에 먼저 도착하는 것이 내 나름의 신조다. 어렸을 때는 10분 먼저 도착하고, 30분에서 한 시간까지 기다렸다. 지금은 그 정도는 아니지만, 여전히 약속 시간을 소중히 여기고, 웬만하면 늦지 않는다. 내 시간만큼 남의 시간도 소중하다고 생각하기 때문이다.

하지만 이번에는 생각을 달리 먹었다. 11시까지 오라고 한 걸 보면 분명 그때부터 짐을 싸거나 거의 다 싸갈 무렵일 것이다. 그렇다면 굳이 시간에 맞춰 가지 말고 20~30분 늦게 가는 게 좋을 것 같았다.

10시에 나가려고 했는데 늦장을 부리다가 30분이 넘어서야 출발했다. 한참 가고 있는데 전화가 왔다.

"안 오세요?"

"지금 가고 있습니다."

지하철역에 내려 걷고 있는데 다시 문자가 왔다.

'언제 도착하시나요?'

답문자를 즉시 보냈다.

'지금 지하철에서 내려 걸어가고 있습니다.'

드디어 빌라의 내부를 처음으로 보는 날이 온 것이다. 도착하니 이미 짐은 전부 **뺀** 상태였다. 물건은 하나도 없고, 열심히 바닥 청소를 하고 있었다. 슬쩍 안을 들여다보았다. 겉으로 내색은 못했지만 생각보다 훨씬 더러웠다.

대리인도 나에게 이렇게 말한다.

"여기 장난이 아니네요. 리모델링하려면 꽤 고생하시겠는데요."

"네, 그럴 것 같네요."

그가 내게 명함을 준다. 명함에는 무슨 건설 회사 이사라는 직함이 적혀 있다.

"저도 예전에 경매를 조금 했었습니다. 경매하지 말고 급매하세요. 최근에 급매로도 좋은 게 많이 있어요."

"아, 네…."

"제가 인테리어하고 리모델링도 하니까 혹시 생각 있으면 연락 주세요. 이거 임대하실 생각이세요?"

"네."

"그럼, 제가 부동산도 하니까 연락 주시면 잘해 드릴게요."

인테리어 이야기까지 듣고는 한번 연락해야지 했는데, 부동산까지 한다는 말을 듣고 나니 연락하지 말아야겠다는 생각이 든다. 하나를 전문적으로 하기도 힘든데, 몇 가지씩이나 한다는 것은 전문성이 없다는 이야기로 들렸다. 건설 회사니 다양하게 할 수도 있겠지만 말이다.

그가 각종 고지서를 들고 나에게 보여 주면서 이야기한다.

"제가 이렇게 고지서를 갖고 있으니 전부 납부하도록 할게요. 몇만 원 안 되는 돈 때문에 서로 얼굴 붉힐 일 없도록 하겠습니다. 잠시 저 좀 따라오시겠어요?"

따라 나갔더니 밖에 있는 전기계량기의 숫자를 보여 준다. 그러면서 인터넷으로 전기요금을 납부하겠단다. 이미 도시가스는 업자가 와서 다 수거해 갔단다. 아주 깔끔하게 잘 처리한 것 같았다. 내 예상과는 달리 진성 임차인인 듯하다. 그런데 왜 전입신고보다 확정일자를 먼저 했는지 궁금했지만, 굳이 물어보지는 않았다.

문 앞에서 50cm쯤 떨어진 곳에 물이 조금 고여 있는데, 비가 오지 않을 때도 계속 고여 있다고 한다. 왜 처음에 임장을 왔을 때 발견하지 못했을까, 바보같이.

열쇠를 받고 명도확인서와 인감증명서를 주었다. 드디어 명도 끝이다. 그들이 간 후 차분하게 사진을 찍고 동영상 촬영을 하면서 다시 살펴 보니 문제가 여간 심각한 것이 아니다. 리모델링하려면 손볼 곳이 한두 군데가 아니다. 세면대도 없고, 변기와 싱크대도 교체해야 하며, 창문도 아주 오래된 것이라 다시 설치해야 할 것 같았다.

처음에는 도배와 장판, 싱크대만 생각했는데, 내부를 완전히 뜯어 고쳐야 할듯하다. 어떻게 시작해야 할지 엄두가 안 난다. 페인트칠을 할 곳은 그리 많지 않지만, 문은 전부 새로 칠해야 할 것 같다.

옆집 문을 두드린 후 이웃인데 잠시 봐도 되느냐고 물었다. 옆집은 올해 초에 구입했다고 한다. 남자가 혼자서 사무실 겸용으로 사용한다는데, 거실 겸 부엌으로 된 한쪽 벽을 허물어 시원하게 만들었다. 자신이 한 것이 아니고, 전 주인이 리모델링을 전부 해놓고 임대를 놓으려다 급히 돈이 필요해 매매를 내놓았고, 자신이 싸게 구입했단다.

"저, 실례가 되지 않는다면… 혹시 얼마에 구입하셨어요?" 하고 물었더니, 그건 이야기하기 곤란하단다. 그렇다면 등기부등본을 통해 얼마에 구입했는지 확인해 봐야겠다고 생각했다. 문 앞에 있는 등이 켜지지 않아 물어보니 밤에만 켜진다고 한다. 센서로 작동하나 보다. 다행이라는 생각이 들었다. 앞에 고여 있는 물은 자신도 여러 사람에게 물어봤는데 잘 모르겠다고 했다.

비가 올 때 괜찮으냐고 물어보니 비 때문에 신경 쓸 일은 전혀 없단다. 그 집 내부를 보니 어느 정도 리모델링에 대한 아이디어가 생겼다. 내부를 완전히 리모델링한 후, 임대를 놓지 말고 매매해야겠다는 생각이 들었다. 옆집이 얼마에 매매되었는지 모르지만, 그 가격대로 내놓으면 팔리지 않을까 싶다. 원래 이 빌라는 임대가 목적이었으나, 이제 매매 쪽으로 계획을 바꾸어야겠다.

비용이 얼마나 들지 감이 안 잡히는 것이 문제다. 겨우 11평 정도 되는 집을 리모델링하려니 조금 애매하다는 생각이 든다. 가능하면 300만 원 미만으로 끝냈으면 좋겠다. 그렇게 대략 마무리하고 아예 두꺼비집을 내린 뒤 문을 잠그고 집으로 왔다.

막상 집을 실제로 보니, 빌라보다는 역시 아파트가 깔끔하고 편한 것 같다. 반지하는 역시 좋지는 않다는 생각이 들었다. 리모델링을 통해 완전히 새로운 집으로 탈바꿈시켜야겠다. 아주 예쁘게 꾸며서 좋은 가격에 매도해야겠다는 다짐을 했다. 우연히 낙찰받은 두 개의 물건으로 부동산 경매의 모든 것을 다 경험해 보는 것 같다.

그때도 맞고 지금도 맞다

명도

　부동산 경매에서 명도란, 내가 낙찰받은 집에 거주하고 있는 집주인이나 임차인을 이사 보내는 것이다. 일반 주택 거래에서는 부동산 중개업소와 집주인이 직접 명도를 실행한다. 매수하는 사람은 그쪽에서 다 알아서 해 줄 것이라 믿고, 나중에 확인만 하면 된다.

　반면에 부동산 경매는 이 모든 것을 내가 다 직접 해야 한다. 이런 이유로 많은 사람들이 가장 부담스러워하는 것이 명도다. 명도 때문에 부동산 경매를 포기하는 사람도 있을 정도다.

　명도의 핵심을 생각해 보자. 이미 낙찰받은 주택에 거주하고 있는 사람이 있다. 그가 이사 가지 않고 계속 거주하는 다양한 이유가 있다. 이 부분이 핵심이다. 이사하고 싶은데 이사를 못 하는 경우도 있고, 집에 애정을 가지고 있기에 떠나길 싫어하는 경우도 있다.

　이유가 어떠하든 그들을 이사 보내야, 내가 해당 주택을 사용하고 수익을 얻을 수 있다. 명도는 기본적으로 내가 해당 주택을 낙찰받았기에 감당해야 할 부분이다. 싫어도 해야만 한다. 낙찰받은 이상 피할 방법은 없다.

명도의 핵심은 결국 사람과 사람 간의 관계다. 내가 상대하는 것은 물건이 아닌 사람이다. 감정이 있다. 몇 마디 나눠보면, 내가 어떤 생각과 마음으로 대하는지 상대방도 느끼고 알게 된다.

이런 상황에서 상대방을 낮춰보거나 빨리 쫓아내려 할 때 문제가 생긴다. 그래서 역지사지의 마음이 제일 중요하다. 무엇보다 상대방을 만날 때 겸손히 무릎을 꿇고 경청하는 자세로 만나야 한다.

나는 "향후 계획은 어떻게 되시는지 궁금하여 연락드렸습니다." 이렇게 이야기하라고 말한다. 톡 건드리기만 해도 이런 말이 자동으로 나올 정도로 말이다.

사람을 대하는 것은 시간이 지났다고 해서 변하지 않는다. 데일 카네기의 '인간관계론'이 나온 지 수십 년이 되었다. 지금도 여전히 책에서 소개하는 방법이 유효하다. 다른 고전이라 불리는 책들도 인간관계의 중요성에 대해 설파한다.

그만큼 인간관계는 어제오늘의 일이 아니다. 지금은 물론이고 앞으로도 그 본질은 변하지 않을 것이다. 그렇기에 항상 역지사지의 자세로 그 사람들의 입장에서 이야기하면 큰 문제가 되지 않는다.

그런 마음가짐이면 명도에서 문제가 될 것은 거의 없다. 다만 약간의 애로사항이 생긴다면, 대부분 이사 날짜 협의와 이사비용이다. 이 부분은 적당한 협상으로 해결 가능한 문제일 뿐, 풀기 어려운 문제는 아니다.

이사 날짜는 임차인이 법원에서 배당을 받는 날까지 내가 사정을 봐주면 된다. 집주인인 경우에는 이사비와 함께 이사 가는 날짜를 조정하면 된다. 빨리 갈수록 이사비를 좀 더 주겠다는 적당한 당근을 제시하면, 생각보다 금방 이사 간다.

가끔 명도가 제대로 풀리지 않아 고생하는 이야기를 듣게 된다. 그런 경우는 대부분 특수물건을 낙찰받은 경우가 많다. 상대방이 큰돈을 요구하는 경우다. 하지만, 이 경우는 낙찰받기 전 이런 문제를 충분히 예상할 수 있는 것이니, 여기서는 논외로 하자.

책에서 말한 대로, 나는 될 수 있는 한 상대방의 이야기를 들으려고 노력했다. 상대방이 말한 이야기를 근거로 내가 적당히 제안할 수 있기 때문이다. 다짜고짜 내 관점만 주장하는 것은 상대방의 기분을 상하게 만들 뿐만 아니라, 명도 기간만 길어진다.

명도의 본질은 앞으로도 계속 변하지 않는다. 과거에도 현재에도 미래에도 딱 한 가지만 기억하면 된다. '역지사지' 이 단어 하나로 모든 것을 해결할 수 있다.

시간에 투자하라

백 투 더 퓨처(Back to the future) 영화를 보면, 타임머신을 타고 과거 또는 미래로 여행을 떠난다. 단순한 호기심에서 출발한 여행은 아주 사소한 행동 하나로도 지금의 현실을 바꿀 수 있음을 알게 한다.

과거로 돌아가 벌어지고 있는 상황을 변경시킨 후 현재로 돌아오면, 내가 알고 있는 현재와 달라진 것을 발견하게 된다. 반대로 미래로 가서 앞으로 벌어질 일을 알고, 현재로 돌아와 그에 맞게 대처한다면, 내가 이미 알고 있는 미래와는 다른 세상이 펼쳐진다.

현재를 살고 있는 우리에게, 과거는 현재를 볼 수 있는 중요한 단서는 되지만, 변화시킬 수 없다는 문제가 있다. 나비효과로 인해 자신의 의도와는 다르게 변할 수 있는 위험이 있기 때문에, 과거로 돌아간다고 해도 함부로 상황을 바꾸어 놓을 수 없는 것이다. 기껏해야 로또를 구입하는 정도가 가장 현명한 방법 중 하나가 아닐까 싶다.

영화 넥스트(Next)의 주인공은 비록 5분 후에 일어나는 일만 알 뿐이지만, 미래를 볼 수 있는 특별한 능력을 가진 사람이다. 하지만 자신이 탄 비행기가 착륙하려면 아직도 네 시간이나 남았는데, 5분 후에

추락한다는 사실을 알면 쓸데없는 공포감만 더할 뿐이다.

과거로 돌아가는 대신 미래를 보거나 미래로 가볼 수 있다면, 현재를 살면서 엄청난 기회를 잡을 수 있고, 큰 노력 없이 원하는 것을 얻을 수 있다. 그래서 많은 사람이 미래를 보기 원한다. 하지만, 미래를 본다는 것이 꼭 좋은 일만은 아니다.

예를 들어, 사법시험을 공부하는 사람이 합격한다는 미래를 안다면, 그는 공부하지 않을 것이다. 그렇게 되면 운명이 바뀐다. 또 전교 1등 학생이 20년 뒤에 겨우겨우 입에 풀칠한다는 사실을 안다면 공부할 필요가 없다. 공부 대신 기술을 익혀 먹고사는 것이 더 행복할 것이기 때문이다.

미래는 현재가 쌓여 만들어지는 것이다. 어느 날 갑자기 부자가 탄생하지는 않는다. 투자도 시간을 내 편으로 만들어야만 성공할 수 있다. 모든 투자는 시간과의 싸움이다.

흔히 부자가 투자에 더 유리하고, 가진 것이 많은 사람이 없는 사람들의 돈을 긁어모은다고 말하는데, 이것은 부자들이 늘 여유를 갖고 투자하기 때문이다. 여유가 있다는 것은 1억 원을 투자했더라도 그 돈이 수익을 낼 때까지 기다릴 수 있다는 뜻이다.

부자가 이렇게 기다릴 수 있는 이유는 뭘까? 가진 돈의 일부만 투입되었으므로, 그 돈이 없다고 해도 생활에 곤란을 겪지는 않기 때문이다. 투자에는 시간이 더 필요하다. 당장은 손해를 보고 있을지라도, 시간이 흘러 이익이 나는 때가 도래할 때까지 기다릴 수 있어야 하는 것이다.

어느 고위공직자 후보가 엄청난 자산을 보유해서, 청문회에서 공방이 벌어졌던 적이 있다. 알고 보니 그가 몇십 년 전에 아주 싼값에 구입했던 S전자 주식이 엄청난 수익을 가져다주면서 누가 보더라도 대단한 자산가가 된 것이었다. 그는 그저 그 회사의 주식을 단 한 주도 팔지 않고 갖고 있었을 뿐이었기 때문에 그에게 뭐라고 손가락질할 수조차 없는 상황이었다.

이처럼 시간에 투자하는 방법은 결코 실패할 수 없다. 물론 전제조건은 있다. 투자한 땅이 수도권이 아니라 아무 쓸 데도 없는 오지에 있는 맹지라면, 또 투자한 회사가 S전자가 아니라 들어 보지도 못한 분야의 실적도 없는 회사라면 이야기는 달라진다.

그래서 정확한 조사와 분석을 통해 미래에 대한 믿음을 갖고 투자해야 한다. 문제는 어디까지나 이러한 결과는 과거라는 시간이 지난 현재에 판단할 수 있다는 것이다.

이렇게 불확실한 요소가 있기는 하지만, 가장 확실한 투자 방법은 분명 시간에 투자하는 것이다. 많은 사람이 투자를 통해 하루빨리 경제적 자유를 획득하기를 원하지만, 결국 실패하는 이유는 이 시간을 단축하려고 갖은 노력을 다하기 때문이다.

노력은 분명 성공의 지름길이고 우리가 반드시 해야 할 일이지만, 투자에서는 꼭 그렇지만은 않다. 때때로 이러한 노력은 우리를 패가망신으로 인도한다. 노력으로 시간을 단축하려는 이유는 바로 우리의 탐욕 때문이다.

부동산 경매에서 시간을 단축할 수 있는 부분 중 하나가 기존 임차인을 가능한 한 빨리 이사하게 하는 것이다. 이를 명도라고 하는데, 명도가 빨리 진행되어야 새롭게 매도하거나 임대를 놓을 수 있기 때문이다. 이러한 명도에도 정해진 절차와 기한이 있는데, 이를 무시하고 무리하게 내보내려 하다 보니 탈이 생기고, 생각하지도 못한 추가 비용이 발생하는 것이다.

유치권, 지분경매, 법정지상권 등의 특수 물건도 마찬가지로 시간과의 싸움에서 지는 사람이 결국 손해를 보는 것이다. 누가 더 돈을 갖고 있느냐의 싸움이 아니라, 누가 더 시간적인 여유가 있느냐의 싸움이다.

주식투자에서도 이 시간을 단축하기 위해 현재를 무시한 채 미래만 보고 모든 것을 정당화할 때 역효과가 생긴다. 벤처 신화로 인한 버블이 생길 때가 가장 대표적으로, 10년도 넘게 걸리는 시간을 몇 달도 안 되는 짧은 시간에 투영하다 보니, 과도한 시간이 압축되어 과거, 현재, 미래가 뒤죽박죽되어 버리는 오류를 범하고 만 것이다.

부동산 경매의 특수 물건처럼 주식에서도 선물, 옵션, ELW(Equity Linked Warrant, 주식 워런트 증권)와 같은 투자는 누가 더 미래를 단 1분이라도 빨리 볼 수 있느냐가 관건이지만, 문제는 지속적으로 그 시간을 움켜쥐는 자가 드물다는 것이다.

시간에 투자하는 방법은 시간이 오래 걸린다. 시간이 흐름에 따라 투자 자산이 늘어나고, 그에 따라 더 많은 시세차익을 누리게 되지만, 그러기까지 꽤 많은 시간이 필요하다. 시간은 거짓말하지 않는다. 상대적인 시간은 사람마다 다를지라도 절대적인 시간은 누구나 다 똑같다. 가끔 시간의 왜곡 현상으로 생각지도 못하게 시간의 단축이 일어나 10년 걸려야 할 일이 1~2년 만에 일어날 수도 있지만 말이다.

이러한 시간의 단축은 극히 드문 일인데, 이를 자신의 능력으로 여기고 떠드는 사람을 조심해야 한다. 시간이 단축된 것은 결코 자신의 능력 때문이 아니다. 자신의 능력과는 상관없이 순리대로 흐르는 시간이 여러 사람의 노력으로 단축되었을 뿐이다. 운 좋게 내가 그런 사람들과 잠시 함께한 행운으로 시간이 단축된 것일 뿐, 시간의 흐름을 거스를 수 있다는 오만을 버려야 한다.

사실 시간에 투자하는 것은 인간의 본능에 역행하는 것이다. 시간에 투자하여 성공한 사람이 드문 이유도, 바로 시간이라는 장벽과 과제를 제대로 풀고 시간과 함께 세월을 보낸 사람들이 없기 때문이다.

큰 부자는 시대가 만들고 운이 만든다는 것은 분명한 사실이다. 누구나 빌 게이츠나 워렌 버핏과 같은 부자가 될 수는 없다. 하지만 시간에 투자한다면, 소박한 경제적 자유를 달성하는 것은 그야말로 시간 문제다.

누군가에게는 남아도는 것이 시간이고, 누군가에게는 없어서 못 쓰는 것이 시간이다. 오죽하면 이 시간을 돈으로 사고파는 영화까지 나왔다. 시간을 굳이 애써서 단축하려고 노력하지 말고 자연스러운 시간의 흐름에 맡겨라. 그러면 그 시간은 흐르고 당신을 경제적 자유로 인도할 것이다.

낙찰 물건 리모델링

리모델링이 시작되다

인테리어를 하는 처남에게 대충 견적을 내달라고 부탁했다. 전체를 다 수리해야 할 것 같다며, 대략 평당 40~50만 원을 생각해야 한다고 알려 준다. 내가 직접 한다면 금전적으로는 상당히 절약될 것이다. 인테리어 공사 비용의 80%는 인건비니 말이다.

내가 직접 할 경우, 예상 금액의 50% 선에서 해결할 수 있을 것 같다. 시간을 투입해야 하고, 노동의 정신적, 육체적 피로감을 느끼게 된다는 것을 감안하더라도, 그 정도면 충분한 이익이다.

그런데 이때 한 가지 생각해야 할 것이 있다. 직접 집수리를 하려면 각종 공구가 있어야 한다. 앞으로 계속 내가 직접 할 거라면 공구를 구입해 공사하는 것이 이득이다. 하지만 나는 아직 차가 없어 공구를 갖고 다니기 힘들고, 공구를 옮기거나 보관, 수리하는 데 드는 비용도 만만치 않을 것이다.

그렇다고 차를 사게 되면, 그에 따른 비용과 세금이 공사비보다 많이 들 것이다. 올해에 공사를 두세 번 정도 한다고 해도 말이다. 그렇다면 그냥 업자에게 맡기는 것이 더 좋은 방법이라는 결론이 나온다. 나중에 차를 구입한 후에 직접 공사하는 것을 고민해도 늦지 않을 것이다.

처남은 빌라가 너무 작은데다 인천이라 거리도 멀어, 적합한 사람을 구하기가 쉽지 않다고 말한다. 여러 사람에게 문의해 봤는데, 아직 답을 듣지는 못했다고 한다. 300~400만 원 정도면 조금은 빠듯하지만, 그런대로 해볼 만할 것 같다고 한다.

페인트칠은 보일러가 있는 곳의 한쪽 벽만 하면 될 것 같아서 내가 직접 하기로 했다. 페인트칠에는 특별한 도구가 필요 없으니 별 무리는 없을 것이다. 15cm 정도의 곰팡이가 있지만, 큰 문제가 되지는 않을 것 같다. 태풍이 올라온다는데, 반지하라 침수될까 걱정이다. 그러면 옆집도 침수될 테니 옆집 총각이 공용 부분은 다 수리하지 않을까 생각했다. 너무 편하게 생각하는 것일까?

처남, 장인어른과 함께 반지하 빌라에 도착했다. 일주일 만에 빌라 문을 여니 매캐한 냄새가 코를 찌른다. 확실히 사람 없는 냄새가 난다. 리모델링을 하고 나서 냄새가 나지 않게 조치를 취해야겠다.

들어오자마자 다들 집이 생각보다 넓다고 한다. 텅 비어 있는 상태라 그럴 수도 있겠다고 생각했지만, 두 분 다 인테리어 일을 하니 물건이 없는 상태에서도 제대로 잘 보았을 것이라는 생각도 들었다.

또 집 상태도 그렇게 나쁘지는 않다고 한다. 그런데 문제는 역시 새시(sash; 창문틀)였다. 새시를 모두 교체할 경우 새시만 300만 원 이상 나온다고 한다. 나는 새시를 포함한 리모델링 총비용을 300~400만 원으로 예상했는데, 그렇게 되면 도저히 답이 나오지 않는다.

할 수 없이 방의 창문은 그냥 유리만 교체해 깨끗하게 손질하고, 싱크대 쪽에 있는 새시만 바꾸기로 했다. 그렇게 하면 대략 예상 금액에 맞출 수 있고, 그래도 부족한 것은 어쩔 수 없다고 한다.

500만 원 정도에 맞춰 달라고 했더니, 500만 원이면 조금 빠듯하고, 600만 원 정도는 있어야 제대로 할 수 있다고 한다. 그나마 몰딩은 괜찮다고 하는데, 욕실을 해야 하기 때문에 같이 하겠단다. 나는 거실 쪽의 벽을 트고 싶었다. 하지만, 목수를 불러야 하니 돈이 꽤 나갈 것 같다고 한다. 벽을 트는 건 포기했다.

이야기하다 보니 내부가 상당히 괜찮고, 리모델링을 하면 예쁘게 나올 것 같다. 결과적으로 5,000만 원에 구입한 셈 쳐야 할 것 같다. 절세를 통해 비용을 줄이는 수밖에 없다.

확실히 중요한 것은 저렴하게 낙찰받는 것이다. 그래야 어떤 상황이 와도 흔들리지 않고 버틸 수 있다. 공사를 빨리 끝내고 10월에는 무조건 매매할 수 있기를 바랄 뿐이다.

빌라 리모델링에 필요한 새시 작업이 끝났다. 새시는 자본적 지출이므로, 양도세에서 비용공제가 가능하다(p122). 될 수 있는 한 많은 금액으로 처리하려 한다. 물론 너무 터무니없는 금액으로 처리한다면 문제가 되겠지만 말이다. 누가 봐도 합리적인 가격으로 할 생각이다.

다행히도 새시 하는 분이 처남과 잘 알고 있어서 부가세를 포함하지 않은 가격에 해주었다. 부가세 비용만큼 10%의 추가 수익이 난 것과 마찬가지다.

양도세에서 필요비용으로 처리되는 자본적 지출

○ **필요경비에 해당하는 자본적 지출**
* 양도 부동산의 용도변경, 개량 또는 이용편의를 위하여 지출한 비용으로 자산의 내용연수를 연장시키거나 당해 자산의 가치를 현실적으로 증가시키기 위하여 지출한 수선비 등을 말한다.
- 좀 더 구체적으로 설명하면
  1) 본래의 용도를 변경하기 위한 개조
  2) 엘리베이터 또는 냉난방장치의 설치
  3) 빌딩 등의 피난시설 등의 설치
  4) 재해 등으로 인하여 건물·기계·설비 등이 멸실 또는 훼손되어 당해 자산의 본래 용도로의 이용가치가 없는 것의 복구
  5) 기타 개량·확장·증설 등 제1호 내지 제4호와 유사한 성질의 것
- 아파트베란다 샷시비, 홈오토 설치비, 건물의 난방시설을 교체한 공사비, 방 확장 등의 내부시설개량 공사비
- 보일러 교체비용, 자본적 지출에 해당하는 인테리어 비용
- 기타
  1) 「개발이익환수에 관한 법률」에 따른 개발부담금
  2) 「재건축초과이익 환수에 관한 법률」에 따른 재건축부담금
  3) 토지소유자가 부담한 수익자부담금 등의 사업비용
  4) 불법건축 무허가건물 철거비용
  5) 토지의 이용편의를 위하여 지출한 묘지이장비용

○ **필요경비에 해당하지 아니하는 수익적 지출**
* 정상적인 수선 또는 경미한 개량으로 자산의 가치를 상승시킨다기보다는 본래의 기능을 유지하기 위한 비용
- 벽지, 장판 교체비용
- 싱크대, 주방기구 교체비용
- 외벽 도색작업
- 문짝이나 조명 교체비용
- 보일러 수리비용
- 옥상 방수공사비
- 하수도관 교체비, 누수 파이프 교체공사
- 오수정화조설비 교체비
- 타일 및 변기공사비
- 파손된 유리 또는 기와의 대체
- 재해를 입은 자산의 외장복구 및 도장, 유리의 삽입
- 화장실공사비, 마루공사비
- 신발장 설치

타일 교체는 며칠 걸리지만, 최대한 빨리 끝내겠다고 한다. 싱크대 쪽에 있는 창문을 없애고 바닥에 있는 턱도 없앴다. 핸드폰으로 찍은 사진을 아내에게 보냈더니 나쁘지 않다고 한다.

디지털 도어락은 직접 하려고 했는데, G마켓 업체 중에 지정된 요일에 설치해 주는 곳이 있어 57,000원에 신청했다. 직접 구입하는 것과 만 원 정도 차이가 나는데, 내가 하는 것보다는 아무래도 잘 설치해 주겠지 싶어 이쪽을 선택했다.

아내에게 동네 커피숍에 가서 커피 찌꺼기를 좀 얻어 오라고 했다. 공사가 끝나면 방향제와 같이 놓아두어 냄새를 없애기 위해서다. 아내는 공사가 끝나면 보고 싶다고 하는데, 이제 6개월 된 아이를 데리고 움직이기가 쉽지는 않을 것이다.

공사 중에 단 한 번도 가보지 않고 처남에게 전화도 하지 않았다. 처남을 믿기 때문이기도 하지만, 전화하면 괜히 부담을 줄까 봐 망설여졌다. 오늘 통화한 후, 잔금 100만 원을 마저 보내 주었다. 알아서 그 금액 안에서 해결하라고 했다.

공사가 끝나면 어떤 마케팅 전략을 세워서라도 10월까지, 아무리 늦어도 11월까지는 팔 수 있게 해야겠다. 하지만 어떤 전략이 좋을지 고민이다.

현재 부동산 경매와 관련해서 하는 일이라고는, 매일 부동산 경매 사이트에 들어가 그날그날의 결과를 확인하고, 유찰된 물건이 있는지 알아보는 것이 전부다. 아파트는 인터넷으로 시세를 파악한 후 들어갈 만한 수익률인지 살펴보고 있다.

가진 돈을 탈탈 털면 들어갈 수는 있겠지만, 그렇게는 하지 않고 있다. 자금의 반은 주식에, 나머지 반은 부동산에 투자하고 있기 때문이다. 주식에 들어간 돈을 빼 부동산 경매를 할 수도 있겠지만, 가능한 한 건드리지 않을 생각이다.

부동산 임장도, 법원도 가본 지 두 달이 넘어가고 있다. 점점 감각이 떨어지는 것 같아 걱정이다. 입찰하지 않더라도 무조건 임장을 한 후 모의응찰이라도 해야겠다. 평소에 해놔야 경매의 감을 잃지 않을 테니 말이다. 최근 나오는 가격대를 보면 확실히 전체적으로 감정가가 낮아졌다. 그 전의 가격대를 감안한다면 80%에 들어가도 큰 문제가 없을 것 같다.

낙찰받은 D아파트 전 소유자, 아니 세입자에게 아침에 아주 친절하게 문자를 보냈다.

'오늘 월세 입금일입니다. 늘 행복하시고 건강하세요.'

그런데 입금이 되지 않았다. 첫 달에는 저녁 늦게라도 그날 입금했는데 말이다. 그래도 본인이 하루 이틀 정도는 늦을 수 있다고 기다려 달라고 미리 이야기했으니까 내일은 넣어 주겠지 하고 기다렸다.

그런데 그 다음 날에도 입금이 되지 않았다. 보증금도 없이 살고 있는데다 이자를 내지 못해 경매에 나온 집이라 조금 걱정이 되었다. 이러다 사달이 나는 것은 아닐까 하는 우려가 온몸을 감싼다.

입금일로부터 이틀째 되는 날, 차분한 마음으로 다시 문자를 보냈다.

'오늘 중으로 입금하시고 확인 문자 바랍니다.'

그렇게 문자를 보냈는데도 아무런 연락이 없다. 오후 3시쯤 혹시나 하고 확인해 보니 입금이 되어 있었다. 어휴, 한시름 놓았다.

빌라 공사는 생각보다 오래 걸렸다. 오래된 건물이라 그런지 싱크대를 들어내 놓고 보니 물이 조금 고여 있었다. 일단 건조부터 했다. 배관이 썩어 있어 그것도 교체해야 한단다. 물은 위층에 연락해서 조치를 취해야 할 것 같다. 점점 대공사가 되어 간다.

처남에게 왠지 미안한 마음도 든다. 차라리 모르는 사람에게 했으면 당연히 할 일 하는 거라고 생각할 수도 있을 텐데…. 아무튼 그만큼 확실하고 정직하게 일해 주는 것이니 나로서는 다행이 아닐 수 없다.

아내가 동네 커피숍에서 엄청나게 많은 커피 찌꺼기를 얻어 왔다. 나중에 집을 팔거나 임대를 놓게 되면 사람들이 찾아올 텐데, 그때 현관에 커피 찌꺼기를 놓아두면, 문을 열고 들어오자마자 좋은 향기를 맡고 좋은 이미지를 가질 수 있을 것이다.

방향제까지는 필요 없을 것 같다. 커피 찌꺼기가 꽤 많았는데도 저녁에 또 다른 곳에서 오라고 해 가지러 간단다. 제대로 말리지 않으면 곰팡이가 생길 수 있어 마당에 말리려고 펼쳐 놨다.

커피 냄새가 진동한다. 쉽게 마를 것 같지 않은데, 공사 끝나고 가져가는 것도 일일 것 같다. 이걸 봉지에 담아 문 열자마자 있는 선반 위에 놓으려고 했는데, 더 좋은 방법이 없을지 고민 좀 해봐야겠다.

리모델링 완료

드디어 공사가 끝났다. 공사가 끝나기 전날에 엄청난 폭우가 왔다. 인천은 서구 쪽의 피해가 심한 듯했고, 다행히 남동구 쪽은 별다른 이야기가 없다. 그래도 반지하라 은근히 걱정되었다. 기껏 공사를 다 마쳤는데 집으로 물이 흘러들어 왔다면, 돈만 날리는 것이 아닌가?

제발 비에 침수되지 않고 멀쩡한 상태로 있기를 바라면서 빌라로 향했다. 입구에서 밀린 공과금을 비롯한 우편물을 취합한 후 마음을 가다듬고 첫 번째 계단을 내려갔다. 다행히도 아무런 피해가 없는 것이 한눈에 보였다.

게다가 공사를 얼마나 잘했는지, 항상 물이 고여 있던 문 앞쪽도 완전히 말라 있었다. 침수는커녕 예전과 달리 물이 없어 아주 좋았다. 문 앞쪽에 물이 있어 매매할 때 사람들이 주저할까 우려했는데, 걱정하지 않아도 되겠다. 주문한 디지털 도어락까지 아주 잘 설치되어 있었다.

디지털 도어락을 설치한 문

비밀번호를 누르고 문을 열었다. 두꺼비집 스위치를 올리고 불을 켜니 집 안이 환해진다. 한마디로 95% 마음에 든다. 아무래도 내가 직접 시공한 것이 아니라, 생각했던 것과는 조금 달라 살짝 아쉽기는 하지만, 들인 돈을 생각하면 아주 훌륭했다.

처남이 매형 부탁이라고 공사에 욕심을 부려 자신의 인건비는 없는 셈 치고 일해 주었으니, 나중에 매매하면 50만 원 정도 수고비로 따로 줘야겠다고 생각했다.

수리 전 싱크대와 찬장

수리 전 창문과 부엌

　부엌은 보기 흉하던 창문을 없애고 싱크대를 교체했더니, 공사 전의 모습이 떠오르지 않을 만큼 완전히 새롭게 바뀌었다. 확실히 새시를 교체하니 집이 아주 환하다. 지금 내가 사는 집보다 더 환해 보일 정도다. 반지하라고 하기에는 너무나도 환하고 좋다.

　우리 집보다 싱크대도 좋고, 가스레인지 위에 있는 환기구와 전등도 무척 훌륭하다. 아주 깔끔하게 잘 마무리한 것 같다. 들어왔을 때 집이 얼마나 밝게 느껴지는지가 상당히 중요한데, 새시를 교체하고 나니 기존의 집과는 비교가 되지 않는다. 새시를 바꾸니 집 자체가 변했다.

수리 후 부엌

창문 Before & After

　그다음으로 중요한 곳이 바로 화장실이다. 가장 은밀하지만 가장 깨끗해야 할 곳이다. 기존 화장실은 더럽고 세면대도 없었다. 게다가 화장실 천장이 조금 내려앉아서 보기 흉했다.

　총체적 난국 상태였던 화장실을 이렇게 깔끔하게 교체하다니…. 결코 쉽지 않은 작업이었을 것이다. 과연 내가 직접 했으면 할 수 있었을까? 아마 못했을 것이다.

화장실 Before & After

　몰딩은 다행히 기존 것이 깨끗하고 잘되어 있어, 칠만 하기로 했었다. 문을 비롯해 다시 칠해야 할 곳들은 깨끗하게 칠해져 있었고, 조명과 전기 스위치 등도 전부 교체되어 있었다.

　아쉽게도 세 군데가 마음에 들지 않았다. 첫 번째는 보일러였다. 보일러가 조금 흉물스럽게 보였는데, 해결 불가능한 일이라 어쩔 수 없다. 처남도 보일러가 제일 마음에 걸린다고 했다.

　두 번째는 곰팡이였다. 분명 공사 전에 곰팡이를 완전히 제거했는데, 생각지도 못한 곳에 곰팡이가 생겼다. 비가 많이 와서 그런 건지, 다시 와서 손을 봐야 할 것 같다. 혹시 모르니 인천가스에 전화해서 가스도 다시 연결해야겠다.

　세 번째는 뒤처리였다. 확실히 당사자가 아니다 보니 바닥이 조금 지저분했다. 빗자루로 깨끗이 쓸기는 했는데, 페인트칠한 흔적이 아직 남아 있어 지저분해 보였다. 다음에 걸레를 가져와서 깨끗이 쓸고 닦아야겠다.

　커피 찌꺼기를 놓아두려는 계획은 일단 실패다. 비가 많이 오고 계속 습해 커피 찌꺼기에도 곰팡이가 생겼다. 알아보니 전자레인지로 말려야 한다고 한다. 다음부터는 그렇게 해야겠다.

| 중개업소에 매매로 내놓다

전기와 수도 요금 고지서를 챙겨 부동산 중개업소에 갔다. 여러 곳에 내놓지 않고 한 곳에만 내놓으려고 한다. 성격상 귀찮기도 하고, 한 곳에만 내놔도 중개업소끼리 다 연결되어 공동 중개할 테니 말이다. 한 곳에만 가서 그곳만 믿는다는 믿음을 주고자 하는 의도도 있었다.

지하철을 타러 가는 길에 중개업소가 있어 그곳으로 들어갔다.

"부동산 매매하러 왔습니다."

처음에는 양복 입은 남자가 들어오니 이 사람은 무엇 때문에 왔을까 싶은 표정이더니, 이야기를 나누어 보고서야 음료수도 가져다주고, 볼펜과 메모지를 갖고 와 관심을 보였다. 최근에는 집을 보러 오는 사람이 거의 없지만, 그래도 문의는 있다고 했다. 전세는 없어서 못 나갈 정도라고 했다.

나는 톡 까놓고 이야기했다. 경매로 받은 것인데, 임대하려다 집 상태가 엉망이라 리모델링을 하고 매매하기로 했다고 말했다. 중개인은 최근에 사람들이 반지하는 아예 보려 하지 않지만, 리모델링을 했으니 그래도 보려는 사람이 있을 것이라고 했다.

나는 빨리 파는 것이 목적이니 6,500만 원에 팔아주면 100만 원을, 6,000만 원에 팔아주면 50만 원을 수수료로 주겠다고 했다. 만약 11월까지 전혀 보러 오는 사람이 없다면, 보증금 500만 원에 월세 30만 원으로 임대를 놓을 것이라고 했다.

그리고 어느 정도 보러 오는 사람이 있으면 좀 더 지켜볼 것이라고도 덧붙였다. 여러 곳에 내놓지 않고 이곳에만 내놓을 것이며, 인터넷에는 개인적으로 올리려 한다고 이야기했다.

중개업자는 잘 알겠다며, 다른 중개업소에는 본인이 문자를 보내겠다고 했다. 근처 중개업소에서 그 빌라 3층을 7,500만 원대에 매매한 적이 있다며, 반지하라도 리모델링을 했으니 원하는 가격에 매매할 수 있을 것이라고 희망을 준다. 한 집이 더 나왔는데, 그곳은 8,000만 원에 내놓아 아마 팔리지 않을 것이라고 했다. 물론, 거기도 리모델링은 했다고 한다.

나는 부동산 경매를 하는 사람이라, 향후에도 이쪽에 물건이 나오면 또 이렇게 할 예정이며, 지속적으로 믿고 거래할 사람이 필요해서 이곳에만 내놓는 것이라고 중개인에게 다시 한번 강조하면서, 잘 마무리해 달라고 당부했다.

이런저런 이야기를 마친 후 중개인이 보는 앞에서 지하철역 방향으로 직행했다. 그쪽에 더 이상 중개업소가 없다는 것은 그가 더 잘 알고 있을 것이다. 그저 매매가 빨리 되기만을 기원한다. 아마도 10월은 되어야 보러 오는 사람이 있지 않을까 싶다.

수도는 단수 상태라 일단 요금을 정산했다. 연체 지로까지 나와 전화로 문의하니, 연체 금액은 내지 말고 9월분이라고 되어 있는 것만 입금하란다. 전기 요금도 마찬가지로 나와 있는 것만 내라고 한다.

현재 공실이라 수신료는 낼 수 없다고 말하니, 이번 달 요금을 보니 사람이 있는 것 같다고 대답한다. 공사하느라 그런 것이라 하니, 알겠다며 처리해 준단다. 도시가스는 수요일 3~4시 사이로 예약했다.

곰팡이를 처리할 방법을 아내에게 듣고 빌라로 향했다. 새집에 곰팡이가 피어 있는 것을 보니 마음이 너무 아프다. 다행히 이틀 사이에 곰팡이가 조금 말랐다.

벽에 생긴 곰팡이

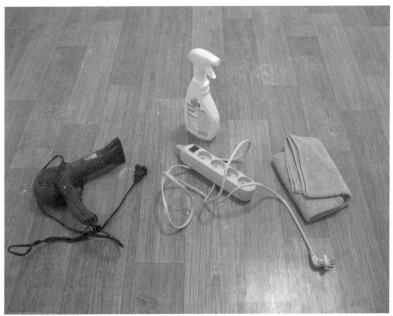

락스, 수건, 전원 연결선, 드라이어 등 곰팡이를 없애기 위한 준비물

곰팡이 핀 곳을 드라이어로 열심히 말렸다. 얼마나 오래 해야 하는지 알 수 없었지만 열심히 했다. 아마도 20분 정도 하지 않았을까 싶다. 그다음에 마른 수건으로 깨끗하게 닦아 냈다. 닦으니 노란색만 약간 보일 정도로 상당히 깨끗해졌다. 락스를 뿌려 두면 락스가 마르면서 하얗게 된다고 하니 기대가 된다.

다 마르려면 한 시간 정도 걸린다고 해서, 기다리는 동안 본격적으로 청소를 했다. 빈 봉투도 가져와 먼지와 쓰레기를 담았다. 곰팡이 닦던 수건을 젖은 수건으로 만든 다음, 정성을 다해 바닥을 닦기 시작했다. 청바지를 입은 채로 바닥 이곳저곳을 열심히 닦았다. 바닥에 있던 먼지와 지저분한 흔적이 점점 사라진다. 새시도 닦아 새것처럼 보이게 만들었다.

어쩔 수 없는 환경이라도 최선을 다하자는 생각에 보일러도 열심히 닦았다. 보일러 연결선에 있는 먼지도 깨끗이 닦아 없앴다. 새것처럼 보이지는 않지만, 최소한 깔끔하다는 느낌은 든다. 화장실 거울도 깨끗하게 닦아 더욱 새것처럼 만들었다.

청소를 다한 후 락스 뿌린 곳을 보니 다 말라 있었다. 막 락스를 뿌렸을 때는 락스 때문에 노란 것이라고 생각했다. 하지만 다 마른 후에도 노란색은 그대로다. 차라리 말린 후 마른 수건으로 닦았을 때가 훨씬 깔끔하고 깨끗했다.

완전히 망쳤다. 보기 흉하다. 오히려 역효과가 나고 말았다. 여기에 달력을 달아 볼까? 포인트 벽지를 여기만 바를 수도 없고…. 시트지를 바르면 괜찮을까? 일단 후퇴다.

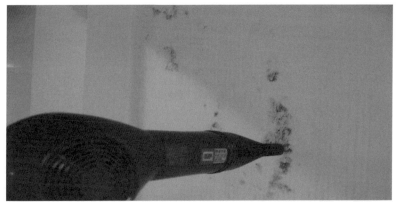
드라이어로 곰팡이를 말리는 모습

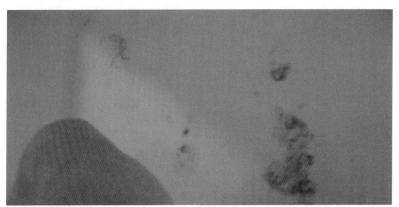
드라이어로 말린 후 곰팡이를 닦는 모습

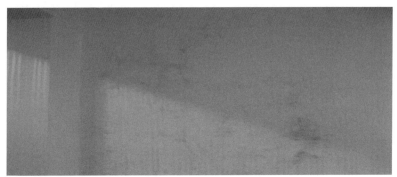
곰팡이 청소 후 락스를 뿌려 둔 모습

곰팡이 때문에 가스도 다시 설치했는데…. 기사가 보일러를 켜도 요즘 같은 날씨에는 큰 효과가 없다고 말했지만, 그럼에도 출장비 7,000원을 들여서 했건만 결국 망했다.

보일러를 켜보았더니, 잘 작동되기는 하는데 급수와 과열에 불이 들어온다. 이 보일러는 처음 사용하는 거라 어떻게 해야 할지 잘 모르겠다. 급수는 물을 보충해야 한다는 의미여서 열심히 살펴봤지만, 물 보충 장치가 안 보였다.

결국, 전화로 문의하기로 했다. 통화가 계속 안 되더니 문자가 와 다른 전화번호를 알려준다. 전화했더니 자신들은 AS라면서, 다시 전화해서 1번 말고 2번을 눌러 상담하란다. 끊고 보니, AS면 자신들도 분명 알고 있을 텐데 하는 생각이 든다. 여하튼 알려 준 번호로 다시 전화하니 깜빡이지 않으면 문제가 없단다. 쓸데없이 아까운 핸드폰 통화비만 날아갔다.

가스 기사는 굳이 가스를 켜지 말라면서, 켜 놓으면 관리가 쉽지 않아 생각보다 가스비가 많이 나올 것이라고 한다. 그 말에 겁먹고 가스며 전기며 다 꺼버렸다. 두꺼비집은 놔두려고 했는데, 어차피 켜지 않을 것이니 과감하게 차단하고 집을 나섰다.

그때도 맞고 지금도 맞다

리모델링

처음 리모델링(이하 '인테리어'라고 하자)을 할 때 아무것도 모르는 상태에서 했었다. 특히나 새시는 이왕 하는 거, 제대로 해 보자는 생각에 큰마음을 먹고 했었다. 새시는 인테리어 비용 중에서 가장 큰돈이 들어가는 부분이라 더욱더 그렇다.

이후에 새시를 한 적은 없다. 굳이 하지 않아도 딱히 문제 될 것이 없었기 때문이다. 새시를 새로 하면 임차인이 좀 더 좋아할 수는 있지만, 그 부분이 임차인의 선택에 있어 결정적 요인은 아니었다.

그 후에도 다양한 인테리어를 했다. 반지하에 흔한 바닥 습기를 없애기 위해 에폭시 바닥 시공을 한 적도 있었다. 에폭시가 인체에 유해한지에 대해서도 공부했을 정도다. 에폭시 바닥 시공을 하면 장판을 깔지 않아도 되고, 온도 차에 따른 물기가 생기지 않으니, 바닥 곰팡이가 생기지 않았다.

사실 장판 없이 곧장 바닥이라 나는 다소 꺼려졌지만, 의외로 20대 임차인들은 좋아했다. 감각적이고 트렌디하다고 생각했던 듯하다. 단점은 충격에 약했다. 큰 물건이 떨어지면 쉽게 깨지거나 금이 갔다. 이런 단점 때문에 지금은 에폭시 바닥 시공을 하지 않는다.

그 외에도 주택을 매수하면 대부분 인테리어를 했다. 그럴 수밖에 없었다. 매매나 임대를 잘하려면 주택의 가치를 올려야 하고, 주택의 가치를 올리기 위한 가장 확실한 방법이 인테리어이기 때문이다. 외부에서 볼 때는 다소 볼품없어도 내부를 새로 꾸미면 완전히 새것과 같다. 싱크대, 도배, 장판, 페인트, 변기, 욕실 타일, 세면대, 기타 등등.

인테리어는 문을 열고 들어온 사람에게 신선한 느낌을 주고 호감을 불러일으킨다. 대부분의 부동산 투자자가 구축 주택을 구입한 후에 인테리어를 하는 이유다. 인테리어는 부동산 투자자에게 피하려야 피할 수 없는 숙명이다. 셀프 인테리어를 하는 분들도 꽤 있다. 심지어 인테리어를 직접 하다 인테리어 업자가 된 경우도 있다.

최근에는 인테리어 관련 책도 많고, 워낙 많은 사람들이 블로그 등에 자신의 인테리어를 단계별로 사진과 함께 공개하고 있으니, 이를 참고하면 어렵지 않게 할 수 있다.

당시 인테리어를 할 때 전용면적 10~12평 기준으로 300~400만 원 정도가 들었다. 지금은 400~500만 원 정도가 든다. 그때와 달리 기본적으로 자재비와 인건비만 해도 꽤 많이 올랐기 때문이다.

인테리어로 유명한 인터넷 카페에 가면 상당히 많은 정보가 있고, 많은 인테리어 업자가 활동하고 있다. 그곳에서 의뢰하면 다양한 견적을 받을 수 있다. 그 중에서 몇 군데와 연락해서 집을 보여주고 인테리어를 진행하면 된다.

다양한 견적을 받을 수 있으니 충분히 비교하고 결정할 수 있다. 인테리어를 할 때 가장 어려운 점이 투입비용 대비 효과다. 그런 면에서 해당 카페에서 오래도록 활동하는 사람이라면 어느 정도 검증되었다고 볼 수 있다.

인테리어는 향후에도 부동산 투자자들에게 변함없는 테마다. 부동산 투자자라면 반드시 눈여겨봐야 할 분야다. 인테리어는 부동산 투자의 일부이긴 하지만, 따로 시간을 내서 공부해 놓으면, 주택 가치를 높이는 데 큰 도움이 될 것이다.

문 열고 들어올 때 깔끔하고 깨끗한 집 내부를 싫어하는 사람은 단 한 명도 없다. 과거에도 맞고, 지금도 맞고, 미래에도 당연히 맞을 것이다.

지금 당장 현금을 지출하라

우리나라만큼 카드가 대중화되어 있는 나라도 드물다. 유럽에서는 소액의 경우 아예 카드를 받지 않는다고 한다. 우리나라 돈으로 대략 2~3만 원 정도 되는 금액이 아니면, 카드로 팔 수 없다는 배짱마저 부린다고 한다.

우리나라는 정책적으로 카드를 활성화하여 지금의 상황에 이르렀다. 덕분에 카드사의 이익은 많이 늘어났다. 하지만, 자영업자들의 이익 중 일부가 수수료로 나간다. 만 원 미만 금액의 카드 결제에 대해서는 수수료를 받지 않으면 좋겠지만, 서로의 이해 충돌로 쉽지 않은 문제다.

이처럼 우리에게 카드 사용은 일상화된 지 오래다. 카드 활성화 정책을 펴던 시기에는 직업도, 나이도, 묻지도, 따지지도 않고, 카드를 발급해 주었다. 그 덕분에 카드를 열 개나 가진 사람도 부지기수였다. 힘든 시기에 '카드 돌려막기'를 할 때 큰 도움이 되었다는 후일담이 있을 정도로 미친 듯이 카드를 발급했었다. 물론 지금은 공식적으로 직업이나 수입 등을 따져 가며 발급한다.

사람들은 카드를 사용할 때 무감각하게 습관적으로 지출한다. 그리고 카드를 딱 한 장만 갖고 다니는 것이 아니라, 두세 장의 카드를 갖고 다니며 그때그때 상황에 맞게 선택하여 사용한다.

카드의 가장 큰 문제점은 돈이 나가는 것을 직접 눈으로 볼 수 없다는 것이다. 시간이 갈수록 우리는 현금을 직접 만지기보다는 가상공간에서 돈이 이리저리 왔다 갔다 하는 것만 보게 된다. 그러다 보니 실제로 현금을 지출할 때와는 지출에 대한 감정이 다를 수밖에 없다.

잔돈이 귀찮아 카드를 쓰는 경우도 많다. 현금을 사용하면 거스름돈을 받게 되는데, 잔돈을 갖고 다니면 소리도 나고 무겁다 보니 카드로 깔끔하게 지출하는 것이 훨씬 편하고 좋다. 혹시 돈을 잘못 내거나 잘못 거슬러 받을 걱정도 없고, 큰돈을 갖고 다니는 것에 대한 불안감도 없으며, 즉시즉시 어려움 없이 사고 싶은 것을 사고, 먹고 싶은 것을 먹을 수 있어 편리하다. 앞으로도 카드 사용은 갈수록 늘어나면 늘어났지, 줄어들지는 않을 것이다.

'눈에서 멀어지면 마음에서도 멀어진다'는 말은 흔히 인간관계에서 많이 인용되는 문구지만, 현금 대신 카드를 사용할 때도 적용할 수 있다. 현금을 사용할 때는 돈을 많이 쓰고 있다는 느낌이 그 즉시 들고, 지갑에서 큰돈을 꺼내는 것에 대해 두려움도 느낀다.

카드를 사용하면 그런 감정은 거의 들지 않는다. 카드를 쓴 이후에도 아무런 감정 변화가 없다. 현금을 직접 쓰지 않기 때문에 어느 정도의 지출을 하고 있는지에 대한 감각이 무뎌지게 된다. 이 점이 카드 사용의 가장 큰 위험이다.

카드를 사용하면서 하루나 일주일에 돈을 얼마나 썼는지 정확하게 확인하는 사람은 드물다. 그렇다 보니 카드 금액 청구일이 되면 늘 생각했던 것보다 많은 지출 때문에 곤란을 겪게 된다. 그나마 가계부를 쓴다면 그날 카드 지출을 얼마나 했는지 알 수 있지만, 카드 사용도 제대로 못하는 사람에게 가계부를 쓰라는 것은 너무 힘든 요구일 것이다.

하루면 하루, 일주일이면 일주일 단위로 현금을 직접 찾아 쓰면, 스스로 적절히 컨트롤하며 지출할 수 있겠지만, 이미 카드 사용의 편리함에 길들여진 우리에게는 너무 큰 고통을 선사하는 일이다. 즐겁게 살아도 짧은 인생을 너무 가혹하고 엄격하게 살 필요는 없으니 말이다.

그렇다고 언제까지 카드 과소비를 묵인하며 살 수는 없다. 과소비라는 것이 꼭 명품을 사거나 지출을 많이 하는 것만을 의미하는 것은 아니다. 자신의 수입 대비 적정한 지출이 넘어가면 과소비인 것이다. 이러한 카드 사용을 줄이는 가장 현명한 방법이 바로 체크카드다.

체크카드로 변경하여 사용하는 사람이 갈수록 늘고 있다. 단순히 체크카드로 변경하여 사용하는 것이 중요한 게 아니라, 한 달 동안 쓸 금액을 체크카드 통장에 넣어 두고, 그 금액 내에서 마음껏 쓰는 식으로 방식을 바꾸는 것이 중요하다.

이렇게 하면 스스로 체크카드에 들어 있는 금액만큼만 쓰려고 노력하게 된다. 통장에 얼마나 들어 있는지에 대한 강박관념이 생길 수 있지만, 그 정도의 두통은 긍정적인 두통으로 기꺼이 받아들여야 한다.

지출을 통제하지 못하면 결코 돈을 모을 수도 없고, 미래를 계획할 수도 없다. 아무리 많은 돈을 벌고 장밋빛 전망이 눈 앞에 펼쳐지고 있다고 해도, 스스로 지출을 조절하지 못한다면 최후에는 카드 돌려막기만이 남게 될 것이다. 투자의 결과는 미래로 미룰수록 이익이 될 가능성이 크지만, 현금 지출은 미룰수록 독이 된다. 지금 당장 현금 사용을 시작해야만 현명하고 계획적인 지출을 할 수 있다.

낙찰 물건 처리기 II

무조건 매입 전략으로 바꾸다

전략에 대해 이런저런 고민이 많다. 어떤 방법으로 어떻게 경매를 해나가야 할지 점점 더 생각이 많아진다. 경매로 성공한 사람들의 글을 보면 다양한 방법이 있는데, 그것들을 어떻게 적용해 내 것으로 만드느냐가 최대 고민이다. 나름대로 시뮬레이션을 해봐도 답이 나오지 않는다.

사실 답이 나오지 않는 이유를 아주 잘 알고 있다. 움직이지 않고 책상 앞에 앉아 펜대만 굴리고 있으니 잘될 리가 없다. 아직 내 상황을 정확히 인식하지 못하고 있다는 의미기도 하다. 상황을 정확히 파악하고 자신에게 맞는 자신만의 방법으로 시작하는 것이 가장 중요하다.

운 좋게 두 건을 낙찰받고, 한 건은 모든 것이 끝나 이미 임대료를 받고 있다. 하나는 매매로 내놓았지만 2주가 넘도록 아무런 연락이 없다. 여기서 고민이 생긴다. 처음에는 임대 수익을 목적으로 했는데, 막상 한꺼번에 두 건을 낙찰받으니 자금이 묶여 두 달을 날려 버렸다. 최대한 안전하게 움직이려 한 것이 오히려 나의 계획을 꼬이게 만들었다.

내가 매매를 하려는 가장 큰 이유는 자금을 확보하기 위해서다. 지속적으로 경매를 하려면, 계속 돈이 들어오는 시스템을 만들어야 하기 때문이다. 매매를 하면 대략 2,000만 원이 넘는 돈이 나에게 들어오니, 그 돈으로 새로 시작하려는 것이다.

하지만 2,000만 원에 전세를 놓아도 내게 2,000만 원이 들어오는 것은 마찬가지다. 다만, 내가 두려워한 것은 매달 갚아야 하는 이자였다. 다시 여러 방향으로 생각해 보고 발상을 전환하기로 했다. 이자가 부담이 되지만, 팔지 않는 쪽으로 전략을 변경하는 것이 맞는 듯하다.

무조건 매입만 하는 것이다. 하나는 전세로, 하나는 월세로. 이렇게 되면 분명 이자에 대한 리스크가 존재한다. 하지만 5,000만 원 전후의 빌라만 낙찰받는다면, 생각보다 위험한 일은 아니다.

따져 보자. 리모델링을 하고 2,000만 원에 전세를 놓으면, 2,000만 원이 들어온다. 이 돈에서 1,000만 원은 전세용 빌라를 낙찰받아 다시 2,000만 원에 전세를 놓는다. 나머지 1,000만 원은 월세용 물건을 낙찰받아 보증금 500만 원, 월세 35만 원으로 임대를 놓는다.

	전세 물건	월세 물건
입찰보증금	500만 원	400만 원
낙찰가	5,000만 원	4,000만 원
대출 80% (금리 연 5%)	4,000만 원 (월 16만 7,000원)	3,200만 원 (월 13만 3,000원)
잔금	500만 원	400만 원
보증금 (월세)	2,000만 원	500만 원 (35만 원)
손에 쥐는 돈	2,000만 원	-300만 원

이자 합계
30만 원

낙찰가의 80%를 대출받고 금리가 5%일 때, 전세와 월세 물건의 이자를 더하면 월 30만 원이다. 월세 물건에서 매달 월세 35만 원을 받으면, 두 물건의 이자를 내고도 매달 5만 원이 남는다. 따라서 부동산을 장기 보유하는 데 문제가 없다. 5,000만 원 미만의 소액 빌라를 낙찰받는다면 이 작전은 충분히 통할 것이라 본다.

표에서 보듯이 1,000만 원을 투자하여 전세 물건을 하나 마무리하면, 다시 2,000만 원을 손에 쥔다. 이 돈으로 모든 세금과 리모델링 비용 등을 처리한다. 이런 식으로 싼 빌라를 낙찰받고, 대출과 보증금을 최대한 많이 받고, 요령껏 현금 운용을 하면, 빌라를 10채 이상 소유하는 것도 충분히 가능하다.

문제는 건강보험과 세금인데, 즉시 팔아 양도세를 내는 것과 비교하면 큰 차이는 없으리라 본다. 세금을 건강보험과 재산세로 내느냐, 양도세로 내느냐의 차이만 있을 뿐이다.

5,000만 원 전후에 낙찰받은 소액 빌라들이 2년 후에 낙찰가보다 가격이 떨어지는 일은 거의 없을 것이다. 그렇게 자산을 늘리고 잘 관리하면, 받게 되는 월세가 최소한 150만 원 이상은 되지 않을까 싶다. 그렇다면 일단 성공이라 할 수 있지 않을까?

가장 큰 문제는 고정 수입이 없기 때문에 이 돈에서 생활비까지 충당해야 한다는 것이다. 그래서 사실 이건 아주 위험한 발상이다. 그렇다고 갑자기 없던 생활비가 어디서 떨어지는 것도 아니고….

아파트는 나에게 로망일 수밖에 없단 말인가? 계속하다 보면 아파트를 낙찰받아 수익을 내는 날도 오겠지. 그리고 보니 이번에 낙찰받은 D아파트도 아파트는 아파트다. 사람들이 흔히 말하는 아파트라는 관점에서는 조금 떨어져 있는 것이 문제긴 하지만.

다시 정리하면, 아무리 부동산 침체기지만 워낙 저가에 낙찰받기 때문에, 전세와 월세로 돌려 운영하면 2년 후에 매매해도 최소한 손해는 보지 않을 것이다.

처음에는 위험한 게임이 되겠지만, 그렇게 규모의 경제를 키우다가 하나씩 처분하여 대출을 갚아 나가면, 어느 순간 분명 순자산이 늘어날 것이다. 될 수 있는 한 주식에 넣은 돈은 건드리지 않으려 하는데, 앞으로 어떻게 변할지 모르겠다.

| 다시 시작된 임장

오늘부터 다시 임장을 시작했다. 출발은 낙찰받은 빌라가 있는 구월동으로 잡았다. 가본 지 2주일이나 되어 한번 가볼 필요가 있기도 했고, 마침 주변에 두 건의 경매 물건이 나와 겸사겸사해서 둘러보기로 했다. 계획은 빌라 근처를 둘러보고, 롯데백화점 근처를 살펴보는 것이었다. 그러나 마음을 바꿔 롯데백화점 근처를 먼저 보기로 했다.

예술회관역에서 내려 롯데백화점을 지나 빌라가 있는 현장에 도착했다. 구월동 롯데백화점 근처와 부평이 인천에서 가장 번화가고 중심가다. 경매로 나온 곳은 롯데백화점에서 가깝다. 아쉬운 점은 반지하라는 것인데, 정확한 것은 직접 확인해 봐야 알 수 있을 것이다.

첫 번째 물건은 생각보다 좋았다. 바로 옆에 공원이 있고, 반지하지만 새시가 새것이었다. 리모델링을 할 때 새시 비용이 가장 많은 비중을 차지한다는 것을 알고 나니 그것부터 보게 된다. 물론 비용 처리가 가능한 부분이긴 하지만 말이다. 자세히 보니 부엌 쪽은 새시가 되어 있는데, 반대쪽은 그렇지 않은 것 같았다.

사람은 사는 듯했고, 우편함은 비어 있었다. 단, 뒤쪽이 꽤 지저분하고, 나뭇가지들이 어지럽게 있어 정리를 해야 할 것 같았다. 같은 지하라도 3, 4호가 더 좋았다. 그쪽은 리모델링을 새로 해 훨씬 상태가 좋았다. 반지하지만 볼수록 괜찮다는 생각이 들었다. 감정가 4,500만 원에 현재 최저가는 3,150만 원인데, 워낙 저렴하게 나와 4,000만 원까지 써도 별다른 무리가 없을 것 같다.

문제는 이게 여러 건이 한꺼번에 나온 것이라, 다 낙찰될 때까지 돈이 묶일 수 있다는 것이다(하나의 사건번호에 물건번호가 여러 개 있는 경매는 모든 물건이 낙찰되어야 배당이 진행된다). 그래도 전 소유자가 경매로 받은 것이라 특별히 문제될 것은 전혀 없어 보였다. 입찰일도 아직 넉넉하게 남아 있어 잘 살펴보고 도전해야겠다는 생각이 들었다.

두 번째 물건은 낙찰받은 빌라 바로 옆에 있어 즐거운 마음으로 갔다. 이 물건에는 무려 네 명이 전입해 있었다. 특이하게도 저당권자가 전세권을 설정한 후 다시 다른 사람이 임차권을 설정해 살고 있었다. 전입만 되어 있는 사람의 국민연금 고지서가 있었고, 임차권자의 고지서도 있었다.

현재 사람이 살지 않는지 고지서와 우편물이 잔뜩 있었다. 도시가스 독촉 고지서도 있었다. 네 명 중 세 명의 이름으로 된 고지서나 편지가 있는데, 다들 가족 아니면 친인척인가 보다. 전세권자와 임차권자가 둘 다 배당을 신청했다. 무서운 사람들이다. 이곳보다는 먼저 본 반지하가 더 마음에 들었다.

낙찰받은 빌라로 갔다. 특별히 변한 것은 없었다. 지난번에 청소한 상태 그대로라 마음이 놓였다. 우편함이 깨끗해 '우편물 온 게 없구나' 하고 들어갔다. 집을 보고 나올 때는 '왜 옆집은 우편함이 가득 차 있지? 어디 갔나?' 하고 생각했다.

그런데 지나치기 직전에 다시 보니 그게 내 것이었다. 앗! 부랴부랴 우편물을 챙겼다. 대부분 전에 살던 사람 것이었다. 내가 처리할 고지서는 두 개인데, 둘 다 1,000원 단위여서 부담은 없었다.

구월동 빌라촌은 빌라가 다닥다닥 붙어 있어 조망권은커녕 옆집 소리도 다 들릴 정도다. 하도 오랜만에 가서 잊고 있었는데, 다시는 이쪽으로 임장을 나오지 말아야겠다. 이곳은 완전히 미로다.

분명히 1, 2, 3, 이렇게 순서대로 번지수가 나가다, 갑자기 다른 번지가 나와 헤맬 때가 한두 번이 아니었다. 지난번에는 찾다 찾다 포기한 적도 있었다. 이렇게까지 못 찾는 걸 보면 나와는 인연이 없나 보다 하고 단념했었다.

이번에도 그럴 뻔했다. 보통 인터넷 지도를 보고 주요 포인트를 체크해서 그것을 기준으로 찾아가는데, 포인트 중 하나가 사라졌다. 그러다 보니 그 근처에서 30분을 찾아 헤매도 도저히 찾을 수가 없었다. 결국 포기하려는데, 바로 앞에 그 건물이 나타났다.

세 번째 물건은 반지하인데, 전기가 돌아가고 있었고, 소유자도 임차인도 아닌 사람의 우편물만 있었다. 그다지 끌리지 않았다.

네 번째 물건은 앞서 본 집에 비하면 상대적으로 덜 헤맸는데, 임차인의 우편물만 있었다. 역시 별로였다.

다섯 번째 물건도 상당히 헤맸다. 잘 나가던 번지수가 갑자기 삼천

포로 빠졌고, 전혀 상관없는 곳에서 갑자기 나타났다. 너무 어둡고 우편물도 없고, 지금까지 본 곳 중 가장 마음에 들지 않았다.

여섯 번째 물건은 그냥 그렇다. 우편물은 없었다. 한 층에 네 집이 있는데 이 집은 가장 안쪽에 있어 많이 답답할 것 같았다. 창문이 있기는 하지만, 옆 빌라의 벽과 거의 붙어 있었다.

일곱 번째 물건은 어떤 차가 바로 집 앞에 주차되어 있어 괜히 긴장했지만, 일단 앞으로 들어갔다. 대부업체에서 온 우편물이 있어 소유자 것인가 했더니 임차인의 우편물이었다. 임차인도 사정이 그다지 좋지 못한가 보다. 연체한 경우가 아니면 이런 곳에서 우편물이 오지 않던데…. 예상대로 현관문에 단전 예고장이 떡하니 붙어 있었다.

여덟 번째 물건은 구월동 바로 옆에 있는 만수동 물건이다. 정말 별로였다. 내가 세입자라도 다른 곳을 찾으려고 할 것 같다.

아홉 번째 물건은 문 옆에 있는 새시가 전체적으로 새것으로 교체되어 있었다. 더군다나 베란다도 있는 부분인데 말이다. 낙찰받으면 횡재라는 생각이 들 정도였다. 게다가 임차인이 있고, 임차인 이름으로 편지가 오기는 했지만, 집은 현재 비어 있는 것 같았다.

전기, 가스 요금이 1,000원 단위로 나왔기 때문에 더더욱 믿음이 갔다. 하지만 뒤편으로 갔더니 그쪽은 예전 새시 그대로였고, 상태가 너무 좋지 않았다. 그것을 보니 이 물건에 들어가려는 마음이 사라졌다. 좀 더 생각해 봐야 할 것 같다.

마지막 물건은 무슨 생각에서인지 가는 길을 체크하지 않았다. 힘도 들고 반지하고 해서 그냥 포기했다. 간만에 양복 입고 구두 신고 몇 시간을 걸으니, 발바닥도 아프고 발가락에도 물집이 잡힌 것 같다. 다음에는 편한 옷을 입고, 편한 신발을 신어야겠다.

임장할 때 그냥 돌아다니면 심심해 음악을 들으면서 다닌다. 버스를 타고 집으로 가며 음악을 듣는데 괜히 슬퍼졌다. 이유는 모르겠다.

깜박하고 늦게 처리할 때도 있지만, 은행 이자나 월세 확인 같은 것은 아침에 일을 시작하기 전에 먼저 처리한다. 그래야 마음이 편하기 때문이다. 세입자에게 문자를 보내기 전에 혹시나 하고 확인했더니 역시나 입금되지 않았다.

그래서 '오늘은 임대료 입금일입니다. 늘 건강하시고 행복하세요'라고 문자를 보냈다. 처음엔 '잘 지내시죠?'로 시작했는데, 생각해보니 좀 웃긴 것 같아 지웠다.

인천에 가야 하는데, 할 일도 밀려 있고 가야 할 곳에 대한 사전 준비도 하지 않은 상태라 망설여졌다. 마침 산본 쪽을 가보려고 출력해둔 것이 있어 산본으로 가기로 했다. 그쪽은 인천과 달리 30~40분 정도면 갈 수 있기 때문이다.

괜찮은 물건이 세 건 정도 있었는데, 산본역에서부터 출발하면 될 것 같았다. 산본역은 누군가의 결혼식을 비롯해 몇 번 가본 적이 있었다. 그러나 부동산 때문에 가는 것은 처음이었다.

첫 번째 물건은 산본역에서 내려 4번 출구로 나가자마자 보이는 아파트 단지에 있었다. 꽤 멋져 보이는 아파트였다. 게다가 이번에 새로 페인트칠을 했는지 외부가 아주 깨끗했다.

꼭대기 층이었는데, 밖에서 내부가 보이지는 않았지만 전기가 열심히 돌아가고 있는 것을 보니, 사람이 살고 있는 듯했다. 에어컨은 설치하지 않았고, 새시는 예전 것이다. 둘러보니 새시를 새로 한 집들도 보인다.

내려와 부동산 중개업소에 들러보니 '급매 1억 1,500만 원'이라고 붙어 있었다. 인터넷으로 알아보니 감정가 수준에 나온 물건이 있었다. 전세는 8,500만 원에 가능하던데, 한 번 유찰되고 2회 차에 들어가면 나쁘지는 않을 것 같다. 아파트라 그 가격에 낙찰되기는 힘들겠지만 말이다.

다음 장소로 향하는데, 찾아가는 길을 미리 알아본 후에 가는 것이라 그런지 익숙하게 느껴져 쉽게 찾아갔다. 산본 쪽은 구획 정리가 잘 되어 있어 찾기도 쉬웠다.

두 번째 물건은 길가에 있는 빌라인데, 근처에 버스가 다니는 길이 있어서 교통편은 나쁘지 않았다. 특이하게도 반지하는 딱 하나만 있었고, 김OO씨 앞으로 온 SK텔레콤 고지서가 있었다. 바로 앞이 도로라 약간 시끄러울 듯싶었는데, 입구에 출입문이 있고 안쪽에도 문이 있어 소음이 많이 차단될 것 같았다.

반대편으로 가보니 막다른 골목이 있었다. 반지하지만 전체적으로는 꽤 밝은 편인 것 같았다. 중개업소에는 방 두 개짜리 반지하 전세가 3,000만 원에 나와 있었다. 중개업소에 붙어 있는 종이를 보면 대부분 월세고, 전세는 거의 안 보인다. 월세는 보증금 500만 원에 월세 30~40만 원이 보통이었다.

수원지방법원도 2회 차가 70%에서 시작하면 좋을 텐데…. 사람이란 전 회차 가격과 최저가에 심리적으로 많은 영향을 받기 마련이니 말이다.

세 번째 물건은 사진을 볼 때 꽤 괜찮아 보여 가보기로 한 곳이었다. 어차피 좋은 아파트는 힘드니 이런 아파트를 낙찰받아 탈바꿈시켜 볼까 하는 생각으로 말이다. 가는 길이 꽤 험난했다. 언덕 위에 있었고, 뒤쪽에는 멀지 않은 곳에 산이 있었다. 공기는 좋겠지만 교통편은 좀 불편해 보였다.

아이들이 많은 것을 보니 30대가 주로 살고 있을 것이라는 판단이 들었다. 정OO씨 앞으로 온 SK텔레콤 고지서가 있다. 가는 곳마다 SK텔레콤인데, 이 회사 주식을 사야 하는 건 아닌가 생각했다.

소유자가 벌써 10년 넘게 살고 있는 집이라, 새시 교체는 물론이고 리모델링이 상당히 많이 필요할 것 같다. 이 아파트보다는 차라리 직전에 본 반지하가 훨씬 좋아 보인다. 사실 빌라보다 못하다. 하지만 어쩌겠는가, 보기 전에는 알 수 없는 것이 빌라와 이런 오래된 한 동짜리 아파트인 것을.

오는 길에 군포역 근처에서 왕찐빵을 팔기에 네 개를 샀는데, 지하철에서 냄새가 나 조금 민망했다. 아이들이 반기며 달려 나오면 찐빵을 안겨주려 했는데 집에 아무도 없었다.

D아파트 세입자는 이제 당일에 입금하지 않는 것을 당연시하나 보다. 처음에도 당일 밤늦게 보내더니, 이제는 아예 이틀 지나 보낸다. 매월 임대료만 제대로 낸다면 하루 이틀이야 상관없지만, 이러다가 점점 늦춰지는 것은 아닐까 살짝 걱정도 된다.

이것저것 하다 보니 시간이 많이 지나 임장을 갈까 말까 고민했다. 남동구와 남구, 부평구의 빌라들을 조사해 봤는데, 사진상으로도 별로라 전부 제외하고 보니 남아 있는 물건이 거의 없었다. 그래도 계산,

임학 쪽으로 세 군데를 정해서 가기로 했다. 세 군데밖에 안 되니 한 시간 정도면 될 것 같았다. 인천 지하철을 탈 때면 문학경기장 방면으로 탔는데, 이날은 반대로 타니 새로운 느낌이었다. 효성동까지는 가 봤는데, 계산, 임학 쪽으로 가는 것은 처음이다. 그래도 구획 정리가 잘되어 있어 쉽게 찾을 수 있었다.

첫 번째 물건은 경인교대역에서 내려 재래시장 쪽으로 들어가면 보이는 빌라다. 7개월 치 관리비가 미납 상태였다. 2층에는 네 집이 있고, 3층부터는 두 집으로 되어 있었다. 관리비를 모아 청소 업체에게 청소를 맡기는 듯 아주 깨끗했다. 우편물은 없었고, 전기는 잘 돌아가고 있었다.

2000년 이전에 지은 빌라만 보다가 그 이후에 지은 빌라를 보니 확실히 좋아 보인다. 2000년 이전의 빌라는 디자인 감각이라고는 없이 그저 빌라를 올렸다는 표현이 맞을 정도다. 단순하게 빨간색으로 획일화된 빌라가 태반이었다.

근처 부동산 중개업소에 전용면적 11평, 대지 9평에 방 세 개짜리 빌라가 1억 1,000만 원에 나온 것을 볼 때, 이 빌라는 현재 2회 유찰되어 3회 차니 충분히 매력적이다. 아무도 안 들어오면 얼마나 좋을까? 2차면 몰라도 3차에는 절대 그럴 리 없다는 것이 문제다.

두 번째 물건은 계양도서관 바로 옆에 있어 위치가 상당히 좋은 편이었다. 가까이에 최신식 건물로 된 도서관이 있으니 참 편하겠다는 생각이 들었다. 그런데 그 빌라 앞에서 한 남자가 무언가를 붙이고 있었다. 순간, 경매와 관련된 사람이라는 생각이 들었다.

그냥 지나쳐 가려는데, 그 사람이 밖으로 나왔다. 그러면서 나를 보는 것이 아닌가? 순간 뜨끔한 나는 아무 일도 없는 것처럼 도서관으로 향했다. 경쟁자인지 누구인지는 몰라도 괜히 이유 없이 겁먹었던 것 같다.

자연스럽게 도서관을 구경하는 척하며, 한참 동안 빌라가 아닌 그 사람을 지켜봤다. 그가 탄 차가 나가는 것을 보고 다시 그 빌라로 갔다. 현관에 컨설팅 업체의 전단지가 붙어 있었다. 이런 전단지를 자주 보기는 했는데 이렇게 직접 사람을 보게 될 줄은 몰랐다. 죄 지은 것도 없는데 괜히 도망갔던 것 같다.

수도 검침은 9월까지 되어 있었다. 정면 쪽은 반지하라도 괜찮아 보였는데, 반대쪽은 옆집과 거의 붙어 있어 창문을 열 수 없을 것처럼 보였다. 그래도 도서관이 가까이 있어 마음에 든다. 가격도 4,200만 원이면 괜찮아 보인다. 4,500만 원 정도에 들어가 보면 어떨까 싶다.

세 번째 물건도 옆집과 상당히 가까워 빛이 잘 들어올 것 같지 않았다. 더구나 한 층에 네 집이나 있는데, 이 집은 길 쪽이 아니라 반대쪽으로 창이 나 있다. 어느 정도 옆집과 떨어져 있기는 했지만 들어가는 입구도 좁아서, 앞서 본 반지하가 더 마음에 들었다. 이번에 처음 나온 물건이니, 다음 회차 때 고민해 봐야겠다. 설마 처음인데 바로 낙찰되지는 않겠지.

입찰하려는 빌라 두 개가 입찰일이 같다. 두 건에 입찰하려면 돈이 부족한데 어떻게 해야 할지 모르겠다. 구월동 빌라를 전세로 바꿔 내놓으면 일주일 안으로 나가려나? 여하튼, 다음 주 월요일에는 무조건 내놓고 인터넷에도 올려야겠다.

기준 날짜	지역	보증금 한도 (만 원)	최우선변제액 (만 원)
(A) 1984.1.1 ~ 1987.11.30	서울특별시 및 직할시	300	300
	기타지역	200	200
(B) 1987.12.1 ~ 1990.2.18	서울특별시 및 직할시	500	500
	기타지역	400	400
(C) 1990.2.19 ~ 1995.10.18	서울특별시 및 직할시	2,000	700
	기타지역	1,500	500
(D) 1995.10.19 ~ 2001.9.14	서울특별시 및 광역시	3,000	1,200
	기타지역	2,000	800
(E) 2001.9.15 ~ 2008.8.20	수도권 과밀 억제권역	4,000	1,600
	광역시(일부 제외)	3,500	1,400
	기타지역	3,000	1,200
(F) 2008.8.21 ~ 2010.7.25	수도권 중 과밀 억제권역	6,000	2,000
	광역시(일부 제외)	5,000	1,700
	기타지역	4,000	1,400
(G) 2010.7.26 ~ 2013.12.31	서울특별시	7,500	2,500
	과밀억제권역 (서울 제외)	6,500	2,200
	광역시(일부제외)	5,500	1,900
	그 밖의 지역	4,000	1,400
(H) 2014.1.1 ~ 2016.3.30	서울특별시	9,500	3,200
	과밀억제권역 (서울 제외)	8,000	2,700
	광역시(일부제외)	6,000	2,000
	그 밖의 지역	4,500	1,500
(I) 2016.3.31 ~ 2018.9.17	서울특별시	10,000	3,400
	과밀억제권역 (서울 제외)	8,000	2,700
	광역시(일부 제외), 세종시	6,000	2,000
	그 밖의 지역	5,000	1,700
(J) 2018.9.18 ~	서울특별시	11,000	3,700
	과밀억제권역 (세종, 용인, 화성)	10,000	3,400
	광역시, 세종시, 김포시, 안산시, 파주시 (군지역 제외)	6,000	2,000
	그 밖의 지역	5,000	1,700

과밀억제권역	상세내용
서울특별시	전체
인천광역시 중 제외 지역	- 강화군 - 옹진군 - 중구 운남동, 운북동, 운서동, 중산동, 남북동, 덕교동, 을왕동, 무의동 - 서구 대곡동, 불로동, 마전동, 금곡동, 오류동, 왕길동, 당하동, 원당동 - 연수구 송도매립지 - 남동 국가산업단지
기타 지역 중 포함 지역	- 의정부시, 구리시 - 남양주시 (호평동, 평내동, 금곡동, 일패동, 이패동, 삼패동, 가운동, 수석동, 도농동에 한함) - 하남시, 고양시, 수원시, 성남시, 안양시, 부천시, 광명시, 과천시, 의왕시, 군포시) - 시흥시 (반월특수지역 제외)

| 매매에서 임대로

"여보세요? 거기 부동산이죠? 반지하 빌라 내놓은 사람입니다."

"안녕하세요? 그렇지 않아도 전화 한번 드리려고 했는데…."

전화를? 좋은 소식인가?

"보러 오는 사람이 전혀 없네요. 그냥 월세로 내놓으세요. 사람들이 반지하라 볼 생각도 안 하네요."

"그래서 전세를 놓으려고 합니다. 대출이 있으니 전세 2,000만 원에 내놔 주세요. 2,000만 원까지는 보증금이 다 보장되니까요."

"네 그렇게 하겠습니다."

"전세로 먼저 해주시고, 안 되면 월세로 해주시는데, 전세 먼저 생각해주세요."

"그럼 보는 사람 있으면 전화드릴게요."

왠지 분위기가 금방 있을 듯하다. 다음 주 월요일에 전화할까 하다가, 사람들이 대부분 주말에 집을 보러 다니는 것 같아 금요일에 전화한 것이다. 전화를 끊고 생각해 보니, 전세로 돌리는 목적이 결국 목돈인데, 보증금 1,000만 원에 월세 20만 원으로 내놓으라고 해볼 걸 그랬나 하는 생각이 든다.

그리고 나서 인터넷으로 사진을 올렸다. 형식에 맞게 간단히 내용을 쓰고, 현관의 신발장, 새로 한 새시와 싱크대, 깨끗한 화장실, 이렇게 사진을 세 장 올렸다. 그리고 네이버 지도도 함께 올렸다. 빨리 연락이 왔으면 좋겠다는 생각이 들었다.

몇 시간쯤 지났을까, 모르는 번호로 전화가 걸려 왔다.

"인터넷 보고 전화했는데, 거기 지금 볼 수 있을까요?"

아니 벌써 전화가? 그런데 난 지금 서울인데….

"거기 지금 비어 있는 건가요?"

"네, 제가 싹 리모델링하고, 현재 공실입니다."

"아, 주인 되세요? 장판하고 도배도 했나요?"

"네, 제가 주인이고요. 싹 리모델링했는데 장판하고 도배를 안 하면 말이 안 되죠."

"제가 지금 보고 싶은데 가능할까요?"

"제가 지금 서울이라 당장은 곤란한데…. 거기가 디지털 도어락이긴 합니다만…."

"그래요? 그럼 제가 혼자라도 가서 보고 오면 안 될까요?"

말을 꺼내 놓고 보니 고민이 된다. 아무리 그래도 비밀번호를 알려 주는 것은 꺼림칙하다. 무슨 일이 생길지 어떻게 알겠는가?

내가 주저하자 그쪽에서도 눈치를 챈 것 같았다.

"그럼 일요일에는 괜찮을까요?"

"네 좋습니다. 일요일 오후 4시에 뵙죠. 거기가 원래 전세가 3,500만 원인데 대출이 있어서 싸게 내놓은 겁니다."

"대출이 얼마나 되나요?"

"3,600만 원입니다."

"시세는 어떻게 되는데요?"

"제가 6,500만 원에 매매를 내놓았는데 팔리지 않아서 전세로 돌린 겁니다. 2,000만 원까지는 보증금이 보장되니까요."

"거기 얼마에 매입하신 거예요?"

"제가 부동산 경매로 받은 겁니다."

순간, 부동산 경매로 받은 집을 안 좋아하는 사람도 있다는데 괜히 말한 건 아닌가 하는 생각이 들었다. 잠시 정적이 흘렀다.

"그런데 1,600만 원까지만 보장되는 거 아니에요?"

"그게 은행에서 저당 잡힌 걸 기준으로 하는데, 2001년인가 2002년부터는 1,600만 원이고, 2010년 7월 26일인가부터는 2,200만 원입니다. 제가 대출받은 시점에는 2,000만 원이었는데, 정확한 것은 인터넷으로 조사해 보면 아실 거예요."

"아, 그렇구나. 제가 빨리 이사해야 할 입장이라 보고 좋으면 바로 계약하려고요. 인터넷 보고 사람들이 많이 문의할 것 같은데 빨리 했으면 좋겠어요."

너무 적극적으로 나오니 괜히 의심이 생긴다.

"그럼 오늘 만나도록 하죠. 제가 한 시간이면 갈 수 있으니까요."

"그렇게 해 주시겠어요?"

"네, 한 시간 후에 뵙죠."

갈 준비를 마치고 나가려는데 또 모르는 번호가 뜬다. 이런, 갑자기 인기 폭발이다.

"안녕하세요, 아까 전화했던 사람입니다."

좋다 말았네. 미안하다는 이야기 하려고 하나?

"지금 차가 너무 막혀 오늘은 아무래도 힘들 것 같네요. 그냥 일요일 4시로 하죠."

"뭐, 그렇게 하시죠. 변동 사항 있으면 전화주세요."

"집 주소 좀 알려주세요, 성함하고요."

"주소는 OOO입니다. 인터넷으로 등기부등본 떼어 보면 자세히 나와 있으니 확인하시고요. 일요일에 제가 주민등록증 보여 드리면 되겠죠?"

"네, 좋습니다."

"네, 일요일 오전에 전화드릴게요."

갑자기 일이 이렇게 진행되니 즐거워졌다. 약간 의기소침해지고 재미없다는 생각을 하고 있던 차에 갑자기 새로운 사건이 벌어지니 마음이 급격하게 변한다.

반지하라 보러 오는 사람도 없다는 말에 사실 마음이 좋지 않았다. 반지하는 포기해야 하나 하는 생각도 들 정도였다. 그런데 사실 반지하지만 우리 집보다 더 환하다. 우리 집은 한낮에도 불을 켜야 하는데,

이곳은 굳이 불을 켜지 않아도 될 정도다. 역시, 반지하라도 잘 꾸며 놓으니 사람들이 관심을 갖는다. 부동산 중개업소보다는 인터넷이 더 빠른 것 같다. 비록 딱 한 사람뿐이지만 말이다.

앞으로 빌라는 무조건 팔지 말고, 전세 아니면 월세로 가야겠다. 그렇게 목돈을 모은 후 아파트를 매매해 2,000만 원 이상의 수익을 만들고, 그런 과정을 지속적으로 반복하면서 하나씩 대출을 갚아 나가면 꾸준히 수익을 올릴 수 있을 것이다. 언제 또 마음이 변할지 모르지만, 현재 내 계획은 이렇다.

첫 방문자와의 만남

"여보세요?"

"안녕하세요?"

"네, 안녕하세요. 죄송합니다. 바빠서 어제 미처 보내지 못했습니다."

D아파트 세입자다. 너무 바빠서 오후까지 입금이 되었는지 확인도 못하고 있었다.

"지금 보내 드리도록 하겠습니다. 죄송합니다."

"네, 괜찮습니다. 그렇게 하세요."

무사히 들어온다니 다행이다. 보증금이 없으니 늦는 날만큼 나중에 보증금에서 차감하고 준다는 문구를 계약서에 넣을 수도 없고…. 그래도 아직까지는 다행히도 매달 월세가 꼬박꼬박 들어오고 있다.

또 전화가 왔다.

"여보세요, 오늘 집 보기로 한 사람인데요. 시간 좀 당길 수 있을까요?"

"몇 시로요?"

"2시 정도면 좋을 것 같은데….'"

"2시는 너무 촉박하고 2시 30분으로 하죠.'"

생각지도 못하게 시간이 당겨져 부랴부랴 점심을 먹고 나갔다. 서두른 터라 2시면 도착할 수 있을 것 같아 문자를 남겼다.

'2시까지 오셔도 됩니다.'

도착해 대충 정리하고 핸드폰으로 음악을 틀어 놓고 책을 읽었다. 그런데 2시가 되었는데도 연락이 없다. '2시 30분을 예상하고 출발했나 보다'하고 생각했다. 그런데 2시 45분이 되어도 도착하지 않는다. 약속 시간을 지키지 않는 사람이라면 영 미덥지 못한데….

문을 열어놓고 책을 읽고 있는데 "계세요?" 하는 소리가 들린다. 전화한 여자가 왔고, 아마도 남자친구인 듯한 남자가 같이 왔다. 둘러보라고 말하고는 난 그냥 있었다. 둘이서 이것저것 만져 보며 살펴보는데, 혹시 무슨 문제가 있을까 싶어 괜히 긴장된다. 둘이 문을 닫아 보는데 잘 안 닫히는 모양이다.

"새로 칠한 거라 좀 뻑뻑해서 그런가 봐요.'"

가볍게 한마디 던져 주었다.

잠시 후 실제로 살 남동생이 왔다. 이왕이면 여자 임차인이 집도 더 깨끗하게 쓰고 좋지만, 뭐 어쩔 수 없다.

"이거 얼마에 구입하셨어요?"

'그건 좀 이야기하기 곤란한데….' 하고 생각하다 다시 생각해보니 등기부등본을 봤다면 당연히 알고 있어야 하는 것 아닌가 싶었다. 이런 부동산 계약에 서툴러, 등기부등본을 봤으면서도 제대로 알지 못하는 것 같았다. 그래서 감정가는 9,000만 원이고, 저당은 원래 대출보다 20~30% 많이 잡는다고 말해 주었다.

"그러면 계약은 부동산 중개업소 가서 하는 건가요?"

"아니요, 그냥 저랑 직접 하면 됩니다."

"그래도 괜찮아요?"

"문제가 되는 것은 두 가지입니다. 중개업소에서 계약하면 대략 5,000만 원까지 보험을 통해 보장받는데, 그건 제가 주인이 아니면서 돈을 갖고 튀었을 때가 문제가 되죠. 그러나 등기부등본을 보여 드리면 확인이 되겠죠. 그럼, 돈을 갖고 튈 염려는 없을 테고요. 다음으로 근저당 때문에 경매로 넘어가는 것이 문제인데, 그건 지난번에 말씀 드린 것처럼 임차인은 2,000만 원까지 보장됩니다."

"낙찰가의 2분의 1 범위에서 보장받는다고 하더라고요."

"그렇죠. 그런데 이 빌라가 4,000만 원 미만으로 낙찰될 확률이 없어요. 보통 감정가의 80~90% 선에서 낙찰되니 그리 걱정하지 않으셔도 돼요."

확실히 아주머니나 연륜이 있는 분들이 아니라, 그렇게까지 꼼꼼하게 살펴보는 것 같지는 않았다. 정작 이 집에서 살 남동생은 남자답게 쓰윽 보더니 끝이었다. 남동생이 볼 때 이 집은 무난할 것이다. 오히려 주인인 내 입장에서는 남자 혼자 살면서 집에서 담배 피우고 그러면 금방 집이 더러워질 텐데 하는 아쉬움이 들었다.

지금은 당장 아쉬워서 전세를 놓지만, 2년 후에는 가능한 한 월세로 내놓을 것이다. 무조건 보증금 1,000만 원에 월세 20만 원 이상으로 받을 것이다.

"지금까지 세 명에게 연락이 왔는데, 한 명은 전세로, 한 명은 월세로 살다가 전세로 하고 싶다고 했습니다. 제가 그분들에게 '먼저 보기로 한 분이 있는데, 그분이 보고 사진과 차이가 없으면 바로 계약한다고 했다. 그분이 계약을 안 할 경우, 월요일 오후에 다시 전화 주시면 약속 잡고 집을 보여 드리겠다'라고 말해 두었으니 늦어도 내일 아침까지는 결정해 주셔야 합니다."

"알겠습니다. 저희가 가서 이야기해 보고 오늘 저녁이나 내일 아침에 전화하겠습니다."

"계약하게 되면, 계약서는 제가 직접 출력해서 가져올 테니 도장만 갖고 오시면 됩니다."

그렇게 이야기를 나누고 그들은 나갔다.

뒷정리를 하고, 창문을 닫고, 불도 *끄고*(정확하게 이야기하면 두꺼비집을 내리고), 문을 닫은 후 밖으로 나가 계단을 올라가는데, 그들이 다시 내 앞에 나타났다.

"저희가 계약할게요."

"그러세요."

"이사는 늦어도 다음 주 안에는 하려고 합니다."

"그렇게 하세요. 계약서는 제가 만들어 올 텐데, 거기에 두 가지를 특약으로 넣을 겁니다."

"뭔데요?"

"살면서 누수와 보일러 이외의 수리는 세입자가 직접 한다는 문구요."

"네?"

"사실 굳이 넣지 않아도 전세는 원래 사는 사람이 도배, 장판도 직접 해야 하는 거 아시죠?"

"네, 알고 있습니다."

"그런데 세면대 막혔다고, 변기 망가졌다고 고쳐 달라고 연락 오면 좀 그렇잖아요. 그건 사는 사람이 고쳐야죠. 원래 전세는 누수와 보일러 빼고는 직접 수리하는 것이 맞고요. 사실 반지하라 누수는 굳이 넣지 않아도 되지만요."

"그건 또 왜 그렇죠?"

"보일러가 오래되어 물이 새면 수리를 해야 하는데, 여기는 반지하라 밑으로 물이 샌다면 윗집에서 고쳐야 하기 때문이죠."

"아, 그렇군요. 잘 알겠습니다."

"그럼, 가셔서 언제 계약할 것인지 의논해 보시고, 내일 연락주세요."

"알겠습니다."

다음 날 문자로 연락이 왔다.

'일요일에 이사하려고 하니 언제 계약하는 게 편하신지 연락 주세요.'

바로 전화를 걸었다.

"여보세요? 빌라 주인입니다."

"네, 알고 있습니다."

"일요일에 이사를 하시니 계약을 주중에 해야 하는데, 수요일에서 금요일 사이에 언제가 좋으세요?"

"금요일 괜찮습니다."

"계약서 쓸 때 계약금만 하실 거예요, 보증금을 다 하실 거예요?"

"그건 그때 봐서요. 제가 곧장 계좌이체하면 되니까요."

"그럼 그 집에서 뵙겠습니다."

"네, 그때 뵙겠습니다."

이제 이번 주면 모든 게 끝난다. 2,000만 원을 받으면, 내 돈 들어간 것 빼고 몇백만 원이 생기는 셈이다. 대출 이자율로 계산한다면 2,000만 원을 9% 선에서 빌렸다고 보면 될 것이다(빌라와 아파트의 이자를 합쳐서 계산). D아파트에서 들어오는 월세가 두 물건의 대출 이자를 갚는다는 개념을 실행한 것이다(p146~147). 어쨌든 목돈이 또 생겼으니 잘 준비해서 다시 좋은 곳을 알아봐야겠다.

| 전세 계약

주중에 처남에게 50만 원을 보냈다. 이문 남기지 않고 공사해 주었다고 하니, 나중에 또 도움을 받으려면 잘해 줘야겠다는 생각에서다. 무엇보다 일반 업자와 달리 자기 일처럼 해주었으니 그에 대한 보답을 해야 할 것 같았다.

처남은 이번 일을 계기로 자신도 어떻게 해야 하는지 알았다며, 다음에는 더 잘할 수 있다고 말한다. 다음에는 이야기도 좀 더 나누고, 인테리어 사진도 보면서 제대로 한번 해보자고 이야기하고, 고맙다고 했다.

오늘은 전세 계약을 하기로 한 날이다. 그 전에 부평 쪽 임장을 간단히 한 후 빌라로 가기로 했다.

첫 번째 물건은 작전역에서 걸어서 10분 정도 거리에 있는 빌라다. 집 구조가 네모가 아니라 마름모꼴인 것이 걸리긴 하지만, 막상 가보니 외관도 깨끗하고 새시도 새로 교체한 것 같다. 임차인 앞으로 온 우편물은 없고, 채무자 앞으로 계양구청과 인천시청에서 온 우편물이

다섯 통 있었다. 집은 도로 쪽을 향해 있어 환할 것 같았다.

두 번째 물건은 작전역에서 걸어서 1분 거리에 있다. 지리적으로 상당히 좋은 곳에 있는데, 건물이 워낙 오래되었고, 새시도 교체해야 할 것 같았다. 사람이 거주하고 있었는데, 권리분석으로는 대항력 있는 사람으로 나오지만, 약간 의심이 드는 경우였다. 하지만 배당금을 전액 받아 가니 상관없을 것 같다. 만일 채권자가 배당배제를 신청하면 골치는 아플 것 같다.

세 번째 물건은 경인교대역에서 2~3분 거리에 있었다. 새 건물에 위치도 좋고 금액도 괜찮았다. 6,000만 원 정도에 낙찰받아 내부 손질만 하면, 보증금 2,000만 원에 월세 30만 원 정도는 가능하지 않을까 생각했다. 새시도 새것이고, 내 기준으로는 A+였다. 한 층에 세 집이 있었고, 그중 가운데 집인데 나쁘지 않아 보였다. 낙찰받으면 좋겠다는 생각이 들었다.

서둘러 계약하기로 한 빌라로 갔는데, 이번에도 세입자 일행이 늦게 왔다. 별것 아니지만 약속을 이렇게 어기는 것은 별로 좋지 않다고 본다. 이야기를 나눠 보니 예전에 공인중개사 일을 했다고 한다. 지금은 남편과(전에 온 남자가 남자친구가 아니라 남편이었다. 약간 겉돌아서 남자친구라고 생각했었다) 목재 수입업을 한단다. 이제야 이해가 갔다. 계속 자신이 계약서를 써오겠다고 해서 이상하게 생각했는데 의문이 풀렸다.

"어쩐지 이상하다고 생각했어요. 보통 주인이 써오면 세입자는 보고 도장만 찍으면 되는데 말이에요. 보통 갑을 관계에서 갑이 계약서를 작성하지, 을이 작성하지는 않거든요."

"그건 그렇죠."

계약금 없이 일시불로 지불하기로 했다. 돈이 많은지 그 자리에서 텔레뱅킹으로 바로 입금했다. 집주인보다 더 부자인 사람에게 세를 준 꼴이 된 것이다. 계약이 만료되면 보증금을 동생에게 주지 말고, 꼭 자신에게 돌려 달라고 당부하기에, 알았다고 했다.

계약서를 보더니 도어락 비밀번호를 꼭 알려 줘야 하느냐고 묻는다.

"보통 열쇠를 주인하고 세입자하고 하나씩 갖고 있잖아요."

"제가 중개사를 할 때는 한 번도 그렇게 한 적이 없었는데요?"

"그래요? 아시겠지만 아무리 주인이라도 세입자 허락 없이 함부로 들어가면 무단 침입이 되잖아요?"

"그렇죠."

"그렇기 때문에 번호를 알려 준다고 걱정할 필요는 없습니다. 전세는 그럴 일이 없지만, 월세는 보증금을 월세로 다 까먹었는데도 계속 머물러 있으면, 제가 할 수 있는 것이 없기 때문에 그렇게 하는 겁니다. 구두로만 이야기하면 왜곡해 기억하기 쉽기 때문에 혹시나 있을지 모르는 불상사를 막기 위해서 문서화하는 거고요."

"알겠습니다. 그렇게 하도록 하죠."

이렇게 문서화했지만, 이사한 후 나에게 알려주지 않으면 내가 알 방법은 없다. 끝으로 집을 깨끗이 썼으면 좋겠다고 말하고 모든 계약이 끝났다.

나는 남아서 방 이곳저곳의 벽을 손으로 만지면서 이야기했다.

"그동안 수고했다. 이제 아마도 내가 여기 올 일은 없을 것 같다. 2년 후에 팔거나 다시 임대를 주더라도 직접 오지 않고 처리할 테니. 그동안 고마웠고, 잘 지내라!"

이로써 모든 일이 끝났다. 이번 일을 통해 부동산은 개별성이 강하다는 것을 알게 되었다. 무엇보다 스스로 내 부동산의 가치를 높여 놓고는 그 가치를 정확히 파악하지 못했다.

충분히 지금보다 좋은 조건으로 계약할 수 있었다는 것을 구두로 계약하고 난 후 깨달았다. 이미 약속한 것이라 그냥 계약했지만 말이다. 앞으로는 내 물건에 대해 좀 더 자신감을 가져야겠다.

| 오랜만의 입찰

몇 달 만에 다시 법원에 갔다. 너무 오랜만이라 주안역에서 몇 번 버스를 타는지 헷갈릴 정도였다. 열심히 버스 번호를 보니 기억이 났다. 아직까지 익숙해지지 못했다니….

은행에서 수표를 찾고 나니 마음이 좀 불안했다. 고기도 먹어 본 놈이 잘 안다고, 이제 좀 알게 되니까 오히려 머릿속이 더 복잡해진다. 정확하게 계산하고 들어가지 않으면, 괜히 돈만 묶일 수 있다는 생각에 초조해졌다.

금액을 쓰기 전에 잠시 고민했지만, 전날 생각해둔 대로 밀고 나갔다. 입찰표를 제출한 후, 갑자기 입찰표도 변경된 건 아닌가 하는 생각이 들었다. 몇 달 전에 미리 챙긴 양식에 적어 제출했는데, 문제가 생기는 건 아닐까? 부랴부랴 가서 확인해 보니 다행히 입찰표 양식은 바뀌지 않았다.

계획한 것은 세 건이지만, 혹시나 하는 마음에 네 건을 입찰하려고 했다. 그런데 시장 한복판에 있는 빌라는 취소되고 말았다. 또 1억 원 미만의 아파트도 입찰하려 했는데, 법정 앞에 붙은 종이를 아무리 살펴봐도 사건번호가 없어 역시 접고 말았다.

결국 두 건만 입찰했다. 낙찰되어도 고민이고, 떨어지면 억울하겠다는 생각이 들었다. 발표를 기다리며 가지고 간 책을 열심히 읽었다. 책을 두 권째 읽기 시작할 무렵 본격적으로 개찰이 시작되었다. 다행히도 내가 들어간 물건들이 전부 앞번호라 빨리 개찰되었다.

첫 번째 물건은 사실 아주 마음에 들었던 것은 아니었다. 가격은 비싸지 않은데, 집 구조가 마름모꼴인 것이 문제였다. 그래도 혹시나 해서 4,470만 원에 들어갔는데, 상당히 많은 사람이 입찰했다. 사람이 많이 들어오면 무조건 떨어졌다고 봐야 한다.

대부분 앞에 4자가 붙는 가격을 써냈는데, 한 명이 5자로 시작하는 가격을 써내고 당당하게 가져갔다. 내가 볼 때 교통편도 그다지 좋지 않고, 그렇게 높은 가격에 낙찰받을 물건은 아닌 것 같았는데…. 나와는 다른 눈을 갖고 있는 거겠지.

두 번째 물건은 집 앞에 도서관이 있어 무척 마음에 드는 곳이었다. 도서관 가까이 사는 것이 나의 로망이었다. 게다가 고등학생들이 등하교하는 길이라 치안은 안전하겠다는 생각이 들었다. 분명 4,500만 원은 넘겨야 한다고 생각했기 때문에 반지하임에도 불구하고 첫 번째 물건보다 가격을 높게 적었다.

예상은 정확히 맞았다. 정확하게 얼마에 낙찰될지 예상한 대로 낙찰가가 맞아떨어지는 것을 보면 이제 나도 고수인가 보다. 나를 포함해 세 명이 입찰한 것을 보니, 내가 제대로 본 것 같다.

너무 많은 사람이 들어오면, 인기 있는 물건이라는 생각에 오히려 난 창피하다. 낙찰가를 부르는데, 4,500까지만 듣고는 내가 낙찰되었다고 생각했다. 그러나 불행히도 내가 4,520만 원을 적었고, 1등이 4,570만 원을 적었다. 50여만 원 차이로 미끄러진 것이다.

그 정도 가격을 예상했다면 당연히 4,600만 원을 적어야 했는데, 내가 너무 무모했다. 4,520만 원이나 4,600만 원이나 사실 낙찰받아 진행하면 별 차이도 없는데…. 아쉽지만, 나와의 인연이 아니었나 보다.

이날은 상당히 많은 물건이 유찰되었다. 내 생각에 이번 회차에 들어갔으면 충분히 이익이 나겠지만, 다음 회차에는 아마도 지금 가격보다 훨씬 올라갈 것 같다. 그나저나 이제 실수요자들이 거의 없는지, 다들 꽤 괜찮은 가격에 가져가는 것 같다. 대부분 80%를 넘지 않는 가격에 가져간 듯하다.

너무 빨리 끝났는지, 식당에서 법원 직원들은 배식을 받고 있는데, 식권을 내는 사람들은 더 기다려야 한단다. 어쩔 수 없이 은행에 가서 입금하고 다시 올라와 점심을 먹었다. 마을버스를 타고 문학동에 있는 빌라로 임장을 갔다.

첫 번째 물건은 문학초등학교 바로 옆에 있고, 1층에는 마트와 식당이 있었다. 한 층에 세 집이 있고 그중 가운데 집이었다. 새시가 새것이고 괜찮다는 느낌이 들었다. 다음 장소로 가기 위해 다시 마을버스를 탔다.

두 번째 물건은 두 건이 한 번에 나왔는데, 물건이 같은 길을 사이에 두고 있었다. 사진으로 본 것과 색깔이 달라 처음에는 그냥 지나치고 말았다. 관리비를 모아 청소하는 빌라였고, 상태가 좋았다. 역시 한

층에 세 집이 있는데, 이 집도 가운데 집이었다.

이곳은 예전에도 왔던 빌라다. 빌라들이 대규모 단지를 이룬 곳으로, 바로 옆이 차가 다니는 길이고, 주안역이 가까워 괜찮다는 생각이 들었다. 비록 한 평 작지만, 이 물건이 더 좋아보였다. 단, 5층이라는 것이 단점이었다(바로 위가 옥상이라 누수 문제가 있을 수 있다).

세 번째 물건은 한눈에 들어올 정도로 크게 빌라 이름이 붙어 있었다. 빌라 간 간격이 넓어 무척 밝을 것 같았고, 평수도 커서 신혼부부들이 살기에 좋아 보였다. 베란다도 있고, 전세로 최소 5,000만 원은 받을 수 있을 듯했다.

네 번째 물건은 찾느라 한참 헤맸는데, 막상 찾으니 무척 쉬운 곳에 위치해 있었다. 길 바로 옆에 있어 임대가 잘 나갈 것 같았다. 반지하라는 것을 제외하고는 무조건 잡아야 할 것 같은 좋은 집이었다. 대문과 새시가 모두 새것이었고, 내부를 보지는 못했지만 인테리어를 모두 손본 것 같았다.

더구나 경매 신청자가 임차인이라 명도에도 전혀 어려움이 없을 것이다. 현 임차인이 보증금 1,500만 원에 월세 45만 원에 살고 있었다. 내부를 봐야 정확히 알 수 있지만, 잘하면 전세 8,000만 원도 가능하지 않을까 싶었다.

조금 이상한 것은 밖에서 보면 평수가 그리 커 보이지 않는다는 점이다. 눈대중으로 봐도 옆집까지 터야 그 평수가 가능할 것 같다. 얼핏 본 내부 설계도를 다시 잘 살펴봐야 할 것 같다. 정말 이 빌라는 꼭 잡고 싶다는 생각이 들 정도로 강렬하게 다가왔다. 물건 상태를 봐서는 감정가대로 1억 원은 충분히 가고도 남을 것 같다.

제일 중요한 다음 장소인 숭의동으로 이동하려는데, 프린트한 것을 가져오지 않았다. 오늘 이 물건 때문에 임장을 시작한 것인데 말이다. 당장 다음 주가 입찰일인데…. 2회 유찰에, 반지하고, 외부 사진으로 봤을 때는 가격 측면에서 충분히 들어가도 된다고 생각했다.

하지만 빌라는 가서 보는 것과 사진으로 보는 것이 천지 차이다. 아파트야 임장 없이 인터넷으로만 조사하고 들어가도 되지만, 빌라는 꼭 직접 가서 상태를 살펴봐야 한다. 고민을 좀 해야겠지만 입찰하지 않는 게 나을 것 같다.

오늘 50만 원 차이로 떨어진 것은 너무 아깝다. 반지하지만 위치나 분위기가 아주 좋은 곳이었는데….

| 세 번째 낙찰

오늘 입찰하려는 물건은 한 건이었다. 하나의 사건에 물건번호가 세 개나 있는 빌라였다. 오늘따라 유난히 경매 진행이 느렸다. 뭘 그리 꼼꼼히 서류를 보는지 많이 늦어졌고, 실수한 사람도 엄청 많았다. 내가 본 것 중 대리 입찰인이 가장 많은 날이기도 했다. 인감증명서를 안 넣은 사람도 많았고, 도장이 달라 취소된 사람도 있었다.

나는 내 번호가 불리기 전까지 자리에 앉아 열심히 책을 읽었다. 내가 항상 앉는 자리에 어떤 분이 앉아 있어, 할 수 없이 맨 앞자리에 앉아 책을 읽었는데, 마침 소설이 클라이맥스로 한창 달려가고 있는 중이라 시간 가는 줄 모르고 책에 빠져 있었다.

그러다 갑자기 내 물건이 지나간 건 아닌가 하는 생각이 번쩍 들었다. 다행히도 아직 내 번호까지는 조금 남아 있었다. 책을 덮고 발표에 귀를 기울였다. 한 물건에 다섯 명 정도가 들어왔는데, 1등인 사람이 인감도장을 잘못 찍어 낙찰받지 못했다. 다음 물건은 아무도 입찰하지 않았다.

사실 지금 내가 하는 이 게임이 올바르게 가는 것인지에 대해 고민이 많다. 즉시 매매하는 것도 아니고, 임대를 놓아 월세로 10만 원 정도의 수익을 올린다고 해도, 가진 돈이 적은 사람에게는 마냥 좋은 방법은 아니라는 생각이 들었다. 현재 주식을 통해 수익을 내는 중인데, 차라리 남은 금액을 주식에 넣는 것이 더 확실한 방법이 아닐까 싶기도 했다.

그러나 그런 생각은 잠시 미뤄 두기로 하고, 일단 입찰가를 재점검했다. 우선, 내가 낙찰받은 장소와 가까워 관리하기 편리하고, 사람들의 선호도도 비슷할 것이라고 판단했다. 평수가 한 평 정도 작다는 단점이 있지만, 그 정도는 큰 문제가 되지 않을 것으로 봤다.

낙찰받고 300만 원 정도 들여 리모델링하고(새시는 하지 않아도 될 것 같다), 보증금 1,000만 원에 월세 30만 원으로 임대를 놓으면, 200만 원 정도는 남는 장사가 되지 않을까 싶다.

분명 세 명 정도가 들어올 것이다. 반지하라 절대 그 이상은 들어오지 않을 것이다. 감정가가 4,500만 원이고 현재 최저가가 3,150만 원이니, 한 명 정도는 분명 3,500만 원 미만에 들어올 것이다. 또 한 명 정도는 미친 척하고 높은 금액을 써낼 것이라 보았다. 그 가격은 아마 4,000만 원 전후가 되지 않을까 예상했다.

확실하게 낙찰받으려면 4,000만 원은 써야 할 것 같았다. 사람은 특정한 숫자나 환경이 주어지면 절대로 그 상황에서 벗어나는 행동을 할 수 없는 것 같다. 지난번에 감정가가 5,000만 원이었으면 그 감정가를 기준으로 판단하게 되고, 이번에 감정가가 4,500만 원이면 그걸 기준으로 판단을 내리고 입찰가를 산정하게 되어 있다.

현재 부동산 중개업소에서 말하는 시세는 결코 중요하지 않다. 왜냐하면 이건 낙찰받기 위해 써내는 '미인투표'와 같은 것이기 때문이다. 누가 얼마나 더 이성적으로 흔들리지 않고 들어가 낙찰받느냐의 싸움이다.

미인 투표

존 메이너드 케인스(John Maynard Keynes)라는 유명한 경제학자가 〈고용, 이자, 화폐의 일반이론(The General Theory of Employment, Interest and Money)〉이라는 책에서 언급한 개념이다. 그는 이렇게 말했다.

"직업적 투자는 투표자들에게 백 장의 사진 중에 가장 아름답다고 생각하는 사진을 선택하게 해, 그 선택이 투표자 전체의 평균적 이상형에 가장 가까운 사람에게 상품을 주는 신문투표에 견주어 보아도 좋을 것이다. 이 경우, 각 투표자는 자신이 가장 아름답다고 생각하는 용모를 선택하는 것이 아니라, 다른 투표자들의 취향에 가장 잘 맞을 것이라고 생각하는 용모를 선택하려는 경향이 있다. 투표자 전원이 문제를 같은 관점에서 보고 있다는 것인데, 여기서 문제는 투표자들이 자신이 가장 아름답다고 생각하는 용모를 선택하는 것이 아니며, 더군다나 평균적으로 사람들이 가장 아름답다고 생각하는 용모를 선택하는 것도 아니라는 데 있다."

이는 투자를 할 때, 자신이 투자할 물건을 다른 사람들이 어떤 관점에서 바라보고 있는지 예측해야 한다는 의미다. 자기 혼자만 좋은 물건이라 생각하는 것이 아니라, 다른 사람들도 좋은 물건이라 여겨야 한다는 것인데, 실제로 이런 방법은 그다지 성공적인 방법은 아니다. 가장 성공적인 투자 방법은 사람들이 아직 미인이라 생각하지 않을 때 미리 선택해 미인으로 만들어 세상에 내놓는 것이다.

각자 수익을 낼 수 있는 구조와 환경이 다르니 그에 따른 입찰가를 써낼 것 같지만, 대부분 그렇지 않다. 흔히 말하는 고수들이 노리는 물건에는 그런 구조가 성립될 수 있다. 하지만 내가 들어가는 작은 빌라를 그런 판단으로 들어오는 사람은 거의 없다.

대출을 80%로 잡고 리모델링 비용 등 투입된 돈 중에 1,000만 원을 회수하는 것으로 산정하니 입찰가는 3,625만 원이 나왔다. 3,000만 원을 대출받으면 법무사 비용 등을 감안해도 내 돈이 거의 들어가지 않는다는 계산이 나온다. 물론 변수가 너무 많고, 제일 중요한 보증금 1,000만 원, 월세 30만 원에 임대를 놓을 수 있느냐가 관건이다.

처음 생각은 4,000만 원에 무조건 잡자는 것이었는데, 한발 후퇴하여 안 돼도 어쩔 수 없다는 작전으로 변경했다. 사실 꽤 좋은 물건이라고 생각했기 때문에 이왕이면 꼭 잡고 싶었다. 가격이 문제가 될 수 있지만, 위치가 좋아 내놓으면 무조건 금방 나갈 곳이기 때문이다. 그렇다 하더라도 결코 무리하지는 말자는 생각으로 입찰가를 산정했다.

그렇게 고심 끝에 제출했는데, 어라, 봉투가 하나가 아닌가? 호명하는데 역시나 단독 입찰이었다. 무려 400만 원이나 손해를 보았다. 왜 내가 낙찰받는 것은 다 단독인지 모르겠다.

오늘 나온 물건 중에 똑같은 가격으로 출발한 빌라가 있었는데, 그건 무려 다섯 명이나 들어갔다. 그 물건은 지상층이지만, 빌라촌이라 앞, 뒤, 옆으로 건물이 빽빽하게 붙어 있어 엄청 어둡다. 입구도 얼마나 어두운지 낮에도 어두컴컴했다.

내 물건은 반지하긴 하지만 교통편이 훨씬 좋았고, 그밖에도 결코 그 빌라에 비해 나쁘지 않은 조건이었다. 그 물건에 들어간 사람들은 반지하라는 이유만으로 이 물건을 택하지 않고 지상인 그 빌라로 모여들었던 것일까? 내가 보고 그들은 못 본 것이 무엇인지, 내가 못 보고 그들이 본 것이 무엇인지 모르겠다.

이번에 낙찰받은 물건은 전입되어 있는 사람이 있었는데, 확정일자가 없고 배당 신청을 하지 않았다. 그나마 전입자의 이름이 여자 이름 같아 다행이었다. 전 소유자가 경매로 낙찰받은 물건이라 무조건 선순위는 아닐 것이고, 이사비가 관건이 될 것 같다. 최소한 한 달 이상은 기다려야 하는 물건이니 차분히 기다리며 진행하면 될 듯싶다.

법원을 나온 후, 주안동 임장을 가려고 걷기 시작했다. 주안동 쌍용아파트 근처에 오래된 아파트들이 밀집되어 있는 곳으로 갔다. 근처에 반지하 빌라도 나왔고, 그 근처 아파트들이 꽤 자주 나오는 듯해 겸사겸사 보러 간 것이다.

아파트라 불리기 민망한 곳도 있었고, 일부는 아주 오래된 건물이었지만, 그래도 빌라보다는 확실히 좋아 보였다. 하나하나 따져 가며 자세히 보지는 않고 그냥 어떻게 생겼는지만 봤다. 그래야 다음에 굳이 임장을 하지 않아도 그쪽 아파트들이 대략 어떤 것인지 유추해서 들어갈지 말지를 결정할 수 있기 때문이다.

반지하 빌라는 새시도 새것이고 내부도 리모델링을 한 것 같았다. 생각보다 너무 좋아 진짜 이 집일까 했는데, 역시나 바로 옆집이었다. 그런데 그 옆집도 새시도 깨끗하고 제법 괜찮아 보였다. 가격도 무척 저렴해서 들어가도 괜찮겠다 싶었다.

그런데 아뿔싸, 창문 옆에 간판이 있었는데, 역술인이 사는 집이었다. 간판을 보자마자 바로 관심을 접었다. 난 솔직히 이런 사람들이 무섭다. 교회를 다니고 있어 그런지, 이런 사람들과 상대하는 것 자체가 내게는 고역이다.

그냥 만나 이야기하기도 쉽지 않은데, 명도 문제로 만나 이야기하는 것은 생각하기도 싫다. 이 집 아니어도 내가 들어갈 빌라는 무궁무진하다. 이 빌라는 법원만 왔다 그냥 가기 허전해서 온 것뿐이니 과감하게 포기하기로 했다.

하나 낙찰받으니 또 당분간 어떻게 해야 할지 헷갈리기 시작한다. 왜 매번 이러는지 모르겠다. 일단 다음 주 월요일에 반지하라고는 도저히 생각할 수 없는, 그래서 감정가보다 더 비싸게 팔 수 있을 것으로 보이는 신건 하나 들어가야겠다. 그런데 왠지 그 물건은 취소될 것 같다는 생각이 든다.

빌라에 생긴 첫 문제

저녁에 빌라 세입자의 누나로부터 전화가 왔다.

"빌라 문 앞에 물이 고여 있네요."

완전히 고쳤다고 생각했는데 어떻게 된 일인지 모르겠다. 일단 알겠다고 하고, 처남에게 전화를 걸었다. 처남 이야기로는 계단 옆 벽에 있는 콘센트를 연결하면 물이 빠질 것이라고 한다. 어디서 전기가 나오는지 확실히 몰라 완벽하게 처리하지는 못했지만, 큰 문제는 없을 것이라며, 아마 그 전기가 옆집으로 연결되어 있는 것 같다고 한다.

다시 세입자의 누나에게 전화를 걸었다.

"벽에 있는 콘센트를 연결하면 모터가 돌아 물이 빠질 겁니다. 10분 정도면 된다고 하네요."

이런 식으로 전화를 세 번 정도 했던 것 같다. 갑자기 이런 클레임이 오니 아주 신경이 쓰였다. 더구나, 정말 오랜만에 식구끼리 외식을 하고 있었는데…. 시간이 꽤 흘렀는데도 잘 해결되었다는 연락이 없어 다시 전화를 걸었더니 받지 않는다.

그래서 이번에는 누나가 아니라 실거주자인 남동생에게 전화를 했다.

"아, 네, 지금 밖이라 내일 해본 후에 전화드리겠습니다."

역시, 누나가 집에 잠깐 들렀다가 보고는 내게 전화한 것이었다. 남자는 그냥 무심하게 지냈던 것이다. 이런 면에서는 무심한 남자가 최고다. 다음 날에도 전화가 오지 않아 잘 마무리되었다고 생각했다. 그런데 오후 늦게 전화가 왔다.

"안녕하세요, 세입자입니다. 가스레인지를 연결하려고 기사님을 불렀는데, 도시가스 요금이 5만 원이 넘게 나왔네요."

말도 안 된다. 그렇게 많이 나오다니. 기사를 바꿔 달라고 한 후 통화를 했는데, 자신은 숫자를 보고 판단하는 거라 다른 방법은 없다고 대답한다. 지금 돈을 줘야만 개통할 수 있단다. 별수 없이 세입자에게 일단 지불하라고 하고 세입자 계좌번호로 5만 원을 보내 주겠다고 했다.

옆에서 듣고 있던 아내가 이렇게 말한다.

"10일이면 그 정도는 나와, 아파트도 아니고 일반 빌라면…."

"어쩔 수 없지, 뭐."

처음에 확실하게 정리하지 않은 내 잘못이다. 정확히 하자면 아무리 많이 해도 반반으로 해야 하지만 말이다. 개통한 후에 내가 보일러를 튼 적이 없으니 내가 사용한 요금이 아닌 것은 분명하다. 그 세입자가 전기나 가스를 아껴 쓰는 스타일은 아닌 것 같고, 분명 계속 틀어놔 그 요금이 나왔을 것이다. 게다가 모터는 돌지 않는단다.

다음 날 입금을 하고 문자를 보냈다.

'입금했습니다. 모터 문제는 옆집과 이야기해 보셔야 할 듯합니다. 공용 부분이라서요.'

이렇게 문자로 처리했다. 이미 전세를 내주었으니 이런 문제는 그렇게 처리하는 게 맞는 듯하다. 내가 할 수 있는 문제라면 집집마다 돌아다니면서 물어보고 비용 문제를 이야기해 보겠지만, 그렇게까지 할 필요는 없을 것 같다.

| 취소된 물건, 다시 임장

월요일에 입찰하려는 물건은 내가 간절히 바라는 빌라였다. 비록 반지하지만 지금까지 본 빌라 중에 가장 좋은 것 같았다. 평수도 넓고, 내부는 아직 못 봤지만 엄청 좋게 느껴질 만큼 완전히 새 건물이었다.

조사를 하던 중에 변경되어, 다시 원래 감정가로 재입찰이 진행 중일 때, 경매 신청자인 임차인에게 '매수신청서'가 발송되었다는 것을 발견하게 되었다. 처음 보는 문구라 조사를 해보았다.

임차인이 부동산을 매수할 생각이 있으면, 무잉여(경매신청 채권자가 배당받을 금액이 0원)가 되지 않을 금액을 써서 가져가라는 의미라고 한다. 매수신청을 하지 않은 걸 보니, 아마도 매수하지 않기로 했나 보다.

리모델링을 할 필요는 없을 듯하다. 이것을 낙찰받아 임대를 놓으면 거의 들어가는 돈 없이, 이자를 제하고 매월 10만 원 정도의 수익은 올릴 수 있을 것 같았다. 물론 이런 수익률이 나오려면 내가 생각하는 가격에 낙찰 받아야 한다. 반지하에다 최저가가 웬만한 빌라보다 높았기 때문에 들어올 사람은 많지 않을 것이라 봤다.

솔직히 내가 계산한 가격에 들어가면 떨어질 가능성이 크다. 그래도 그 가격으로 들어가기로 결심했다. 모든 준비를 끝내고 혹시나 하는 마음에 대법원 사이트에 들어가 봤다. 금요일 저녁까지는 아무런 문제가 없었다.

일요일에 다시 한번 확인하기 위해 들어갔더니 그새 취소가 되었다. 기대했던 물건이라 무척 아쉬웠다. 덕분에 월요일 일정을 전면 재조정해야 했다. 원래 월요일에 법원에 갔다가 낙찰받은 곳에 들러서, 사람이 없으면 포스트잇이나 붙이고 오려고 했었다.

하지만 월요일에 법원 갈 일이 없어졌으니 월요일은 평소처럼 출근하고, 일요일 오후에 낙찰받은 집에 가기로 계획을 변경했다. 마침 바로 옆에 경매로 나온 빌라가 있어 그것도 함께 보기로 했다.

구월동은 무척 넓은 동네다. 그러나 다행히 내가 낙찰받은 곳들과 도보로 15분 정도 거리에 있어 관리에 어려움은 없을 것 같다. 먼저 처음 낙찰받은 빌라에 가봤다. 전화가 오지는 않았지만, 바닥에 고인 물이 어떻게 되었는지 궁금해서 간 김에 보기로 했다. 마침 세입자는 집에 없는 것 같았다. 지하로 내려가 보니 바닥에 물이 없었다.

'고쳤구나!'

자세히 살펴보니 내 조언대로 여러 집들과 이야기하여 모터를 새것으로 교체한 것 같았다. 기쁜 마음으로 새로 낙찰받은 집에 가기 전에 경매에 나온 빌라를 임장했다.

한 층에 두 집씩 3층으로 된 빌라가 여덟 동 정도 있는데, 그중 3층이지만 그 정도는 걸어 올라가는 데 큰 불편도 없고 평수도 넓어 괜찮을 것 같았다. 그동안 낙찰받은 집들에 비하면 상대적으로 비싸지만,

같은 구월동이고 이번에 낙찰받은 곳 근처라 들어가는 쪽으로 생각해 보려 한다.

새로 낙찰받은 집을 찾으려는데, 어디가 어디인지 헷갈려 약간 헤맸다. 찾고 보니 헛웃음이 나왔다. 조금 전에 본 빌라 바로 옆집이었다. 관리하기 편할 것이라는 생각에, 앞서 본 빌라가 더욱 탐났다.

일요일 오후 5시가 넘은 시각이라 집에 사람이 있을 것이라 생각했는데, 예상과 달리 아무도 없었다. 옆집도 사람이 없었다. 윗집은 물어 봐도 모를 것 같아 포스트잇에 연락 달라는 메모를 남기고 왔다. 우편함이 깨끗하게 비어 있는 것을 봐서 분명 사람은 살고 있는 것 같았다.

다만, 현재 점유자는 전입만 되어 있고, 확정일자도 없고, 배당 신청도 하지 않았다. 명도에 상당한 저항과 어려움이 있을 것 같다. 한 시간 정도는 이야기를 들어 주려 했는데, 다음을 기약해야겠다. 한 시간 정도 상대방의 이야기를 들어주고 이사비를 내지 않아도 된다면 아주 훌륭한 아르바이트가 아닌가?

결국엔 이사비를 놓고 주도권 다툼을 벌일 것이라 판단되었다. 그에 대비해 나도 미리 전략을 세워 두었다. 내가 오죽하면 이렇게 인기 없고 사람들이 거의 매매하지 않는 반지하를 낙찰받았겠는가? 이런 물건을 낙찰받을 정도로 난 돈이 없다.

"어떻게든 한번 해보려고 낙찰받았는데, 아무래도 실패한 것 같다. 오히려 돈만 날릴 것 같다." 이런 식으로 나가는 것이 나의 첫 번째 전략이다. 두 번째 전략은 선심 쓰듯 20만 원 정도를 주겠다고 이야기하는 것이다.

하지만 연락처를 모르기 때문에 어떻게 대처해야 할지 모르겠다.

밤늦게 가면 만날 수는 있겠지만, 그건 내가 엄청 싫어하는 방법이다. 그래도 돈을 벌기 위해서는 어쩔 수 없이 가야 하지 않을까 싶다. 그 전에 먼저 그쪽에서 나에게 전화를 해줬으면 좋겠다. 쪽지를 봤다면 어떻게 해야 할지 생각하고 알아볼 것이다. 좋은 쪽으로 생각하기를 바랄 뿐이다.

내게 연락을 준 대출중개인들에게 대출 금액, 이자, 비용 등을 이메일로 알려달라고 문자를 보냈다. 그중 한 명에게서 연락이 왔다.

"현재 소득 증명 되는 것이 있는가?"

"현재 월세를 어느 정도 받고 있는가?"

"현재 갖고 있는 집은 몇 채나 되는가?"

이런 질문이 오간 후, 이메일로 연락을 주겠다고 한다. 이걸 근거로 다른 사람들과 협상을 해야겠다. 첫 번째 대출은 경험 차원에서 깐깐하게 비교하거나 따지지 않고 진행했지만, 이제부터는 비교 견적을 통해 요목조목 따져보고 가장 좋은 것을 선택할 것이다.

| 쉽지 않은 사후 관리

매월 정확한 날짜에 입금되는 건 이제 나도 솔직히 포기했다. 그저 매월 제대로 입금만 해주면 감사해야 할 지경이다. 보증금이 없이 월세만 받다 보니, 내가 갑이면서도 을인 묘한 상황이 된 것 같다. 이번에는 입금일이 토요일이라, 내가 금융 회사가 아닌데도 토요일은 입금되지 않을 것이라 예상했다.

예상대로 입금이 되지 않아 문자를 남겼다. 저녁에 전화가 왔다. 업체에서 수금이 제대로 되지 않아 제날짜에 보내지 못했다며, 미안하지만 수요일까지 입금해도 되겠냐고 해서 웃으면서 그러라고 했다. 싫은 소리를 할까 생각도 했지만, 본인도 좋은 기분은 아닐 것이라 생각했기 때문이다. 그런데 수요일이 되어도 입금이 되지 않았다. 목요일에 다시 문자를 보냈다.

'입금도 연락도 없네요. 웃으면서 이야기했으면 합니다.'

저녁에 전화가 왔다. 방금 입금했다며 미안하다고 말하기에, 알았다고 아주 약간 웃음 띤 목소리로 대답했다.

"늦게라도 이렇게 보내 주시면 감사하죠."

보증금 없이 월세만 받는 것으로 하니 이런 일이 다 생긴다.

전세를 준 빌라에서는 계약서를 다시 쓰고 싶다고 연락이 왔다. 누나 이름으로 계약서를 쓰니, 전입신고하고 확정일자 받는 것이 조금 곤란하다고 한다. 나는 흔쾌히 알았다고 했다. 새로 낙찰받은 빌라의 명도 때문에 어차피 저녁때 한 번은 가야 하니, 이왕 움직이는 김에 한 번에 처리하는 게 낫겠다 싶었다.

모터를 옆집 사람과 본인 돈으로 교체했는데 16만 원이 들었다고 말하기에, 그건 공용 부분이라 내가 그 돈을 내기는 힘들다고 말했다. 그러면서 좀 치사하지만 도시가스 이야기도 했다. "내가 굳이 줄 필요도 없고, 준다고 해도 반반씩 하면 될 것을 그냥 5만 원 다 준 것이다. 내가 처음에 도시가스 요금을 명확하게 정리한 것이 아니라 그렇게 했는데, 이건 사정이 다르다"라고 이야기하니, 세입자 누나의 목소리가 조금 달라진다.

역시, 상대방이 뭔가 빚을 진 것처럼 느끼게 만들어야 한다. 그 외에 화장실 물을 틀면 처음에 녹물이 나온다고 한다. 그것까지 나보고 어떻게 하라는 건지….

저녁 시간에 강남에서 인천으로 이동하는데, 퇴근 시간에 인천까지 간다는 것이 역시 쉬운 일은 아니었다. 7시까지 가기로 했는데 조금 늦을 것 같아 늦는다는 문자를 남겼다. 부평역에 내렸을 때 이미 7시 30분이 넘었다. 명도해야 할 집을 생각하면 늦은 시간이 오히려 다행이지만 말이다.

처음으로 살림살이가 구비되어 있는 집에 들어갔다. 출력한 용지에 도장을 찍고, 용무는 끝났다. 그런데 세입자가 종신보험 청약서를 갖고 있는 것을 보고 직업정신이 발동했다. 실비보험도 가입했느냐고 물으니 아마 한 것 같단다.

그럼 종신보험은 가입하지 말라고 했다. 아직 미혼인데 쓸데없이 종신보험에 가입하지 말고, 차라리 정기보험에 가입하고 그 차액만큼 적금을 하라고 했다. 무려 30만 원이나 되는 돈을 종신보험료로 내다니, 말도 안 된다.

나는 절대로 이렇게 가입하지 말고, 20만 원은 적금이나 펀드에 넣고, 10만 원 정도만 정기보험에 가입하라고 이야기해 주었다. 변액종신인 걸 보니 아마도 보험에 적금, 펀드 기능까지 포함되어 있는 것 같다. 나는 보험은 보험이고 적금은 적금이니, 보험 가입할 때는 그런 걸 생각하지 말라고 했다. 연금이면 몰라도 보험은 이렇게 큰 금액으로 가입할 필요가 없다고 말이다. 보아하니 보험설계사가 고객보다는 자신의 이익에 좀 더 초점을 맞춘 것이 아닌가 싶다.

녹물 나오는 것은 빌라가 오래되어 처음 틀 때만 그런 것이니, 내가 할 수 있는 게 없을 것 같다고 이야기하고 집을 나섰다.

새로 낙찰받은 집에 가니 그 근처 빌라가 거의 다 불이 꺼져 있었다. 8시 30분이 넘어 그래도 희망을 갖고 갔는데…. 어떻게 할까 고민하다 오늘은 이대로 그냥 갈 수는 없다는 생각에 윗집 문을 두드리고 물어보았다.

자신들은 이사 온 지 석 달 정도 되었는데, 아랫집은 잘 모르겠다고 한다. 사람이 살기는 하는 것 같고, 남자 혼자인 것 같다고, 석 달 동안 한 번 정도 본 것 같다고 한다. 그나마 낙찰받은 집이 바로 아랫집이라 본 것이지, 윗집이었다면 관심도 없었을 것이다.

지난번에 붙이고 간 메모는 없었다. 우편함도 깨끗한 것을 보니 사람이 살고 있는 것이 분명했다. 그냥 가려다 이번에도 포스트잇을 붙였다.

'낙찰받은 사람입니다. 연락 주세요. 아니면 법대로 할 수밖에 없습니다.'

이렇게 쓰고 보니 문구가 마음에 들지 않았다. '법대로'라는 말이 반감을 주지 않을까 하는 생각도 들었다. 어느 정도 상대방을 도발하려는 의도가 있는 건 맞지만 말이다.

'낙찰받은 사람입니다. 연락 주세요. 아니면 법 집행을 할 수밖에 없습니다.'

이렇게 문구를 바꾸니 좀 더 세련되고 교양 있어 보였다. 제발 기분 나빠서라도 연락 주기를 바란다. 전입만 되어 있으니 법원 기록에도 분명 연락처는 없을 것이다. 어떻게 풀어나가야 할지 난감하다.

아무리 무서운 사람이라도 일단 만나야 뭐라도 해결책이 보이는데, 이렇게 연락 자체가 없으니…. 손뼉도 서로 마주쳐야 소리가 난다는 말도 있지 않은가?

독하게 마음먹고 사람이 없는 낮에 열쇠 업자를 불러서 문을 따고 열쇠를 바꾼 후에 '이 문을 개폐하면 무단침입죄로 고소합니다.'라고 써 붙여야 하나? 아예 잠금장치까지 하는 사람들도 있다던데….

어떻게든 상대방의 반응을 이끌어 내는 것이 관건일 듯하다. 상대방이 있어야 뭐라도 할 수 있지, 상대방이 없는 상태에서는 아무것도 할 수 없다. 밤 10시가 다 되어 집에 가서 저녁을 먹었다. 이 시각에 저녁을 먹는 것은 1년에 한 번 있을까 말까 한 일이다.

| 두 번째 대출 결정

대출 관련해서 연락이 많이 왔다. 그중 몇 곳과 연락해 보고 최종 결정을 내리기로 했다. 자주 문자가 온 곳들에 비용을 이메일로 알려 달라고 문자를 보냈다. 그중 한 곳에서 연락이 왔다. 은행 비용까지 다 합쳐서 620만 원이 조금 넘는 것으로 견적이 나왔다. 이것을 근거로 협상을 시작하기로 했다.

처음에는 모든 비용을 다 합쳐 600만 원에 가능한지 물었다. 한 곳에서는 그게 정확한 비용이 아닐 테니 무조건 다른 곳만큼은 해줄 수 있다고 했다. 또 한 곳에서는 620만 원에 해줄 수 있다고 했다.

또 다른 곳에서 전화가 왔기에, 610만 원에 해준다는 곳이 있는데 그렇게 해줄 수 있느냐고 물었다. 이미 이곳은 나와 통화를 몇 번 해서 '닻 내리기 효과(Anchoring Effect, 사람들이 어떤 값을 추정할 때 초기값에 근거해서 판단하는 것)'가 발동 중이었다. 그렇게 해주겠다고 해, 이곳과 진행하기로 결정했다.

그 후에 다른 곳에서 전화가 왔다. 610만 원에 했다고 하니 한숨을 쉬면서 알겠다고 한다. 그 가격이면 자신들이 받을 수 있는 몫이 많이 줄어드는 모양이다. 그분들도 먹고살아야 하니 나도 너무 심하지 않은 정도로만 해야겠다고 생각했다. 어쨌든 지난번보다 10만 원 이상 할인 받았으니 그 정도면 괜찮다는 생각이 든다.

그런데 신협 통장이 있어야 한단다. 은행 폐점 시간이 한 시간 정도밖에 안 남았다고 생각해, 부랴부랴 집 근처 신협으로 통장을 만들러 갔다. 다행히 신협은 4시 30분까지 한단다.

주민센터에 가서 필요한 서류를 받고, 금요일에 대출을 받기로 했었는데, 하루 당겨 오늘 하자고 했다. 마침 입찰하려는 물건이 있어 법원에 가기로 했기 때문이다. 자서를 하는 사무실이 법원 앞에 있다고 하니 가는 길에 같이 처리하는 게 나을 것 같았다.

2000년에 지어진 빌라 4층의 감정가가 6,300만 원이면 무척 저렴하다는 판단이 들었다. '안 되면 말고 식'으로 감정가의 73%에 들어가기로 하고, 은행에 가서 수표를 발행하고 미리 써둔 입찰표를 마저 작성했다. 입찰표를 제출하기 전에 혹시나 해서 다시 확인했다. 이럴 수가! 취소되었단다.

아쉽지만 법원을 나와 대출 중개인에게 전화를 걸었다. 약속 장소를 찾아가면서 몇 가지 궁금한 점을 물어보았다.

"그런데 중개인들끼리 서로 정보를 공유하시나 봐요? 결정하기 전에는 연락이 많이 오는데, 그 후에는 연락이 뚝 끊기더라고요."

"사장님, 그건 아니고요. 서로가 누구랑 약속했다고 하면 그다음부터는 연락을 하지 않죠."

무조건 사장님이라고 한다. 조금은 낯간지럽다.

"한 달에 몇 건 정도 하세요?"

아무 말이 없다.

"한 달에 두 자리는 하세요?"

"네."

"그 정도는 해야 수입이 있는 거겠죠?"

"그렇죠."

이야기하고 싶어 하는 것 같지는 않았지만, 일단 내가 궁금했던 것은 알았다. 나처럼 얼마 되지 않는 금액도 워낙 열심히 해서 늘 궁금했었다.

자서를 하는데, 이건 경락잔금대출이라 임차를 놓으면, 보증금만큼 대출을 상환해야 한단다(세입자를 들이면 그만큼 은행 측에서는 최우선변제 금액만큼 손해를 보기 때문에 이에 대한 대비책으로 보증금만큼 대출을 상환하게 한다). 지난번에 대출받을 때도 비슷한 말을 했는데, 그때는 제대로 듣지 못했다.

이번에는 법무사 사무장이 직접 나 혼자만 상대하다 보니(내일 은행 직원이 와서 해야 하는데 나만 바쁘다고 오늘 해서), 상당히 자세하게 이야기해 주는 것 같았다. 그러면서 나중에 은행에서 계약서를 팩스로 보내 달라고 하면, 보증금 없이 월세만 받는 계약서를 보내면 된다고 알려 준다. 정말 소중한 정보였다. 그렇지 않아도 분명 반지하 물건도 그렇게 연락이 올 텐데 말이다. 정말 고마운 분이었다.

그런데 자서보다 더 중요한 것이 있었다. 바로 연락처도 모르고 연락도 전혀 되지 않는 임차인의 행방이다. 법원서류를 열람하러 갔더니, 법원 직원이 무척이나 사무적인 태도로 점심시간이 10분밖에 남지 않았으니, 12시까지만 봐달라고 이야기한다.

나의 관심은 오로지 임차인의 주민등록등본을 보는 것이었다. 도대체 어떤 사람이 살고 있는지 알아봐야 했다. 찾아보니 여자 혼자만 주민등록등본에 있었다. 개인정보 보호 차원에서 복사가 안 될 것이라고 생각하고 조심스럽게 물었다.

"이거 복사해도 돼요?"

"저기 복사기 있으니 복사하시면 됩니다."

복사하려는데 점심시간이 되어 불이 꺼진다. 복사한 후에 서류를 주니 됐다고 그냥 가면 된단다. 횡재했다. 분명 열람하고 복사하면 수수료를 내게 되어 있는데….

지난번에는 세입자 연락처를 포스트잇에 적어 주고도 500원을 받았는데, 오늘은 열람에 복사까지 했는데 그냥 가란다. 아마도 점심시간이어서 그런 것 같다. 빨리 동료들과 점심 먹으러 가야 하는데, 내가 위에 가서 돈 내고 하다 보면 시간이 지체되니 말이다.

법원에서 점심을 먹으려 했는데, 시계를 보니 아직 20분은 기다려야 했다. 그래서 그냥 이번에 낙찰받은 반지하 빌라로 가기로 했다. 내가 붙여 놓은 포스트잇이 그대로 있는지 확인해야 했다.

일단 주민번호를 알았으니 이제는 어떻게 연락처를 알아내야 할지 고민해 봐야 한다. 도시가스나 전화 요금 고지서를 통해 알아내 볼까 하는 생각을 하며 빌라로 향했다.

우편함을 보니 마침 이동통신 고지서가 와 있었다. 보자마자 범죄(?)를 저질러야겠다는 생각이 들었다. 잽싸게 고지서를 호주머니에 집어넣었다. 주민번호와 이동통신사를 알고 있으니 연락처를 알 수 있는 방법이 있을 것이다. 고지서에 분명 일부분은 나와 있을 테니.

속으로 '이제 됐다!' 하고 환호성을 질렀다. 드디어 모든 것이 끝났다. 그동안 만날 수도 없고 연락처도 없이 어디서부터 실마리를 풀어야 할지 몰랐는데, 이제는 내가 모든 것을 컨트롤할 수 있게 되었다.

이제 내가 상황을 통제할 수 있는 유리한 위치에 섰다는 생각이 드니 마음이 한결 여유로워졌다. 바로 전화할까 하다가 마음을 바꿨다. 상대방 입장에서 생각하니, 여자 혼자서 마음고생이 심하지 않았을까 하는 생각이 들었다. 두렵기도 하고, 어떻게 해야 할지 알아볼 방법조차 없었던 것은 아닐까 하는 생각도 들었다. 아침부터 밤늦게까지 일하느라 시간도 없었을 것이다.

그래서 편지를 쓰기로 했다. 편지에 최대한 친절하게 현 상황에 대해 이야기하고, 넌지시 내가 연락처와 주민번호를 알고 있음을 밝힌 후, 삼세번이라고 세 번의 기회를 줄 테니 이번에는 꼭 연락하라고 해야 할 것 같다.

부드럽게 나가겠지만, 계속 반응하지 않을 경우 내가 취할 조치에 대해서는 단호하게 설명할 것이다. 회사의 월급을 가압류할 것이며, 내가 등기하는 순간부터 부당이익 편취와 무단 거주가 되니, 반드시 그 전에 해결하면 좋겠다고 말할 것이다. 시간을 주고 그때까지 연락이 없으면 법대로 할 수밖에 없음을 분명히 보여 줘야겠다.

이것으로 한시름 놓았다. 처음 낙찰받은 반지하 빌라도 거의 석 달이 걸렸지만, 그때는 그래도 연락처도 있고 배당도 받기 때문에 그저 시간이 해결할 것이라 믿고 기다릴 수 있었다. 이번에는 아무런 정보가 없어 너무 막막했는데, 드디어 해결된 느낌이다. 다만, 허락받지 않고 고지서를 갖고 온 것이 영 마음에 걸렸다.

아침 일찍 메일로 법무사 비용 내역이 왔다. 다음 주 금요일쯤에나 받게 될 줄 알았는데, 일찍 받게 되어 잘됐다 생각했다. 내역서를 자세히 보니 청구된 비용이 지난번에 이야기한 것과 달랐다. 분명히 비용과 취등록세를 포함한 모든 비용을 다 합쳐 610만 원에 해주기로 했었다.

그런데 메일로 온 비용은 진부 합쳐서 620만 원이 넘었다. 대출 중개인에게 문자로 어떻게 된 것이냐고 물었더니, 알아보고 연락을 주겠다는 답 문자가 왔다.

잠시 후 법무사 여직원에게 전화가 왔다. 은행 비용을 제외하고 610만 원이며, 은행 비용은 자신들도 어쩔 수 없다고 한다. 은행 비용이 뭐냐고 물었더니 예상대로 화재보험을 포함한 비용을 이야기한다. 그러면서 620만 원을 법무사가 예금주인 은행으로 보내면 된단다.

바로 대출 중개인에게 전화를 걸었다.

"여보세요? 조금 전에 법무사 사무실에서 전화가 왔는데, 전부 합쳐서 620만 원이면 저랑 이야기한 것과 다르잖아요!"

"죄송합니다만, 성함이 어떻게 되시죠?"

"어제 오전에 자서한 사람이고요. 이재범이라고 합니다."

"혹시 ○○○씨 아니세요?"

"제 이름은 이재범입니다."

이런! 어제 저녁에 통화한 다른 대출 중개인에게 전화하고 말았다. 순간 얼마나 낯이 뜨겁고 얼굴이 화끈거리던지…. 그 사람에게 너무 미안했다. 어제 다른 곳으로 결정했다고 이야기하니, 다음에는 꼭 자신에게 기회를 달라고 해서 알았다고 했었는데….

다시 제대로 전화를 걸었다. 대출 중개인은 자신이 조금 전에 법무사 사무장과 통화했다고 한다. 내가 방금 법무사 여직원과 통화했다고 하니, 자신이 다시 알아보고 전화를 주겠다고 한다.

　잠시 후 법무사 여직원에게서 다시 전화가 왔다. 사무장님한테서 이야기를 들었다며, 보낸 청구서와 상관없이 610만 원을 보내 주면 된단다.

경매당한 줄 모르는 임차인

한바탕 소동이 끝난 후 차분히 임차인에게 편지를 썼다. 여러 번 고쳐 쓴 후 편지를 완성했다. 편지를 보내도 아무런 연락이 없다. 도대체 무슨 생각으로 그러는지 감이 잡히지 않는다. 연락해야 하는 이유를 나름 조리 있게 설명했는데도 연락이 없다. 내가 먼저 연락하는 수밖에 없다. 가볍게 심호흡을 하고 전화를 걸었다.

"여보세요?"

"여보세요? 누구세요?"

"안녕하세요. 저는 ○○빌라 낙찰자입니다. 앞으로 어떻게 하실 건지 궁금해서 전화했습니다."

"저는 이사하라고 하면 이사하고, 더 살라고 하면 살겠습니다."

"그게 무슨 말씀이신지요?"

안녕하세요. 저는 구월동 OO빌라 B02호를 낙찰받은 사람입니다. 두 번 찾아갔는데 두 번 다 바쁘신지 자리에 계시지 않아 이렇게 편지를 보냅니다.

전입 후에 뜻하지 않게 경매가 진행되고 집주인이 바뀌게 되어, 어떤 판단을 내려야 할지 몰라 고심하고 계실 것이라 생각합니다. 여자 혼자의 몸으로 낯선 사람이 찾아오는 것이 두렵기도 하실 테고, 무작정 연락하라는 낙찰자의 요구에 응하는 것이 잘하는 것인지 생각하느라 아직까지 연락을 못하신 거겠죠.

제가 낙찰을 받기는 했지만, 저도 가진 돈이 거의 없는 사람이라 남들이 매입하지도 않는 반지하를 매입하게 되었습니다. 반지하의 경우 매매가 잘되지 않기 때문에 사람들이 선뜻 구입하지 않지만, 제가 가진 돈이 워낙 없다 보니 그나마도 대출을 많이 얻어 매입할 수밖에 없었고, 많은 이자를 낼 수밖에 없는 상황입니다.

O월 O일에 저에게 소유권이 넘어오는 것으로 되어 있습니다. 제가 OOO씨를 만나려 하는 것은 향후 어떠한 계획을 갖고 계신지 알고 싶기 때문입니다. 제 연락처는 알고 계시겠지만, 다시 한번 말씀드리면 010-0000-0000입니다.

저에게 소유권이 넘어온 후에는 불법침입과 부당이득죄에 경매방해죄까지 성립됩니다. 경매는 법원이라는 국가 기관을 통해 진행되기 때문에 제가 인도명령을 신청해서 실행에 옮기면, 불시에 밖으로 쫓겨나게 될 수도 있습니다.

또한 이미 국가 기관을 통해 주민등록번호와 연락처를 파악한 상태며, 위에 쓴 내용을 근거로 다니시는 직장 등에 가압류를 하고 부당이득에 대한 소송을 진행하게 되면, 금전적으로도 직장에서도 여러 가지로 불편하게 될 것입니다.

그런 상황까지는 가지는 않는 것이 서로에게 좋으리라 생각하며, OOO씨도 그렇게 되는 것은 원치 않으리라 생각합니다. 제 소유가 되는 O월 O일 전에 이사하시면 좋고, 그게 안 된다면 대화를 통해 최대한 빨리 이사하는 쪽으로 웃으면서 해결하게 되기를 바랍니다.

사람과 사람의 관계는 법이 아니라 대화로 풀어나가는 것이 가장 좋은 방법이라 생각합니다. 부디 연락 주셔서 대화로 해결했으면 합니다.

날씨가 무척 추워졌습니다. 건강 조심하시고 연락 주시기 바랍니다.

"제가 임대 기간이 지났는데, 부동산 중개업소에서는 이미 기간이 지났기 때문에 더 살아도 된다고 하더라고요."

"지금 살고 계시는 곳이 ○○빌라 지하 2호 맞나요?"

"맞아요. 전세 1,600만 원에 계약했습니다."

"지금 그 집이 부동산 경매가 진행되어 제가 집주인이 되었고, ○○○씨 보증금이 날아가게 생겼습니다!"

"그건 내 전 재산이에요. 보증금을 못 받으면 어쩌란 말이에요?"

이게 도대체 어떻게 된 일이란 말인가? 이분이 진짜 임차인인지 가짜 임차인인지 모르겠지만, 어쨌든 최악의 상황이 된 것 같다. 진짜 임차인이라면 1,600만 원을 날리게 되었으니, 도대체 어떻게 대처해야 할지 막막하다. 가짜 임차인이라면 작정하고 달려드는 사람이지만, 차라리 그편이 낫다. 적당한 타협과 회유로 나가게 하면 되니 말이다.

"법원에서 여러 번 등기를 보내고 ○○○씨께서 받은 것으로 되어 있는데, 받지 않으셨어요?"

"저는 한 번도 서류를 받은 적이 없습니다."

이거 아무래도 내가 너무 늦게 연락한 것이 아닐까 하는 생각이 든다. 이분을 위해서는 이 낙찰을 취소시키고 보증금을 받을 수 있게 해야 하는 것이 아닌가 하는 생각이 들었다.

"그러면 제가 아직까지는 집주인이 된 것이 아니니 법원에 연락을 한번 해보세요. 제가 법원 연락처를 알려 드릴게요."

나는 이렇게 말하고는 전화를 끊었다.

인터넷을 통해 연락처를 파악한 후, 번호를 알려 주기 위해 전화를 하려다 마음을 고쳐먹었다. 그렇게 연락처를 알려 주고 알아보라고 하면, 나는 어떻게 진행되는지 알 수 없게 된다. 잔금을 내는 시간은 정해져 있는데, 잘못하다가는 내가 데드라인에 걸리게 될지도 모른다. 너무 늦게 연락한 죄로 말이다. 그렇다면 어떻게 될지 알아보는 것이 우선일 것이다.

바로 법원 경매계로 전화를 했다.

"법원이죠? 저는 2010타경○○○○○ 낙찰자입니다."

"잠시만요, 네, 말씀하세요."

"조금 전에 임차인하고 연락이 되었는데, 임차인은 법원에서 아무런 연락도 받지 못했다고 하네요. 등기도 받은 적이 없고, 경매가 진행되었다는 사실을 전혀 알지 못하고 있습니다. 더구나 계약서상으로 1,600만 원에 전세 계약이 되어 있다고 하네요."

"잠시만 기다려 주세요."

하지만 몇 분이 지나도 아무런 이야기가 없다. 무언가 열심히 찾고 있는 것 같았다.

"집행관도 몇 번이나 갔었고, 법원 등기도 몇 번이나 갔기 때문에 아무런 하자가 없습니다. 등기를 받지 못하면 우편집배원이 출입문에 등기왔다는 종이도 남기는데 모를 수가 없죠."

"아무런 연락을 받지 못했다고 하는데, 그럼 방법이 없는 건가요?"

"그렇지 않아도 이분 때문에 경매 진행이 연기되었습니다. 만날 수도 없고, 연락도 되지 않아서 말이죠. 이미 낙찰되었기 때문에 구제 방법이 없습니다. 법적으로 전혀 하자가 없습니다. 가끔 이런 임차인들이 나오는데, 도리가 없죠."

이상하다. 내가 알고 있는 것과는 좀 다르다. 본인이 전혀 받지 못했으면 연기되거나, 매각 결정에 하자가 있으니 변경되어야 하는 것 아닌가? 지금까지 여러 사례를 보면 분명히 그렇게 되어 있는데….

"이분이 진짜 계약서를 갖고 있어도 아무런 방법이 없다는 거죠?"

"저희가 해드릴 것은 없고, 낙찰자와 임차인 둘이서 해결하셔야 할 것 같습니다."

인정머리라고는 없는 직원 같으니라고. 조금 더 알아본다고 하거나 판사에게 이야기해 보겠다는 말이라도 했다면 얼마나 좋았겠는가. 그나저나 당장 나도 발등에 불이 떨어진 상황이 되어 버렸다.

다음 주 수요일에 잔금을 치르기로 했는데, 전화해서 마지막 날로 미루어야겠다고 이야기해야겠다. 이 문제는 잔금을 치르기 전에 반드시 해결해야 할 것 같다.

이 빌라가 내 앞으로 오지 않아도 상관없다. 아쉽기는 하지만…. 어쨌든 이 사람이 진짜 임차인이라면, 보증금을 살리는 것이 우선이 아닐까 싶다.

나는 첫 번째 전화에서 최대한 임차인의 입장에서 이야기해 주었다. 오죽하면 임차인이 이런 이야기를 해주는 이유가 무엇인지 물었을 정도였다. 사실 나도 법적으로는 아무런 책임이 없고, 1,600만 원을 줘야 할 이유도 없다.

다만, 사람과 사람의 관계는 그런 것만은 아니라고 생각했다. 나는 "OOO씨 보증금은 지켜야 하지 않겠습니까?" 하고 말하면서 이야기를 풀어나갔다. 임차인은 계속 고맙다는 말만 했다.

| 임차인에게 조언을 해주다

대략 정리가 된 것 같아 임차인에게 전화를 걸었다.

"여보세요?"

"잠시만요, 제가 아저씨 바꿔 드릴게요."

"여보세요?"

"네, 안녕하세요."

"죄송한데, ○○○씨하고는 어떤 관계세요?"

"남편입니다."

"현재 주민등록상에는 ○○○씨 한 명만 전입되어 있던데요."

"지금 제가 좀 떨어져 살고 있어서 그렇습니다."

왠지 거짓말 같은 느낌이 강하게 들었다. 아마도 임차인이 여자고 내가 남자라, 직장 상사쯤 되는 사람에게 부탁한 것이 아닌가 싶다. 내가 물어볼 때마다 잠시 뜸을 들이는 것을 봤을 때, 임차인과 말을 맞추고 있는 것 같았다.

"보통 등기를 받지 못하면, 우편집배원이 등기가 왔다는 것을 알리기 위해서 종이를 붙여 두잖아요?"

"그렇죠."

"그렇게 여러 번 우편집배원을 통해 법원에서 알렸다고 합니다. 제가 법원 직원이 아니라서 자세한 것은 모르지만, 그런 과정을 거쳐서 ○○○씨가 등기를 받은 것으로 되어 있습니다."

"받은 것으로 되어 있다는 거죠?"

"네, 그렇습니다. 그리고 보통 임차인은 자신이 주인과 전세 계약을 했다는 서류를 가지고 있잖아요?"

"네, 거기에 확정일자도 받고 그러죠."

"맞습니다. 법원에서는 그 서류를 제출하라고 등기를 보낸 겁니다. 그래야만 보증금을 전액, 또는 일부 받을 수 있거든요."

"…"

"그렇게 법원을 통해 부동산 경매가 진행되어, 낙찰을 통해 주인이 변경됩니다. 현재 그렇게 낙찰이 된 거고요."

"벌써 낙찰이 되었다고요?"

"네, 제가 낙찰받은 사람입니다."

"그렇군요."

"지금 OOO씨는 보증금을 받겠다는 서류를 제출하지 않아, 보증금을 돌려받지 못하게 된 상황입니다."

"아니, 당사자가 등기를 받지도 않았는데 그렇게 될 수도 있나요?"

"제가 그래서 법원에 문의했는데, 법원에서는 지금까지 등기를 여러 번 보냈고, 등기가 왔다는 고지를 했는데도 불구하고 아무런 반응이 없었다고 하더라고요."

"저희는 서류를 받지 못했으니까요."

"법원에서는 현 점유자가 진짜 임차인이 아니라서 서류를 제출하지 않았다고 판단하고, 계속 진행한 겁니다."

"아무리 그래도 등기를 받지 못했는데 그렇게 진행된 건가요?"

"네, 아까 말씀드린 것처럼 등기를 한 달 반에 걸쳐 여러 번 보냈기 때문에 법적으로 전혀 문제가 없다고 법원에서는 이야기합니다."

"소액에 대해서는 국가에서 보장해 줘야 하는 것 아닌가요?"

"임대차보호법이라는 것이 있어서 그걸 통해 보호를 받습니다. 그러기 위해서 서류를 제출하라고 법원에서 등기를 보냈는데 답을 안 하신 겁니다."

"이거, 참⋯."

"억울하시겠지만, 어찌 됐건 돈은 지키셔야 하니까 내일이라도 당장 계약서를 들고 법원에 가보세요."

"네, 그래야겠네요."

"법원에 계약서를 갖고 가셔서 판사를 만나든지 하셔야 합니다. 계약서를 보여 주면서 사정 이야기를 하세요. 법원에서는 임차인이 진짜인지 가짜인지 전혀 모르니까요. 법원에 가셔서 '나는 진짜 임차인이 맞다. 나 같은 소시민이 이렇게 억울한 일을 당하는 것은 말이 안 된다.'라고 호소하는 수밖에 없습니다."

"네, 고맙습니다."

"저는 법원 직원이 아니고 낙찰자이기 때문에, 제가 더 이상 해드릴 수 있는 것은 없습니다."

"제가 법원에 가보고, 더 궁금한 점이 있으면 다시 연락드리겠습니다."

전화를 끝내고 생각해 보니 법원 연락처를 알려 주지 않았다. 어떻게 찾아가야 하는지 알려 줘야겠다는 생각이 들어 다시 전화를 들었다. 임차인도 이제는 내가 자기편이라고 생각하는지 목소리에 거부감이나 망설임이 없다.

"법원에 가시면 경매 ○계를 찾으셔야 하고요, 거기 전화번호가⋯. 받아 적으실 수 있으세요?"

"어유⋯ 저기, 언니⋯ 번호 좀 받아 적어 줘."

"거기 가셔서 주소를 이야기하셔도 되고요, 아니, 제가 번호를 불러

드릴 테니 그 번호 임차인이라고 말씀하세요. 사건번호는 2010타경 ○○○○○이고, 그곳 전화번호는 ○○○-○○○○입니다."

"네, 2010타경○○○○○ 임차인이라고 말하라는 거죠?"

"네, 법원에 가시면 1층에 안내데스크가 있으니, 경매○계가 어딘지 물어보시고, 찾아가셔서 그렇게 이야기하시면 됩니다."

"네."

"임차인이라고 말하면 어떻게 하라고 설명해 줄 겁니다. 사실, 현재 상황은 많이 안 좋습니다. 제가 법원에 연락하니 법대로 진행된 상태라 어떻게 해줄 수가 없다고 이야기하더라고요."

"어휴… 기가 막혀… 나 참…."

"법원에 가셔서 잘 이야기해 보세요."

"아니, 부동산 중개업소에서 절대로 걱정하지 말라고 했는데…. 중개업소에도 가서 따져야겠어요."

"중개업소에서 5,000만 원까지는 보상해 주는 게 있으니, 가서 이야기해 보세요."

"걱정하지 말라고, 자기만 믿으라고, 1,600만 원 떼어먹겠느냐고 난리를 쳤는데, 도대체 이런 경우가 어디 있어요?"

"그랬어요?"

"어떻게 하겠어요, 일단 법원에 가야죠. 어쨌든 고맙습니다."

"네, 그럼 잘 해결하시길 바랄게요."

생각지도 못한 대반전의 연속이다. 일단 현 상황에서 나라는 존재는 임차인이 대적해야 할 대상에서는 빠져 있는 것 같다. 아마도 나는 대적해야 하는 인물이 아니라, 오히려 고마워해야 할 인물로 바뀐 것 같다. 아직까지는 좋은 인물로 각인된 상태니 이런 인상을 끝까지 이어 갔으면 좋겠다.

다음 날 이 상황과 관련된 판례와 〈법원실무제요〉를 찾아보았다. 하지만 능력이 부족해서인지 구제 방법을 찾을 수 없었다. 무조건 배당종기까지 권리신고를 하고 배당요구를 해야만 구제가 가능한 것으로 되어 있었다.

혹시나 내가 매수 결정을 취소하거나, 임차인의 새로운 상황에 의해 취소될 수 있을지 알아봤는데, 그것도 불가능한 듯했다. 그렇다고 내가 이미 낸 보증금을 버리고 잔금을 내지 않는다고, 달리 뾰족한 방법이 있는 것도 아니었다.

만약 그렇게 해서 임차인의 보증금을 지킬 수 있다면, 임차인에게 보증금을 지키는 것이 더 유리하니, 나에게 내 입찰보증금만 달라고 이야기 할 수도 있지 않을까 생각했는데, 그것도 방법은 아닌 듯하다.

사실 나로서는 잔금을 납부하고 이사비를 챙겨 주든지 인도명령을 하든지 해서 해결하면 그만이다. 하지만 임차인의 입장에서 생각해 보면 너무 안타까운 일이기 때문에 임차인이 보증금을 받을 수 있는 방법을 찾아보려 하는데, 그것이 쉽지가 않다.

혹시 배당이 남으면 그걸 받을 수 있게 해주지 않을까 하고 사건을 찾아봤는데, 그것도 힘들었다. 법원에 다시 알아보니 임차인이 계약서를 제출했다고 한다. 임차인이 제출했으니 그저 받아 준 것일 텐데, 실제로 배당은 어떻게 진행될지 모르겠다.

사실 이게 게임이라면 정말 재미있는 게임일 것이다. 양파 껍질 벗겨지듯이 하나씩 하나씩 밝혀지는 흥미로운 게임 말이다. 경매 자체를 게임으로 즐기면 이것만큼 재미있고 흥미진진한 것도 없지 않을까 싶다. 문제는 내가 부동산 경매를 하면서 그렇게까지 흥미진진하고 피가 역동하는 것 같은 재미를 느낀 적은 없다는 것이다.

지금까지 내가 낙찰받은 것 중에 가장 버라이어티하게 진행되고 있기는 하지만, 밤을 새울 정도는 아니다. 그래도 간만에 판례도 찾아보고, 어떻게 하면 해결할 수 있을지 고민해 보는 등 나름 집중했다.

여하튼 다시 한번 심호흡을 하고 전화를 했다. 이미 알고 있었지만, 먼저 서류를 제출했는지부터 물었다.

"법원에 가서 서류 제출하셨어요?"

"제출했습니다. 일단 가서 기다리라고 하네요."

아니, 그런 말만 듣고 오시면 안 되죠.

"법원 직원이 어떻게 된다는 이야기는 하지 않던가요?"

"가서 기다리면 어떻게 되는지 연락을 준다고 하네요."

보증금을 받을 수 있는지 없는지 확답을 듣고 오셨어야죠.

"법원에서 다른 이야기는 안 하던가요?"

"저, 그런데… 언제쯤 들어오실 거예요?"

"일단 ○○○씨께서 어떻게 하시느냐에 따라 제가 결정을…."

"돈은 받을 수 있다고 하더라고요."

아니, 조금 전에 한 말과는 완전히 다른 이야기 아닌가?

"보증금이 많은 것도 아니고 2,000만 원 미만이라 받을 수 있다고 하더라고요, 거기 과장이라는 분이."

아마도 경매계장이겠지.

"다행이네요. 정말 잘되었네요."

"아무튼 고맙습니다."

"돈을 받기 위해서는 제가 명도확인서와 인감증명서를 드려야 합니다."

"법원에요?"

"아니요, 제가 ○○○씨에게 서류를 드리면, 그 서류를 법원에 제출하시면 됩니다."

"네."

"법원에서 언제 돈을 받을 수 있다는 서류가 올 겁니다."

"그게 언제쯤일까요?"

"지금이 12월 초니까 아마도 1월쯤이 될 것 같습니다."

"그렇군요."

"제 입장에서는 이사를 빨리 가시는 게 좋은데…. 현재 이사를 갈 수 있는 상황이세요? 어떠세요?"

"돈이 없어요. 이사를 갈 수 있는 상황이 아니에요. 그 돈이 전부예요. 그 돈을 받아서 더 싼 방으로 옮겨야 하는 상황이에요."

"저는 그 집을 리모델링한 후에 보증금 1,000만 원에 월세 30만 원 정도로 세를 놓으려고 하는데, 혹시 보증금 1,600만 원에 월세 13만 원 정도에 살 수 있으세요?"

"저는 월세를 내고는 살 수 없어요. 청소를 하고 있어서 월세를 내기는 힘들어요."

"아, 그러시군요."

아쉽다. 계약을 이어 가면 좋을 텐데…. 일단 좋은 방향으로 전화 통화가 잘 끝났다. 최소한 내가 대적해야 할 인물이 아니라 자신을 도와준 고마운 사람으로 인식됐다는 것이 중요하다. 내 입장에서도 처음에는 그분의 처지가 딱해 될 수 있는 한 손해를 보지 않도록 도와드린 것인데, 이렇게 잘 해결되면 저절로 나도 아주 편안하게 명도할 수 있게 될 것이다.

이사비 이야기는 나오지도 않았고, 아마 나중에도 이사비를 달라고 할 것 같지는 않다. 처음에는 20만 원 정도 생각했다가, 처지가 딱해 보여 100만 원까지 생각했는데, 어쨌든 잘된 것 같다.

어지간해서는 울리지 않는 전화가 울린다. 번호를 보니 눈에 익은 듯하면서도 익숙하지 않은 번호였다.

"여보세요?"

지하철 안이라 작은 목소리로 전화를 받았다.

"안녕하세요. ○○빌라 사는 사람인데….."

"네."

"다른 게 아니라… 1월에, 그 엄동설한에 어떻게 이사를 가느냐고…. 걱정이 이만저만이 아니야. 이제 와서 생각해 보니까, 돈을 준다고 해도 신정 막 지났을 때인데 대체 어디로 이사를 가느냐고…. 도대체 어떻게 해야 할지 모르겠네."

기분이 확 상한다. 대놓고 반말을 하는 건 아니지만, 갑자기 말투가 바뀌어 아랫사람 대하듯 한다. 내 목소리가 좀 젊기는 하지만, 이게 무슨 경우인가?

"앞당길 수 없어요?"

"뭘 앞당기죠?"

"돈을 12월에 미리 받을 수 있느냐는 이야기죠. 돈을 12월 20일,

아니 30일까지라도 받으면 좀 나을 텐데, 대체 어디로 이사를 하느냐고…."

"그 돈은 제가 주는 것이 아니라 법원에서 주는 거예요."

공공장소라는 걸 감안해 최대한 침착한 목소리로 대답했다.

"아무리 그래도 12월, 1월에 어디로 이사를 가냐고, 생각해 봐요, 신정 꼈지, 뭐 꼈지, 그 겨울에 어디로 이사를 가냐고…."

"돈과 관련해서는 제가 할 수 있는 것이 전혀 없습니다. 법원에서 주는 거지, 제가 OOO씨에게 주는 게 아닙니다. 그리고 전에도 말씀드렸던 것처럼 제가 서류를 드려야만, 법원에서 OOO씨에게 보증금을 주는 겁니다."

갑자기 전화가 끊겼다. 뭐야, 나하고 더 이상 이야기해 볼 필요가 없다는 건가? 짜증이 밀려온다. 다시 내가 전화할까? 아니다. 내가 아쉬울 것이 없는데 굳이 전화할 필요가 없다. 분명히 다시 전화가 올 것이다. 잠시 기다려 보자. 마음을 진정시키자. 예상대로 다시 전화가 왔다.

"3월쯤이면 나도 상관없어요. 그때라면 나도 이사 갈 수 있지. 그런데 1, 2월은 집이 없다고. 방이 나와야 뭘 하지."

말이 점점 더 짧아진다. 죽은 사람 살려 놨더니, 왜 살렸느냐고 하는 것과 마찬가지다. 할 말이 없어 아무 대답도 하지 않았다.

"여보세요?"

"제 입장에서는 어쨌든 최대한 편의를 봐드린 겁니다. 제가 지금까지 신경 써서 이야기해 드렸는데, 지금 와서 이렇게 말씀하시면 저도 기분이 좋지 않습니다."

"아… 그게 아니라…."

"전에도 말씀드렸던 것처럼 저도 법대로 할 수 있어요. 그럼에도 불구하고 최대한 예의를 갖춰 말씀드리고 있는데…"

"아니, 아니, 고마운데요. 1월에 집을 비우라고 하니까 그렇죠. 그때는 집이 없잖아요."

갑자기 끝말이 존댓말로 변했다.

"아니, OOO씨 입장만 그렇게 이야기하시면 어떡합니까. 제가 1월에 이사하시라고 이야기한 것도 아니고…. 저는 그저 다시 전화드리겠다고 한 것 아닙니까?"

"다시 전화를 준다는 게 1월에 이사를 가라는 건 줄 알고…. 알겠습니다. 고마웠습니다. 죄송하고요."

"…"

"집이 없어요. 집이 없다고요. 인천 구월동이 교통편도 좋고, 일하러 다니는 데도 좋고, 여러 가지로 좋은데, 집이 없어요. 그래서…."

"그럼 1월에 전화드리겠습니다."

누가 모르나, 그곳이 여러 가지로 좋은지? 그래서 반지하임에도 불구하고 낙찰받은 것 아닌가? 그렇게 여러 가지로 좋기 때문에.

| 속 썩이는 비용 문제

일주일이 지나도 등기 서류가 오지 않고 있다. 심지어 나 자신도 등기서류가 와야 한다는 사실을 잊고 있었다. 그런 것도 의식하지 못하고 있던 나도 문제지만, 이렇게까지 연락도 없고 서류도 안 보내다니 말도 안 된다. 열흘이 넘도록 안 오는 것은 문제가 있다. 이럴 때는 전화하는 수밖에 없다.

"여보세요? 법무사죠?"

"네."

"등기가 끝났는데 벌써 2주일이 다 되도록 서류도 오지 않고 연락도 없네요."

"죄송합니다. 그렇지 않아도 전화드리려 했습니다. 서류는 다 준비되었는데, 은행에서 통장이 오지 않아서 전해드리지 못하고 있었거든요. 마침 오늘 아침에 통장이 왔습니다."

"그래요?"

"오늘 바로 보내드리겠습니다."

"네."

월요일에 통화했으니 늦어도 수요일에는 와야 하는데, 목요일에야 도착했다. 어쨌든 받았으니 다행이라고 생각하며 봉투를 열었다. 이런저런 서류가 나온다. 취득세 고지서가 보인다. 그런데 취득세 고지서에는 아무 도장도 찍혀 있지 않다. 자세히 살펴보니 아무리 봐도 취득세를 내가 내야 한다는 이야기 같다.

순간, 화가 솟구쳤다. 분명히 취득세까지 그쪽에서 내는 것으로 이야기했었다. 그런데 취득세는 내지 않고 비용 내역을 계산해서 보냈다. 혹시나 해서 예전에 준 내역을 보니 그때보다 많이 나왔다.

예전 비용은 161만 800원이었는데, 이번 비용은 187만 400원이었다. 이렇게 제멋대로 비용 처리를 해버리다니…. 이게 말이 되는가? 이건 완전히 사기다. 다음 날 대출 중개인에게 전화를 걸었다.

"여보세요? O월 O일에 등기한 사람입니다."

"아, 안녕하세요?"

"어제 등기 서류를 받았어요. 그런데 취득세까지 포함해서 돈을 보냈는데, 취득세가 납부되지 않았네요?"

"그럼 더 좋은 거 아니에요?"

이분 심하게 착각하신다. 내가 취득세는 주지 않았는데 취득세까지 납부한 것으로 알아들었나 보다. 최대한 감정을 자제하고 차분하게 다시 이야기했다.

"아니, 취득세까지 다 포함해서 돈을 보냈는데, 취득세를 내가 내는 것으로 되어 있다고요."

"그 부분은 처음부터 이야기했던 건데…. 제가 자세한 것은 법무사에 알아보고 전화드릴게요."

하루가 지났는데 아직 대출 중개인도, 법무사도 아무런 연락이 없다. 생각할수록 괘씸하고 화가 풀리지 않는다. 제멋대로 비용을 추가해 버리고 연락도 없다니…. 만약 이 돈을 받지 못하면 경매 카페마다 돌아다니며 소문을 내서 영업을 못 하게 해주겠다고 결심했다.

드디어 법무사에게 전화가 왔다.

"여보세요, 이재범 씨죠?"

"맞습니다."

"죄송합니다. 저희 여직원이 실수로 누락했습니다. 취득세까지 내야 하는데…."

그 여직원, 참으로 여러 번 실수한다. 일부러 그렇게 해놓고, 그냥 넘어가면 좋고 안 되면 여직원에게 책임을 전가하는 것인지 모르겠지만 말이다.

"저희가 직접 취득세를 낼까요, 아니면 돈을 보내드릴까요?"

"네? 고지서 없이 취득세를 낼 수 있어요?"

"잠시만요⋯."

이것저것 알아보는 소리가 들린다.

"저희가 이재범씨에게 돈을 보내 드려야겠네요."

그걸로 먹고사는 사람이 그런 것도 모르나⋯.

또 한 번 꼬여 가는 빌라 낙찰 건

세 번째 낙찰받은 빌라의 임차인은 이사를 가지 못할 경우, 보증금 600만 원을 내고 그 집에서 조금 더 거주하기로 했다. 임차인에게 명도확인서와 인감증명서를 주고 600만 원을 받기로 한 날이 드디어 내일이다. 합의서를 미리 작성했다.

합 의 서

목적물의 표시:

갑과 을은 위 표시 목적물에 대해 다음과 같이 성실히 이행하기로 약속하며, 이 약속의 내용을 명백히 함과 아울러 후일의 증거를 위해 그 증서를 각 1부씩 상호 보관한다.

- 다음 -

1. 을은 보증금 600만 원에 2000년 O월 O일까지 거주한다.
2. 을은 O월 O일까지 이사가 힘들면 O월 O일까지 추가로 거주할 수 있으나, 추가로 거주할 시 하루 만 원씩 거주비로 최대 31만 원을 이사 당일에 갑에게 지불하거나 보증금에서 제한다.
3. 을이 O월 O일까지 이사하지 않으면, 그 익일부터 하루에 2만 원씩 보증금에서 제한다.
4. 을은 이사 당일에 수도요금, 도시가스요금, 전기요금을 비롯한 각종 비용을 정산한다.
5. 갑은 이사 당일에 모든 상태 파악과 청소 완료 후 을에게 보증금 600만 원을 지급한다.

갑: 을:

임차인에게 전화를 걸었다.

"여보세요, 집주인입니다."

"아, 안녕하세요?"

"내일 2시 30분에 경매 법정에서 보면 될 것 같습니다. 전세 계약서하고 도장 가지고 오시면 되고요. 제가 명도확인서와 인감증명서를 드리면, 이것을 법원에 제출하고 배당받으시면 됩니다. 그리고 저에게 600만 원을 주시면 됩니다."

"혹시 내일 이사를 가면 600만 원을 안 드려도 되지 않나요?"

"네, 그렇죠."

"짐도 얼마 없어서 금방 이사할 수 있어요."

"그러면 내일 배당받고 각종 공과금 정산하신 후에 저에게 열쇠 주시면 되겠네요."

"알겠습니다. 고맙습니다."

"그럼, 내일 뵙겠습니다."

전화를 끊고 생각해 보니 굳이 법원에서 만날 이유가 없다. 그냥 내 서류만 갖고 가면 되니 말이다. 다시 전화했다.

"내일 어차피 이사를 가실 거면 그냥 집에서 오전에 만나는 걸로 하죠. 오늘 미리 이삿짐 싸두시고, 내일 오전에 저에게 명도확인서하고 인감증명서 받으신 후에, 법원에 가시면 될 것 같은데요."

"그래도 문제 없나요?"

"제 서류만 가져가면 배당받는 데 문제없으니 그러시면 됩니다. 굳이 법원 갔다가 다시 집에 올 필요는 없을 것 같네요."

"그러면 그렇게 하도록 하죠. 내일 12시에 뵙죠."

생각지도 않게 내일 모든 일이 끝나게 생겼다. 그렇다면 처남에게 전화해서 내일 바로 처리하도록 해야겠다. 600만 원을 받아 잠시 융통하려는 계획은 어긋났지만 말이다.

그런데 그때 전화가 왔다. 인천 지역번호가 뜬다. 왠지 받고 싶지 않다는 생각이 든다.

"안녕하세요? 저는 OOO씨 친척인데, 어떻게 된 일인지 알고 싶어서요."

목소리나 느낌은 부동산 일을 하는 사람 같다. 그동안의 모든 사정을 이야기했다.

"그렇게 된 거군요. 그런데 채권자 쪽에서 이의신청을 할 거라는 이야기가 있던데요."

"OOO씨가 진정한 임차인이면 이의신청이 받아들여지지 않고, 배당받아서 상관이 없을 텐데요."

"그래도 이의신청이 되면 며칠 걸린다고 하는데, 그렇게 되면 갈 데가 없게 되잖아요."

"진정한 임차인이라는 것을 증명해 주는 확정일자 있는 계약서를 제출하면 문제없을 텐데요. 그리고 어머니 집으로 이사 가신다고 하던데…."

"그래요? 사실 근처에 그 금액으로 전세 살기로 했거든요. 그냥 같이 법원 가셔서 배당받은 후에 하기로 하죠."

갑자기 반전의 반전이 막 일어난다. 우선 경매계에 전화해서 좀 더 자세히 물어봐야겠다. 경매계는 퇴근 시간도 안 되었는데 전화를 받지 않는다. 30분 후에 다시 전화했더니 다행히 통화가 되었다.

"여보세요? 배당 건으로 문의할 것이 있습니다."

"사건번호 불러 주세요."

"2010타경OOOOO 임차인 OOO입니다."

"1,600만 원 전액 배당받으십니다."

"그런데 채권자인 저축은행에서 이의신청을 한다고 해서요."

"아, 그거요? 오늘 사건 열람을 하고 갔는데 아직 신청은 하지 않았어요. 내일 배당이의 신청하면 일주일 내에 서류 제출한 후에 정식 재판이 이어집니다."

"저는 낙찰자인데 그렇게 되면 임차인을 명도하기가 힘들어서요."

"그렇기는 하죠. 명도확인서와 인감증명서를 제출하지 않으셔도 이의신청 들어오면 그냥 재판이 진행됩니다. 임차인에게 인도명령 신청하셔야 할 것 같습니다."

"이의신청이 들어오면 임차인이 진짜여도 진행이 되는 겁니까?"

"이분이 원래 배당이 안 되는 것인데, 소액임차인이라 직권으로 해 줬습니다. 그렇기 때문에 이의신청이 오면 일단 받게 되어 있습니다."

"네, 알겠습니다. 고맙습니다."

상황이 갑자기 이상하게 꼬인다. 이제 다 끝나 간다고 생각했는데, 갑자기 어디로 튈지 모르는 럭비공이 되어 버렸다. 그렇다고 여기서 손을 놓고 있을 수는 없다. 내일 배당이 진행되기 전에 어떻게든 결론이 나야 한다. 임차인의 지인에게 다시 전화를 걸었다.

"안녕하세요, OO빌라 낙찰자입니다."

"아, 안녕하세요?"

"제가 경매계에 전화를 해봤는데, 아직 이의신청은 되지 않았고, 내일 전액 배당받는 것으로 되어 있답니다."

"그래요? 다행이네요."

"그런데 말씀하신 것처럼 이의신청이 들어오면, 저는 명도확인서하고 인감증명서를 드렸는데, 이사 가지 않는 상황이 발생할 수 있지 않습니까?"

"식구들끼리 이야기해서 가능한 한 모레 오전에는 이사를 가도록 하겠습니다."

말은 참 고맙지만, 말만 그렇게 하고 이사 가지 않으면 여러 가지로 힘들어진다는 것이 문제다. 어쨌든 일단 내일 법원에서 만나기로 하고 전화를 끊었다. 조금 찜찜하게 마무리되었다.

만약 내일 이의 신청이 들어오면 모든 상황이 바뀐다. 임차인이 보증금을 받지 못하는 상황이 생긴다면…. 그저 내일 모든 것이 잘 해결되어 원만하게 끝나기만을 바랄 뿐이다.

| 배당 당일

법원에 자주 갔었지만 늘 오전이었는데, 처음으로 2시 넘어 법원에 갔다. 오전보다 사람들도 더 많고 왠지 더 소란스럽게 느껴진다. 처음으로 3층에 올라가려니 조금은 생소한 느낌이 든다. 더구나 3층으로 올라가는 계단에는 검색대가 있어 지나갈 때 '삐' 소리가 나 움찔하게 만든다. 옷 안에 열쇠 같은 것이 있느냐고 묻기에 안쪽 주머니에 있던 핸드폰을 보여주었다.

3층으로 올라가니 그곳은 완전히 다른 세상이었다. 각 법정에서는 심리가 진행 중인지 판사들이 앉아 있었고, 통로에는 사람들이 꽤 많이 있었다. 내가 가야 할 곳은 모퉁이를 돌아 반대편 끝 쪽에 있었다.

아직 15분 정도 시간이 남았지만 혹시나 하고 전화를 걸었다. 전화하니 바로 옆에 아주머니 세 명이 있는 곳에서 전화벨이 울린다. 잽싸게 핸드폰을 끄고 가서 말을 걸었다.

"안녕하세요. OOO씨가 누구세요?"

"접니다."

목소리나 나이에 비해 꽤 젊어 보이는 분이었다. 그 옆에는 통화했던 중개사 분과 어머니가 같이 계셨다. 거의 대부분의 이야기를 중개사 분과 했다.

"여기 명도확인서하고 인감증명서입니다."

"네, 감사합니다. 오늘 배당을 받든 받지 않든 내일 오전에 이사하기로 했습니다. 그동안 여러 가지로 신경을 많이 써주셨으니 저희도 그 정도 편의는 봐 드려야죠."

"아, 그러세요? 감사합니다."

"열쇠 드릴 테니 내일 오시면 됩니다."

"그럼 내일 이사하신 후에 청소하시고, 각종 공과금 정산하시고, 남은 열쇠는 부동산에 맡기시면 되겠네요. 제가 2~3시 정도에 찾아갈게요."

"그렇게 하세요. 공과금은 당연히 쓴 것은 다 내고 가야죠."

"내일 이사하시면 빨리 리모델링하고 임대 내놔야겠네요."

그러자 임차인의 어머니가 "안은 깨끗해요. 도배, 장판만 하면 돼요." 하고 한마디 거든다.

"그건 이분이 알아서 하실 거고요. 그런데 임대업 하세요?"

"아니요, 그냥 낙찰받았습니다. 돈이 있으면 좋은 빌라나 아파트 하죠. 돈 없으니 반지하 하죠."

"서울에서 여기까지 오신다고 해서 임대업 하시는 줄 알았습니다."

"어쨌든 고맙습니다."

"오늘 혹시 이의신청이 들어와도 보증금 받는 날짜가 조금 늦어질 뿐일 거예요. 진짜 임차인이니까 다 받으실 거예요."

나는 임차인을 안심시키기 위해 이렇게 이야기해 주었다.

서류도 넘겨주었고 이사 문제도 마무리 지었으니 그냥 갈까 하다가, 좋은 경험이 될 것 같아 배당 심사에 참석해 보기로 했다. 배당표에는 이야기 들은 대로 보증금을 전액 받는 것으로 되어 있다.

어제 미리 전화로 이야기한 것이 있어 그런지 경매계장이 이의신청에 대해 이야기한다. 누군가 "여기 있습니다." 하고 외친다. 그 사람이 채권자인가 했더니 다른 사건의 임차인이다. 앞에 나가 이런저런 이야기를 하더니 일단 앉는다.

경매계장이 "OO 저축은행 오셨습니까?" 하고 묻는데 아무 대답이 없다. 그 후에도 몇 번인가 더 물었는데 전혀 대답이 없다. 나는 '야호, 이대로 빨리 끝나라' 하고 속으로 외치며 우리 사건이 진행되기만을 기다렸다.

우리 사건은 오늘 배당에서 딱 중간이다. 시간이 되니 판사가 와서 사건번호를 부르고, 이해당사자들을 한 명씩 부르면서 왔냐고 묻는다. 온 사람도 있고 안 온 사람도 있는데, 각 구청이나 시청 직원들도 많이 보인다. 오늘도 꽤 많은 법정에서 배당 심사가 벌어지고 있는데, 그 많은 곳에 다 직원들이 가 있으면 그 직원들은 대체 일은 언제 하는지 궁금했다. 거의 매일같이 이 시간에 배당을 할 텐데 말이다.

한 명씩 한 명씩 불러 진행하는데, 갑자기 누군가 들어오면 채권자인가 싶어 긴장하게 된다. 중간에 한 명이 이의신청은 아니고, 딴죽을 건다. 자신이 빌린 돈은 1,500만 원인데 1,700만 원으로 되어 있다는 것이다. 왜 1,700만 원이냐고 경매계장에게 따지면서 배당이 잘못되었다고 한다. 경매계장은 잘못된 것이 없다면서 자신이 몇 번이나 확인했다고 한다.

알고 보니, 은행에서 빌린 게 아니라 사채를 썼던 것이다. 사채업자에게 1,700만 원을 빌리고, 선이자와 비용을 제한 1,500만 원을 받아 놓고, 1,500만 원을 빌렸다고 우기려고 했나 보다. 그걸 그렇게 자세하게 파악하고 배당한 경매계장도 대단하다는 생각이 들었다. 그 사람은 자신의 작전이 들통났다고 생각했는지 금세 꼬리를 내렸다.

빨리 우리 사건이 끝나고 배당을 받아야 하는데, 쓸데없이 시간을 끌고 있다. 드디어 우리 사건 차례가 되었는데, 우리 사건의 다른 물건 번호 임차인이 이의신청을 하겠다면서 앞으로 나갔다. 자신의 아버지가 그 이전부터 살았기 때문에 세대합가로 대항력이 존재하는데, 왜 전액 배당받지 못하느냐며 이의신청을 하겠다고 한다.

자세한 내용을 알지 못해 정확하게는 모르겠지만, 그 말이 맞는다면 저 물건을 낙찰받은 사람이 보증금 900만 원을 임차인에게 줘야 할 텐데 큰일 났구나 하는 생각이 들었다.

계속 진행하던 판사가 이름을 혼동하여, 우리 임차인하고 어떤 관계냐고 묻는다. 알고 보니 이름만 비슷한 것이었다. 사실 나도 처음에는 이 사건에 이름이 비슷한 두 명의 여자가 있어 무슨 관계가 있다고 생각했었다. 보증금을 받기 위한 가짜 임차인이라는 생각도 했었다.

그 임차인은 나름 준비했는지 임대차보호법을 들먹이면서 자신은 대항력이 있다며 이의신청을 하겠다고 한다. 판사는 그 돈은 채권자들에게 받아야 한다며 이의신청을 하라고 한다. 내가 생각한 것과 다른 결과가 나와 약간은 의아했다. 자세한 것은 결론이 나야 알겠지만, 여하튼 그 낙찰자는 속 좀 썩을 것 같다.

이렇게 시간을 끄는 사이에 어떤 남자가 내 옆에 앉았는데, 중개사 분이 아는 척을 한다. 채권자 측에서 나온 사람이었다. 갑자기 긴장이 되고 어떤 이야기를 할지 궁금해졌다. 괜히 저 사람이 이의신청한다며 시간을 끌어서, 우리까지 피해를 보는 건 아닌가 하는 원망이 생기기도 했다.

중개사 분이 물었다.

"이의신청하시게요?"

"아니오, 안 합니다."

"안 하신다고요?"

"네, 전액 배당받아 가시면 됩니다."

휴우, 정말 다행이다. 사실 법정에 앉아있으면서도 계속 임차인 일행과 이야기했다.

"시간이 걸릴 뿐이지 보증금은 다 받을 것이다. 아마 채권자 측에서도 이의신청해 봤자 시간만 끌고, 결국에는 소송에 질 것 같으니 안 온 것 같다."

이런 이야기를 계속하면서 임차인에게 용기를 북돋아 주었는데, 다행히도 결과가 좋게 나왔다.

인천지방법원
배 당 표

사   건   2010타경＿＿＿＿ 부동산임의경매

배 당 할 금 액	금	87,713,811		
명 세	매 각 대 금	금	87,620,000	
	지 연 이 자	금	0	
	전경매보증금	금	0	
	매각대금이자	금	93,811	
	항고보증금	금	0	
집 행 비 용	금	3,535,880		
실제배당할금액	금	84,177,931		
매 각 부 동 산	1.인천 계양구 작전동 1호 2.인천 남동구 구월동 2호			

채 권 자		전＿＿	전＿＿	인천계양구
채권금액	원 금	25,000,000	16,000,000	88,180
	이 자	0	0	0
	비 용	0	0	0
	계	25,000,000	16,000,000	88,180
배 당 순 위		1	1	2
이 유		임차인(작전동)	소액임차인(구월동)	교부권자(당해세)
채 권 최 고 액		16,000,000	16,000,000	0
배 당 액		16,000,000	16,000,000	88,180
잔 여 액		68,177,931	52,177,931	52,089,751
배 당 비 율		100.00%	100.00%	100.00%
공 탁 번 호 (공 탁 일)		(금제 . 호)	(금제 . 호)	(금제 . 호 .)

채 권 자		인천남동구	주식회사 신라상호저축은행	
채권금액	원 금	48,260	165,100,000	
	이 자	0	0	
	비 용	0	0	
	계	48,260	165,100,000	
배 당 순 위		2	3	
이 유		교부권자(당해세)	신청채권자	
채 권 최 고 액		0	165,100,000	

배당표

막상 이렇게 되니, 처음 약속한 대로 임차인에게 600만 원을 받았으면 좋았을 텐데 하는 생각도 들었지만, 일이 잘 처리된 것만으로도 정말 다행이었다. 내일 이사를 가야 이번 경매의 명도가 완전히 끝나는 것이지만, 어쨌든 끝이 보이는 것 같다.

이번 명도는 상당히 뿌듯하고 기분이 좋다. 내 도움으로 임차인이 1,600만 원이라는 거금을 받을 수 있게 되었으니 말이다. 결국 내가 그 돈을 벌어 준 것과 다름없었다. 참 재미있다는 생각이 들었다. 최근에 일어난 일 중에 가장 재미있었던 것 같다. 당연히 모든 것이 다 잘 끝나서 그런 것이겠지만 말이다.

| 빌라 낙찰의 최종 결과

빌라는 리모델링을 통해 내부를 수리하고, 보증금 1,500만 원에 월세 20만 원으로 임대계약을 했다. 받은 보증금은 1,500만 원인데, 실제로 내가 이 물건에 투입한 총비용은 1,300만 원 정도다. 이 비용에는 낙찰받은 후의 취득세, 법무사 비용, 리모델링 공사비까지 다 포함된다.

앞서 무피투자는 자신이 투자한 돈이 전액 다 환수되면서도 매월 월세와 같은 방법으로 수익이 들어오는 것이라 이야기했는데, 이 물건이 바로 그런 경우였다. 이 물건은 투입된 비용을 다 회수하고도 200만 원 정도의 금액이 추가로 생겼고, 매월 내야 하는 이자를 빼고도 월 5만 원 이상의 수익이 생겼다. 즉 200만 원을 받고 집을 사고, 현금흐름도 만들어 낸 것이다.

이렇게 성공을 거둘 수 있었던 비결은 무엇보다 싸게 매입했기 때문이다. 반지하는 사람들이 선호하지 않고 살기에 불편하다는 선입견만 버리면 된다. 집은 결국 사람이 살기 위해 만든 공간이다. 누군가는 그곳에서 살게 되어 있다. 물론 위치가 문제가 되는 것은 사실이다.

아무도 살지 않는 허허벌판에 집이 있다면, 그 집은 생활 공간으로서의 집이 아니라 여유 공간으로서의 집으로 다른 관점에서 봐야겠지만, 우리가 흔히 접하는 집들은 모두 누군가 열심히 생활한 후 에너지를 충전하기 위한 장소가 된다.

누군가는 그곳에서 삶을 영위해 나가기 마련이므로, 선호하지 않을 것이라는 선입견을 버리고 싸게 낙찰받아 멋지게 탈바꿈시키면 된다. 그러면 얼마든지 사람들이 선호하는 장소로 바뀌고, 주위의 다른 집들보다 더 많은 보증금과 월세를 받을 수 있다.

나는 이 물건을 처리하면서 만났던 중개사 분과 인연이 되어, 그 후 경매 물건뿐만 아니라 급매로도 물건을 받아 임대 수익을 조금씩 늘리고 있다. 경매는 좀 더 적은 비용으로 투자하기 위한 방법 중 하나라고 생각하기 때문에 급매라도 싸다면 괜찮다는 생각으로 투자했던 것이다.

중요한 것은 가치투자의 개념인 '원금을 잃지 않으면서 투자하는 것'이 가능하냐는 것이다. 물론, 아무리 급매로 구입한다 해도 경매로 구입하는 것에 비해 수익률이 좋지는 못한 경우가 많다. 경매의 최대 장점은 대출이기 때문이다.

그때도 맞고 지금도 맞다

임대와 매매

부동산 경매의 모든 과정이 끝나면, 임대를 놓거나 매매를 한다. 예전에는 대부분의 사람들이 부동산 경매를 단기 관점으로 보고, 명도가 끝난 후에 매도하는 걸로 생각했다. 오랫동안 보유하는 것보다는 단기적으로 수익을 내는 것을 목적으로 하는 경우가 많았다.

투자자마다 각자 자신의 방법이 있기에 무엇이 옳다고 말할 수 없지만, 이런 상황은 최근에 많이 변했다. 부동산 투자로 큰돈을 번 사람은 낙찰받자마자 단기 매도를 한 사람이 아니라, 오랫동안 보유하고 판 경우가 대부분이었기 때문이다.

단기간에 팔 때는 현재 시세가 얼마인지 파악하는 것이 중요하다. 시세를 파악하고, 낙찰가격에서 얼마의 이익을 내고 파느냐에 따라 수익이 결정된다. 큰 수익은 아니더라도 짧은 시간에 돈을 벌 수 있으니 상당히 좋은 방법임에는 틀림없다.

하지만 정작 부동산으로 큰돈을 번 사람들은 오래 보유한 주택 가격이 크게 상승한 덕분인 경우가 대다수였다. 단기로 1년 내로 매도한 사람과 장기간 보유하고 가격 상승 후 매도한 사람이 번 돈의 차이가 꽤 크게 났다.

이런 상황이 많이 알려지면서 매매보다는 임대로 방향을 튼 사람이 많다. 내 경우는 그보다는 현금흐름에 집중하느라 임대에 좀 더 집중했다. 무엇이 더 옳다는 관점은 없다. 자신의 상황에 따라 결정하면 될 문제다.

현금 유동성을 위해서는 임대와 매매를 적절히 섞어가며 하는 것이 좀 더 좋은 듯하다. 임대만 하면 현금이 고갈되어 지속적인 부동산 투자가 힘들다. 반면에 매매만 하면 세금이 크게 늘어나며 실제로 큰 수익이 나지 않는다. 딱 부러지게 임대와 매매를 몇 대 몇으로 하라는 공식은 없지만, 적절한 분배가 좋다고 생각한다.

최근에는 임대사업자든 매매사업자든, 사업자를 내고 하는 것이 여러 면에서 좀 더 효율적이고 대출도 더 잘 나온다. 거기에 각종 비용을 공제받아 절세 측면에서도 도움이 된다. 따라서 사업자를 내는 것도 방법이다. 단, 세법 등을 제대로 공부하지 않으면, 곤란한 상황에 처할 수도 있으니 주의해야 한다.

매매사업자와 임대사업자를 둘 다 내도 딱히 손해 보거나 불이익은 없으니, 잘 활용하면 좋다. 이 방법은 계속 투자를 할 수 있고, 현금을 불리면서 보유 주택도 늘릴 수 있는 장점이 있다. 이 책은 부동산 경매를 다루니, 이 정도로 간단히 설명하고 마무리하겠다.

시간이 지나고, 제도가 변하고, 환경이 달라지고, 세금 체계가 변해도, 부동산 투자의 본질은 똑같다. 다양한 상황에 따라 카멜레온처럼 변화에 적응해서 투자해야 하는 것은 투자자의 숙명이다.

이 책을 처음 펴낼 때와 지금은 대출이나 세금 제도가 다소 다른 것은 사실이나, 영원한 대출 정책과 세금 정책은 없다. 늘 상황에 따라 변한다. 부동산 경매는 나름대로 장점이 많으니, 최대한 활용할 수 있는 방법을 찾아 이용하면 된다.

이처럼 매매와 임대를 적절히 잘 세팅해서 수익을 내는 것은 그때도 맞고, 지금도 역시나 틀림없이 맞다.

경제적 자유의 기준은?

　사람은 누구나 경제적 자유를 꿈꾼다. 돈에 대해 터부(taboo; 금기)시하고, 돈이 없으면 없는 대로 사는 사람일지라도, 경제적으로 자유로워지는 것을 싫어할 사람은 단 한 명도 없다. 무엇을 하든 돈이 필요한 자본주의 사회에서 돈이 있다는 것은 하고 싶은 것을 마음껏 할 수 있다는 뜻이 된다.

　물론 돈이 있어도 할 수 없는 것이 있지만, 그 부분은 여기서 논외로 하자. 어떤 일을 하고 싶은데 하지 못하는 경우는 대부분 시간이 없어서가 아니라 돈이 없어서다. 불행히도 몇몇 사람을 제외하면, 시간이 없다는 것은 돈이 없다는 말과 같은 뜻이다. 돈은 있지만 시간이 없다고 말하는 사람들도 간혹 있지만, 그들은 시간이 없는 것이 아니라 내려놓을 결단과 용기가 없는 것이다.

　그렇다면 도대체 경제적 자유를 이룩하기 위해서 어느 정도의 돈이 있어야 하는 것일까? 이에 대해 차분하게 생각하고 하나하나 따져 본 사람은 그다지 많지 않다. 막연히 '나도 경제적 자유를 이룩하고 싶다'라는 말만 되풀이하거나 머릿속으로 생각만 할 뿐이다.

　얼마 전의 한 조사에 따르면, 사람들은 20~30억 원 정도의 자산이 있어야 부자라고 생각한다고 한다. 하지만 그들에게 무슨 근거로 그렇게 생각하는지 묻는다면 제대로 답할 수 있는 사람은 거의 없을 것이다. 자신이 거주하고 있는 집은 포함한 것인지, 현금으로 이 정도 금액을 갖고 있어야 한다는 것인지, 20억 원 정도의 집에서 살고 있다면 무조건 부자로 봐야 하는지 등에 대한 정확한 기준이 없기 때문이다.

이처럼 경제적 자유에는 정해진 기준이 없다. 몇 점부터 몇 점까지 어느 대학에 들어갈 수 있다는 식으로, 어느 정도의 돈을 가져야 부자고, 그보다 적게 갖고 있으면 부자라고 할 수 없다는 기준은 없다. 혹시라도 "우리 클럽은 현금 기준으로 10억 원이 있으면 들어올 수 있다"라고 말하는 곳이 있다면, 그곳은 얼빠진 인간들이 모이는 곳이니 가서 얻을 것이라고는 아마도 쾌락 정도가 아닐까 싶다.

누구나 각자 자신의 경제적 자유를 정의할 수 있고, 자신이 정한 기준에 의해 경제적 자유를 이룩했다고 이야기할 수 있다. 누가 정해 주는 것도 아니고, 누구에게 공인을 받아야 하는 것은 더더욱 아니다. 물론 누가 보더라도 부자라는 이야기를 들을 수 있는 금액은 존재하지만, 그것은 반드시 달성해야 하는 금액은 아니다.

우리는 모두 천편일률적인 삶을 살고 있는 것이 아니며, 똑같은 생활 수준을 갖고 있는 것도 아니다. 이처럼 각자 자신이 처한 위치나 향후 계획에 따라 경제적 자유의 기준은 달라진다.

전세 3억 원짜리 집에 살면서 월 350만 원을 버는 사람이 있다면, 바로 거기서부터 시작하면 된다. 여기서 월수입 350만 원이 중요한 것은 아니다. 이보다 더 중요한 것은 매월 지출되는 생활비를 비롯한 필요비다. 한 달에 꼭 필요한 돈이 얼마인지 정확하지는 않더라도 대략적으로라도 파악해야 한다. 그래야 경제적 자유를 이룩하기 위한 금액을 산정할 수 있다.

하지만 매년 물가상승률에 따라 필요한 금액도 바뀌고, 필요비 외에 가끔 여행도 가고 생각지도 못한 축의금이나 조의금이 지출되기도 하는 등 변수는 상당히 많다. 너무 세부적으로 들어가면 필요한 금액을 산출할 수 없다. 물가상승률도 복리로 계산해야 하고, 미래 가치나 현재 가치 등을 따져 봐야 하기 때문이다. 이런 것들은 나중에 해도 늦지 않다.

일단 위의 경우에는 기본적으로 거주의 안정성은 확보했다고 본다. 자기 소유의 집을 갖고 있지 않더라도, 집주인이 요구하는 전세 보증금 상승분 정도의 현금을 갖고 있다면, 크게 문제될 것이 없으니 말이다. 3억 원짜리 전세에 살고 있는데 갑자기 1억 원이나 올려 달라고 하는 일은 거의 없을 것이다.

물론 거주의 안정성은 필요한 금액을 산정했을 때 그 정도는 해결할 수 있다는 전제하에 이야기해야 한다. 그렇지 않다면, 예를 들어, 갑자기 집주인이 2,000만 원을 올려 달라고 할 때 그것을 해결하기 어렵다면, 그건 경제적 자유를 이룩했다는 착각에 빠진 것일 수 있다.

그다음은 산정한 필요비를 충당해야 한다. 매월 300만 원이 필요하다면 이 300만 원을 만들기 위해 노력해야 한다. 누군가는 '수익로봇'이라는 단어로 표현하기도 하는데, 무슨 일이 있어도 변함없이 매달 돈이 들어오는 시스템을 만들어 두어야 한다.

주식 배당, 임대 수입, 기타 소득 등으로 무조건 매월 300만 원이 통장에 들어오는 시스템을 만들어야 한다. 예를 들어, 임대료로 200만 원 정도를 받는다면, 남은 100만 원은 소일거리로 할 수 있는 직업을 선택해서 충당하는 것이다.

최종적으로는 아무것도 하지 않아도 매월 300만 원의 수익을 올릴 수 있도록 만드는 것이 핵심이지만, 가는 길은 조바심 내지 말고 조금씩 길을 닦아가며 만들어야 한다.

이렇게 만든 다음에는, 앞에서 이야기한 물가상승률을 따지기도 해야 하고, 좋은 기회가 올 때 투자도 해야 하고, 급하게 돈이 필요할 수도 있으므로, 추가적인 현금도 가지고 있어야 한다.

만일 투자를 통해 매년 20% 수익을 거뜬히 올릴 수 있다면, 1억 원을 갖고 있을 때 매년 추가로 2,000만 원의 소득을 얻게 된다. 이는 사람마다 다르므로 각자 선택할 몫이다.

개인적으로 아무것도 하지 않아도 월 300만 원이 들어오는 시스템에 현금이 2억 원 정도 있다면, 경제적 자유를 이룩했다고 생각한다. 물론 거주의 안정성은 보장되어 있어야 한다.

자신에게 맞는 경제적 자유를 이룩해야만 누구의 눈치나 시기, 질투를 두려워하지 않고 자존감을 갖고 살 수 있다. 일정 액수 이상의 돈은 자신의 삶에서 크게 유의미한 금액이 되지 않는다.

남에게 보여 주기 위해 경제적 자유를 이룩하고 싶은 사람은 어쩔 수 없는 자신의 선택에 의해 살아가야 하겠지만, 그렇지 않은 사람이라면 먼저 경제적 자유의 기준을 만들고, 그것을 위해 노력할 때 성취감과 함께 비로소 원하던 결과를 얻을 수 있게 될 것이다.

때로는 자신의 의지와 상관없이 자산이 불어날 수도 있다. 이 정도 금액이면 먹고살 수 있는데도 그보다 훨씬 많은 돈이 들어올 수 있다.

그런 부분까지 뭐라고 할 수 있는 것은 아니다. 자기 능력의 대가로 들어오는 돈을 억지로 막을 수는 없는 일 아닌가? 그렇지 않나요, 부자 분들?

Part 5 부동산 경매 따라잡기

입찰 전에
꼭 알아야 할
12가지

1. 권리분석에 대하여

　부동산 경매에서 어려운 것을 꼽으라면 여러 가지가 있지만, 이제 막 입문한 사람들이 가장 먼저 맞닥뜨리는 문제는 권리분석이다. 권리분석 용어는 대부분 법률 용어라 처음에 쉽게 적응하기 힘들다. 경매를 한다고 해서 모든 법률 용어를 알아야 할 필요는 없지만, 그래도 부동산 경매에서 필요한 기본 용어들에 대해서는 알아 두어야 한다.

　권리분석에 '말소기준권리'라는 용어가 있다. 이는 등기부등본의 어떤 한 권리를 기준으로, 그 권리가 등기된 날짜보다 늦게 등기된 모든 권리는 경매로 인해 자동 소멸되는 것을 의미하는 말로, 부동산 경매를 하는 사람이라면 꼭 기억해야 하는 단어다.

> **말소기준권리**
> 투자자들이 관용적으로 '말소기준권리'라고 말한다. 사실 이것보다는 '말소기준등기'가 좀 더 쉬운 표현이긴 하다. 법원 매각물건명세서에는 '최선순위 설정'이라고 기재되니 꼭 기억하자.

말소기준권리 자격을 가진 권리에는 '(근)저당권', '(가)압류', '담보가등기', '경매기입등기', '(말소될) 전세권' 등이 있다.

등기부등본이나 경매 정보지를 보고 권리분석을 할 때, 말소기준권리를 기준으로 그 이전에 무언가 권리가 있다면, 위험하다고 생각하고 과감히 통과하면 된다. 또한 말소기준권리보다는 뒤에 있지만, '예고등기'나 '가처분'과 같은 다소 생소한 단어가 보여도 과감히 통과하면 된다. (p285 '권리분석 뚝딱' 편에 자세히 설명)

말소기준권리 이전이나 이후에 있는 권리를 제대로 공부하고 분석하면, 꽤 저렴한 가격에 낙찰받을 수도 있다. 하지만, 단 한 번의 실수로 귀중한 종잣돈을 모두 잃을 수도 있으니 주의해야 한다.

말소기준권리 자격을 가진 권리가 여러 개일 때는, 시간상 가장 먼저 등기된 권리를 기준으로 삼으면 된다. 예를 들어, 등기부등본의 권리가 'A 근저당 - B 압류 - C 근저당' 순이라면, 모두 말소기준권리 자격이 있다. 이때는 시간상 가장 먼저 등기된 A 근저당을 말소기준권리로 보면 된다.

그리고 A 근저당 날짜보다 늦게 등기된 모든 권리는 법원에서 직권으로 전부 말소시켜 깨끗하게 만들어 준다고 이해하면 된다. 이런 물건을 낙찰받으면 권리분석에 특별히 신경쓸 필요가 없다.

권리분석을 하는 가장 큰 이유는 무엇일까? 권리분석을 제대로 하지 않으면, 낙찰 당시에는 생각하지 못했던 추가 금액이 지출되어, 오히려 손해를 볼 수 있기 때문이다. 그래서 권리분석은 너무나 중요하다. 하지만, 모든 것을 완벽하게 알고 권리분석을 한다는 것은 쉽지 않은 일이다.

권리분석의 핵심을 간단히 정리하면, 초보자는 (근)저당, (가)압류, 담보가등기, 경매기입등기, (말소될) 전세권 등을 제대로 파악하고, 말소기준권리를 기준으로 권리분석하면 된다. 만약 내가 잘 모르는 가처분, 예고등기 같은 권리들이 보이면 그냥 과감히 제외하면 된다. (p285 '권리분석 뚝딱' 편에 자세히 설명)

선순위 전세권

등기부등본에 등기된 선순위 전세권(전세권이 시간상 가장 앞선 경우)은 특별하다. 예를 들어, 등기부등본의 권리가 A 전세권, B 근저당권, C 가압류, D 경매개시등기 순일 때, A 전세권은 말소기준권리인 경우도 있고, 말소기준권리가 아닌 경우도 있다.

선순위 전세권은 먼저 전세권자가 경매신청을 했는지 또는 배당요구를 했는지 따져야 한다. 만약 전세권자가 경매신청을 하거나 배당요구를 했다면, 선순위 전세권은 경매의 매각으로 소멸한다. 그렇지 않다면 낙찰자가 전세권을 인수한다. 그래서 권리분석이 까다롭다.

단순히 이것만으로 전세권 권리분석이 끝난 아니다. 임차인이 전세권 등기도 하고, 전입신고와 확정일자도 받은 경우는 또 몇 가지 주의할 점들이 있다. 단독주택이나 다가구주택의 전세권 분석은 더욱 까다롭다.

따라서 초보자는 선순위 전세권을 쉽게 생각하면 안 된다. 선순위 전세권에 대해 충분히 공부하기 전에는 절대로 입찰하지 않아야 한다.

2. 임대차에 대하여 – 대항력 유무

부동산 경매에서 말소기준권리와 함께 가장 중요한 것이 바로 임대차보호법이다. 부동산 경매에 나온 물건 대부분은 사람이 거주하고 있는 집이나 상가다. 이 말은 누군가는 그곳에서 살고 있거나 장사를 하고 있다는 뜻이다. 이들은 자신의 의지와는 상관없이, 거주하는 집이나 장사하는 상가가 부동산 경매로 넘어가 금전적 손실을 볼 수 있다.

이들에 대한 권리를 보장하기 위해 만들어진 것이 바로 임대차보호법이다. 임대차보호법에는 주택임대차보호법과 상가건물임대차보호법이 있다. 임대차보호법을 제대로 알기 위해서는 먼저 주택임대차보호법을 정확하게 익히고, 상가건물임대차보호법은 거기에 몇 가지만 더 추가하여 이해하면 된다.

임대차보호법에서 가장 중요한 것은 '대항력'이다. 대항력은 임차인이 전 소유자와 맺은 임대차 계약을 낙찰자에게 주장할 수 있는 권리를 말한다.

임차인의 대항력 유무는 말소기준권리를 기준으로 따진다. 즉 말소기준권리 날짜와 임차인이 전입신고(주민등록)한 날짜를 비교하여 따진다. 말소기준권리 날짜보다 앞서 전입한 임차인은 대항력이 있고, 흔히 '선순위 임차인'이라고 한다. 이런 물건은 관심을 갖지 말고 가볍게 지나치는 것이 좋다. (p285 '권리분석 뚝딱' 편에 쉽고 자세하게 설명)

임차인의 대항력이 있는지, 없는지 따지는 것은 중요하다. 낙찰자가 대항력 있는 임차인의 보증금을 물어주는 일이 생길 수도 있기 때문이다. 예를 들어, 1억 원에 낙찰받고, 법원에 1억 원을 납부하면, 그 부동산은 내 것이 된다. 하지만, 낙찰받은 부동산에 보증금 5,000만 원의 대항력 있는 임차인이 있다면, 낙찰가 1억 원 외에도 임차인에게 보증금 5,000만 원을 따로 물어줘야 할 수도 있다.

만약 이 부동산의 실거래가가 1억 2,000만 원이라면, 일반 매매로 매입하는 것보다 3,000만 원이나 비싼 가격에 구입한 셈이 되어, 부동산 경매로 이익은커녕 손해를 보게 된다.

그러므로 부동산 경매를 할 때는 무엇보다도 먼저 대항력을 정확하게 파악해야 한다. 혹시나 별일 있겠느냐는 식으로 덜컥 낙찰받았다가는 피 같은 돈을 낭비하고, 결국 남 좋은 일만 할 수도 있다.

임차인의 대항력을 따지기 위해서는 법원의 매각물건명세서를 꼼꼼하게 봐야 한다. 매각물건명세서에는 말소기준권리와 임차인의 전입신고일(주민등록일)이 명시되어 있다. 이를 해석하고 파악하는 것은 입찰자의 몫이다. 낙찰받은 후 나는 몰랐다고 말해도 통하지 않는다. 이미 법원에서 그에 대한 기록을 공개했으므로 모든 것은 낙찰자 책임이다.

임차인이 이사를 하고 가장 먼저 할 일은 주민센터에 가서 전입신고를 하고 확정일자를 받는 것이다. 이때 대항력은 전입신고를 한 다음 날 0시부터 효력이 발생한다. 전입신고를 한 날이 아니라, 다음 날 효력이 발생하는 이유는 서로 이익이 충돌할 때 우선순위를 정하기 위해서다.

예를 들어, 집주인이 은행에서 대출을 받아 근저당권을 설정한 날과 임차인이 전입한 날짜가 같을 수 있다. 이때는 누가 더 먼저인지 따지기 어렵다. 정확한 시간까지 대조할 수는 없기 때문이다.

대출은 보통 미리 신청하고 대출 승인이 떨어진 후, 대출 실행 당일 오전 9시에 등기소로 가서 근저당권을 설정한다. 그에 반해 임차인이 오전 9시 전에 이사를 마치고 전입신고를 하기는 현실적으로 어렵다.

이때 은행과 임차인의 입장이 서로 다르니, 다툼이 일어날 수밖에 없다. 이런 이유로 대출은 당일부터 권리가 인정되지만, 전입은 당일이 아니라 다음 날 0시부터 권리를 인정받는다.

따라서 근저당권이 설정된 날짜와 전입일이 같다면, 일단 임차인은 대항력이 없다. 임차인 입장에서는 억울할 수도 있지만, 법으로 정한 것이기에 어쩔 수 없다.

만약 근저당권 날짜가 2019년 10월 21일이고, 전입일이 2019년 10월 20일이면, 이때는 대항력이 인정된다. 대항력은 10월 21일 0시부터 효력이 발휘되기 때문이다.

때로는 소유자와 아무 관계없는 사람이 선순위로 먼저 전입되어 있는 경우도 있다. 아파트의 경우에는 드물지만, 빌라나 주택의 경우에는 이런 일이 빈번하다. 매각물건명세서에는 이들에 대한 내용도 기재된다. '대항력 있는 임차인이 있을 수 있음'이라고 말이다. 결국 아쉬운 사람이 조사하고 파악하는 수밖에 없다. 이에 대한 최종 판단은 입찰자의 몫이고, 결과에 대한 책임도 낙찰자의 몫이다. 그러므로 대항력 유무를 파악하기 어렵다면 입찰하지 않아야 한다.

임차인이 경매 절차에서 자신의 권리를 인정받으려면, 권리신고서와 임대차계약서를 법원에 제출해야만 한다. 법원에서 정한 기한까지 제출하지 않으면, 권리를 제대로 인정받지 못한다.

권리를 제대로 행사하기 위해 법원에 증거 자료를 제출하는 것은 당연한 일이지만, 현실에서는 그렇지 못한 경우도 있다.

예를 들면, 전입신고를 하고 확정일자까지 받은 임차인이, 살고 있는 집이 너무 맘에 들어서 일부러 권리신고를 하지 않기도 한다. 다른 사람들이 입찰하지 못하게 하고 저가에 낙찰받으려는 목적을 가진 경우다. 또한 너무 바쁘게 살다 보니 경매에 넘어간 지도 몰라서 권리신고를 하지 못한 경우도 있다. 이 역시 이해가 안 되는 일이지만, 종종 있다.

결론을 말하자면, 초보자는 선순위 임차인이 있는 물건은 과감히 포기하는 것이 좋다. 진짜 임차인이든 위장 임차인이든 상관없이 말이다. 위장 임차인이라고 판단하여 낙찰받았는데, 그 점유자가 실제로 임대차계약서까지 쓴 진정한 임차인이라는 것을 알게 된다면, 큰 손실로 이어질 수도 있기 때문이다.

3. 임대차에 대하여 – 임차인의 보증금

앞서 얘기했듯이 임차인의 대항력 유무를 파악하는 것은 무척 중요하다. 그렇다고 경매를 너무 두려워할 필요는 없다. 대항력이 있는지 없는지 잘 모르겠다면, 애초에 관심을 끊고 입찰하지 않으면 그만이다.

후순위 임차인(말소기준권리 날짜보다 늦게 전입한 임차인)의 권리는 무조건 소멸하므로 안전하다. 그렇더라도 최대한 신경 쓰고 유심히 살펴보면 좋다. 낙찰받은 후에 실제로 이야기하고 협상하고 명도해야 할 사람은 바로 낙찰받은 물건에 거주하는 임차인이기 때문이다. 즉 명도의 난이도를 파악하기 위해 살펴보는 것이다.

첫째, 임차인이 전 소유자에게 지불한 보증금이 얼마인지 파악한다.

둘째, 부동산 경매의 모든 과정이 끝나고, 최종적으로 돈을 나누는 배당절차에서 임차인이 배당받는 금액을 파악한다.

이때 중요한 것은 임대차계약서의 계약일이 아니라 말소기준권리 날짜다. 말소기준권리가 등기된 날짜(정확하게는 최초로 등기된 담보물권의 날짜)에 따라, 임차인이 국가에서 최우선으로 배당받는 금액이 달라지기 때문이다. (p157 소액임차인 최우선제금 표 참고)

예를 들어, 임차인이 서울에 빌라를 구했고, 2018년 9월 18일에 보증금 4,000만 원, 월세 50만 원으로 임대차계약을 했다. 등기부등본에는 2018년 9월 17일자로 2억 원의 근저당이 설정되어 있다.

임차인은 이렇게 생각했다. '대출이 좀 많긴 하지만, 임대차보호법에 의하면 나는 3,700만 원까지 최우선으로 배당받아. 이 빌라가 경매로 나오면 그때부터 월세를 안 내면 되니까, 큰 문제는 없을 거야.'

나중에 이 집이 경매로 나오고 2억 원에 낙찰되었다. 그런데 경매절차가 끝난 후 임차인이 법원에서 받은 배당금은 3,400만 원밖에 되지 않았다. 도저히 이해할 수 없는 일이 벌어진 것이다. 주택임대차보호법을 확인하고, 3,700만 원까지 보장받을 수 있다고 생각했는데, 예상과 다른 결과가 나온 것이다.

임차인은 잘 몰랐던 것이다. 임대차보호법의 최우선변제금은 임대차계약을 한 날짜가 아니라, 등기부등본에 가장 먼저 등기된 근저당권(최초 담보물권) 날짜를 기준으로 따진다는 것을(p157~158 소액임차인 최우선제금 표 I 구간). 임대차보호법을 정확히 몰라서 몇백만 원이나 손해를 본 것이다. 이처럼 제대로 된 지식을 갖고 있지 못하면, 언젠가 큰 낭패를 볼 수도 있다.

주택임대차보호법에 의해 보호받는 기준은 집주인과 계약한 날짜가 아니라 말소기준권리(최초 담보물권) 날짜 기준이라는 것을 꼭 기억해야 한다. 또한 소액임차인으로 국가에서 보장받는 최우선변제액도 잘 알아두어야 한다.

법원에서 4,000만 원을 배당받든, 3,700만 원을 배당받든, 3,400만 원을 배당받든, 보증금 중 일부라도 받을 수 있으니 큰 문제가 아니라고 볼 수도 있지만, 보증금을 다 받을 수 있는 사람과 그렇지 않은 사람을 상대하는 것은 다르다. 명도할 때 보증금을 다 받을 수 있는 사람이라 생각하고 무신경하게 협상한다면, 임차인이 배려도 없는 낙찰자라며 강하게 저항할 수도 있다.

주택임대차보호법을 굳이 외울 필요는 없다. 솔직히 나도 외우지 못한다. 외우지는 못하더라도 전입 날짜와 등기부등본에 기록된 근저당권(최초 담보물권) 날짜를 비교하여, 임차인이 보장받을 수 있는 금액을 제대로 파악할 줄 알아야 한다. 이 부분을 제대로 파악하지 못한다면, 쉽게 생각했던 명도 대상자가 갑자기 무서운 상대로 변할 수도 있다.

주택임대차보호법은 아주 작은 부분도 사소하게 보면 안 된다. 예를 들어, 2018년 12월 1일, 인천 소재 주택을 2,000만 원에 임대차계약을 했다고 하자. 등기부등본에는 2018년 11월 1일 자로 근저당이 설정되어 있었고, 주택임대차보호법을 봐도 아무런 문제가 없었다(p157 표 J 구간).

낙찰자는 세입자가 보증금 2,000만 원을 다 받을 것으로 확신하고 세입자에게 친절하게 상황을 설명했다. 세입자도 이사비 이야기는 꺼내지 않고, 자신의 보증금 2,000만 원을 배당받고 나가려 했다.

하지만 얼마 지나지 않아 1,700만 원만 배당받는다는 것을 알게 되었다. 알고 보니 인천 서구 대곡동은 같은 인천이지만, 제외 구역이었던 것이다(p157 소액임차인 최우선변제금 표 하단 과밀억제권역 참고).

낙찰자는 잘못 알려 준 책임도 있기 때문에, 임차인이 보증금 2,000

만 원을 전액 받고 나갈 수 있도록, 배당받는 1,700만 원에 이사비로 300만 원을 보태주는 것으로 합의했다. 결국 생각지도 못한 300만 원이 지출되었다.

주택임대차보호법은 부동산 경매를 할 때 꼭 유념해야 할 핵심이다. 아무리 쉬운 물건이라도 주택임대차보호법을 제대로 파악하지 못하면 피곤한 상황이 발생할 수 있다.

그렇다고 너무 겁먹지는 말자. 권리분석을 할 때 전입 날짜와 말소기준권리 날짜를 비교하여, 대항력과 최우선변제 금액을 정확하게 파악하고 입찰한다는 기본 원칙만 잘 지키면, 순탄하게 원하는 결과를 얻을 수 있을 것이다.

4. 특수 물건에 대하여

부동산 경매에는 '특수 물건'이라는 표현이 있다. 특수 물건이란 유치권, 법정지상권, 예고등기, 대항력 있는 임차인, 지분경매 등 낙찰자가 인수해야 할 권리가 있는 물건을 말한다. 이 권리들을 낙찰자가 책임지고 처리해야 하기 때문에 특수 물건이라고 표현한다.

유치권은 타인의 물건을 점유하는 자가 그 물건에 관하여 생긴 채권의 변제를 받을 때까지 물건을 유치할 수 있는 권리다.

법정지상권은 토지와 건물의 소유자가 다를 때, 그 건물 주인이 토지를 사용할 수 있도록 인정하는 권리다.

예고등기는 등기 원인의 무효나 취소로 인한 등기의 말소 또는 회복의 소송이 제기된 경우, 이를 제삼자에게 경고하기 위해 법원이 행하는 등기다. (현재 예고등기 제도는 폐지됐지만, 오래 전 등기된 물건이 있을 수 있다.)

마지막으로 지분경매는 쉽게 설명하면, 결혼한 부부가 아파트를 공동으로 등기한 후에, 한쪽 배우자 권리만 경매로 나온 경우를 말한다.

세월이 흐르면 유치권, 법정지상권 등의 권리도 일반 권리처럼 변경될 가능성이 있다. 하지만, 현재는 모두 낙찰자가 책임지고 해결해야 하는 권리다. 이를 해결하지 못하면 낙찰받고도 해당 부동산을 사용하지 못하고 수익도 볼 수 없다.

유치권의 경우, 매각물건명세서에 유치권이 있다는 사실을 명시한다. 채권자들이 유치권이 존재하지 않는다는 서류를 제출하는 경우도 있지만, 이를 입증하는 것은 어디까지나 낙찰자의 몫이다. 법정지상권, 위장 선순위 임차인 등 모든 특수 물건이 다 마찬가지다.

이런 사정이 있어 특수 물건은 상대적으로 저렴하게 낙찰받을 수 있다. 그래서 조금이라도 많은 수익을 얻기 위해 특수 물건을 조사, 연구하고 입찰하는 사람들도 있다.

하지만 특수 물건이라고 해서 무조건 큰 수익이 나는 것은 아니다. 스스로 문제를 해결할 능력이 없다면 쳐다보지도 말아야 한다. 특수 물건을 낙찰받아 처리하는 데 시간과 노력을 쏟아붓는 것보다, 그 시간에 평범한 물건 몇 개를 낙찰받고 처리하는 것이 훨씬 좋은 성과를 내는 경우가 많다.

여러 특수 물건 중에 가장 많은 사람이 관심을 두는 것은 유치권이다. 이런 류의 특수 물건은 최대한 낮은 가격에 매수해야만 이익을 볼 수 있다. 실제로 유치권이 걸린 물건이 어느 정도의 가격에 낙찰되는지 살펴보자.

				감정가/최저가/매각가	매각일	결과
2017-514158 경매5계		경기도 용인시 수지구 성복동 752 성동마을 수지자이아파트 제111동 제18층 제1805호 [대지권 17평] [전용 25.7평] [유치권]	아파트	465,000,000 325,500,000 매각 498,899,000	2019-01-08	배당종결 1회 (70%) (107%)
2018-102263 경매6계		대전광역시 유성구 계산동 749 학하리슈빌학의들아파트 제108동 제2층 제203호 [대지권 15.8평] [전용 25.7평] [유치권]	아파트	297,000,000 207,900,000 매각 255,690,000	2019-01-09	배당종결 1회 (70%) (86%)
2018-4082 경매1계		경상남도 창원시 마산합포구 산호동 313-6 [토지 126.4평] [건물 197.3평] [유치권,대항력있는임차인,중복사건]	근린주택	1,060,155,580 848,124,000 매각 928,120,000	2019-01-10	배당종결 1회 (80%) (88%)
2016-4179 경매5계		전라북도 완주군 봉동읍 낙평리 359-1 영광맨션 제4층 제402호 [대지권 13.6평] [전용 22.1평] [유치권,중복사건,관련사건]	다세대 (빌라)	54,000,000 26,460,000 매각 32,600,000	2019-01-14	배당종결 2회 (49%) (60%)

위에서 보듯이 유치권이 걸린 주택의 낙찰가율은 그다지 낮지 않다. 굳이 유치권 물건이 아니라 일반 물건 중에도 저 정도의 낙찰가율을 보이는 물건은 많다. 싸게 낙찰받을 수 있는 유치권도 있지만, 초보자가 협상하여 해결하기는 어렵다.

유치권이 있는 물건을 일반 부동산 경매 물건과 별 차이가 없는 가격에 낙찰받아, 유치권 점유자를 명도하느라 힘쓰고 신경 쓰고 돈 들이는 것보다는, 그 시간에 일반 부동산 경매 물건을 하나라도 더 보고 조사하는 것이 여러모로 좋을 것이다.

그 외에 법정지상권, 지분경매 물건에 대한 투자는 이제 부동산 경매를 시작하는 사람들이 관심을 갖고 볼 사항은 아니다. 특수 물건이 잘하면 돈이 되는 것은 분명하지만, 이익이 날 때까지의 기간이 일반 물건에 비해 평균적으로 두세 배 정도 길다.

부동산 경매 책이나 인터넷 카페를 통해 특수 물건을 멋지게 처리하는 것을 볼 때면 부럽기도 하지만, 결코 쉽게 생각하고 접근해서는 안 된다. 부동산 경매 물건을 어느 정도 처리해 보고, 여윳돈이 있거나 시간이 오래 걸려도 상관없다는 마음가짐이 되었을 때 도전해 봐도 늦지 않다.

5. 인터넷으로 물건 조사하기

전국적으로 많은 부동산 경매 물건이 나온다. 그렇다고 모든 지역을 다 돌아볼 수는 없기 때문에 자신이 사는 지역을 우선적으로 살펴보게 된다.

잘 알지 못하는 지역보다는 내가 사는 지역과 가까운 곳이 시간을 내서 가보기도 쉽고, 대략적인 분위기나 정보를 파악하기도 쉽다. 하지만 아무리 가까운 지역이라도, 막상 부동산 경매 물건을 직접 현장에서 조사하기는 쉽지도 않고 시간도 많이 소요된다.

우리나라만큼 인터넷이 발달한 나라도 없고, 인터넷을 통해 많은 정보가 공개된 나라도 드물다. 그러므로 임장을 가기 전에 할 수 있는 모든 방법을 동원하여, 인터넷으로 알아볼 수 있는 것은 다 알아보는 것이 좋다.

인터넷으로 부동산 시세와 매도가격, 매수가격, 전월세 가격을 파약한 후에 현장에 가면 시간도 절약되고, 현장에서 만나는 사람들과 대화할 때도 좀 더 정확한 정보를 물어보거나 얻을 수 있다.

예전에는 인터넷으로 알아보는 것에 한계가 있었지만, 이제 최소한 주택에 관해서 만큼은 어지간한 정보를 다 파악할 수 있다. 인터넷에서 얻지 못한 정보를 현장에서 보충한다면, 시간도 절약하고 훨씬 충실한 정보도 얻을 수 있다.

일러두기

이 책을 쓸 2012년에는 서울 부동산 시장이 좋지 않았다. 매물도 흔했고, 경매 낙찰가도 낮았다. 하지만, 2019년 하반기 현재 서울 아파트는 일반 매물도 드물고, 경매 물건도 드물고, 낙찰가도 높다. 2019년 상황에서는 규제로 인해 객관적인 시세 파악이 어렵기도 하고, 시장 상황은 늘 변한다는 점을 강조하기 위해 과거 시세를 그대로 사용했다.

서울 강서구 화곡동의 대림아파트 전용면적 25.7평(84.84㎡)짜리 물건이 경매로 나왔다고 해보자. 감정가는 4억 원이다.

전세	화곡대림 ☑️ 확인매물 12.10.18 남향 전세귀합니다	142/110.26	23,000	4	2/15
전세	화곡대림 ☑️ 확인완료 12.09.27 리모델링했어요	109/84.84	22,000	2	4/15
매매	화곡대림 ☑️ 확인매물 12.09.11 정남향 깔끔합니다	142/110.26	38,000	5	1/15
매매	화곡대림 ☑️ 확인매물 12.09.10 정남향입니다	142/110.26	45,000	5	8/15
매매	화곡대림 ☑️ 확인매물 12.09.10 남향 수리되있어요	109/84.84	33,000	2	3/15
전세	화곡대림 ☑️ 거래완료 12.10.12 남향 로얄층 상태양호	109/84.84	20,000	3	고/15
월세	화곡대림 ☑️ 확인매물 12.09.21 시세저렴합니다	109/84.84	10,000/50	1	10/15
매매	화곡대림 ☑️ 확인매물 12.08.31 정남향 구조 좋음 아주 착한 가격	109/84.84	32,000	2	2/15

또한, 25.7평(84.84㎡) 전세는 2억 원에서 2억 2,000만 원에 거래되었다는 것을 알 수 있고, 월세는 보증금 1억 원에 월세 50만 원으로 매물이 나와 있는 것이 보인다.

네이버 부동산 섹션에 들어가서 지역과 구, 동을 설정하면 해당 동에 위치한 아파트들이 나온다. 거기서 아파트를 선택하면 다양한 크기와 거래 금액이 나온다. 전용면적 25.7평(84.84㎡) 가격이 3억 2,000만 원에서 3억 3,000만 원까지 있는 것이 보인다.

네이버 부동산 정보를 보면, 경매 감정가에 비해 거래 가격이 많이 낮음을 알 수 있다. 감정가 4억 원에서 시작되어 1회 유찰되면 3억 2,000만 원이니, 2회차가 될 때까지 기다렸다가 입찰을 생각해야 할 듯하다.

그렇다면 현재 부동산 중개업소에 나와 있는 가격 말고, 실제 거래된 가격은 얼마일까? 국토교통부 실거래가 시스템(http://rt.molit.go.kr)에 들어가면, 실거래가를 알 수 있다. (2019년 현재, 실거래가 사이트가 개편되어, 화면이 아래와 조금 다르다.)

전체 84.84㎡ 110.26㎡												◀ ▶
2012.01		2012.02		2012.03		2012.04		2012.05		2012.06	
계약일	거래금액(층)	계약일	거래금액(층)	계약일	거래금액(층)	계약일	거래금액(층)	계약일	거래금액(층)	계약일	거래금액(층)
				11~20	34,750(14)	1~10	33,500(14)	1~10	33,000 (4)		
				21~31	30,500(15)	21~30	30,700 (1)				
2012.07		2012.08		2012.09		2012.10		2012.11		2012.12	
계약일	거래금액(층)	계약일	거래금액(층)	계약일	거래금액(층)	계약일	거래금액(층)	계약일	거래금액(층)	계약일	거래금액(층)
1~10	33,000 (8)			1~10	33,700 (9)	21~31	34,500(13)	1~10	31,250 (2)		
				21~30	30,500 (2)				35,000(15)		
								11~20	33,000(10)		

2012년 한 해 동안의 실거래가가 한눈에 보인다. 거래 가격이 들쑥날쑥하기도 하지만, 대체적으로 3억 3,000만 원에 거래되고 있다는 것을 알 수 있다. 층에 따른 가격 차이와 급매로 나온 가격으로 인해 가격이 고르지 못한 것으로 보인다.

전체적으로 부동산 가격이 떨어지는 추세라고 하지만, 3억 1,000만 원 정도면 일반매매보다 싼 가격에 매수하는 것으로 보인다. 물론, 부동산 경매 물건이라는 측면에서 볼 때 그보다는 좀 더 낮게 입찰가를 산정해야 하지 않을까 싶다. (2019년 하반기 현재, 감정가 대비 높게 낙찰되고 있다. 항상 시장 상황을 파악하고 시장 흐름에 맞게 입찰가를 산정해야 한다.)

이렇게 부동산 경매로 나온 물건이 현재 얼마에 매매되는지 대략적으로 파악한 다음에는 전월세에 대해서도 파악해야 한다. 네이버에 있는 정보는 이미 살펴봤으니 국토교통부 실거래가를 통해 실제 거래된 전월세 가격을 확인하도록 하자.

전체	84.84㎡	110.26㎡									◀▶
2012.01		**2012.02**		**2012.03**		**2012.04**		**2012.05**		**2012.06**	
계약일	보증금 월세(층)	계약일	보증금 월세(층)	계약일	보증금 월세(층)	계약일	보증금 월세(층)	계약일	보증금 월세(층)	계약일	보증금 월세(층)
21~31	14,000(11)					1~10	19,000(11)	1~10	19,000 (9)		
						11~20	19,000 (7)	21~31	9,600 33 (2)	11~20	10,000 50(10)
									15,000 (4)		

2012.07		**2012.08**		**2012.09**		**2012.10**		**2012.11**		**2012.12**	
계약일	보증금 월세(층)	계약일	보증금 월세(층)	계약일	보증금 월세(층)	계약일	보증금 월세(층)	계약일	보증금 월세(층)	계약일	보증금 월세(층)
1~10	18,500 (1)			1~10	20,000(11)			1~10	19,000 (3)		
11~20	20,000 (3)				18,000 (4)						
21~31	15,000(15)										
	18,000 (3)										

전세는 대체적으로 1억 8,000만 원에서 1억 9,000만 원 정도에 거래되고 있는 것을 알 수 있다. 월세는 네이버에 있는 매물을 참고할 때

보증금 1억 원에 월세 50만 원이면 무난하게 나갈 것으로 보인다.

임장을 가기 전에 이처럼 인터넷을 통해 입찰하려는 물건에 대해 대략적으로 조사한 후 직접 현상으로 가서 장단점을 파악하고, 부동산 중개업소에서 하는 좀 더 자세한 이야기를 들은 후에 판단하여 입찰하면 된다.

아파트는 이렇게 쉽게 파악할 수 있다. 주택이나 빌라는 인터넷을 통해 조사하기가 쉽지 않다고 생각할지 모르지만, 꼭 그렇지는 않다. 아파트처럼 자세하게 파악할 수는 없지만, 주택이나 빌라 역시 대략적으로 유추할 수는 있다.

부동산 경매 물건으로 나온 빌라가 건축된 연도와 크기를 파악한 후에 그와 비슷한 빌라를 찾아 대략적인 가격을 파악하면 된다. 이 또한 네이버와 국토교통부 실거래가를 통해 얼마든지 알 수 있다.

부동산은 개별성이 강해 직접 현장에 가서 부동산 중개업자들과 대화하고 가격을 파악하는 것만큼 좋은 방법은 없다. 입찰하려는 물건 주변의 중개업소 몇 군데만 돌아다니면 시세와 거래 가격, 전월세 가격 등을 파악할 수 있다.

그래서 부동산은 발품을 많이 팔아야 한다고 이야기하는 것이다. 그렇다고 중개업자의 말을 100% 믿어서도 안 된다. 다양한 정보를 듣고 스스로 판단하고 결정해야 한다.

만일 평일에 도저히 시간을 내기 힘들어 주말에만 현장을 갈 수 있다면, 먼저 인터넷을 통해 충분히 조사하여 머릿속에 정보를 입력하고 현장 조사를 하는 것이 좋다. 시간도 훨씬 절약될 뿐 아니라 입찰할 부동산에 대해 많은 궁금증을 해소하고 더 많은 정보를 얻게 될 것이다.

6. 명도할 때 고려할 점

합당한 가격을 산정하여 낙찰이 되었다면, 이제 부동산 경매에서 가장 힘들다는 명도가 기다리고 있다. 부동산 경매가 여타의 투자와 가장 다른 점은 바로 사람을 직접 상대해야 한다는 것이다.

대지와 같은 몇몇 물건을 제외하면, 경매로 낙찰받아 온전히 본인의 소유물로 사용하고 수익을 내기 위해서는, 반드시 점유하고 있는 임차인이나 전 소유자를 내보내는 과정을 거쳐야 한다.

명도는 최대한 '역지사지'의 입장에서 '금전 문제'를 꼼꼼히 고려하여 진행해야 한다. 역지사지란 비록 내가 새로운 주인이 되었다고 해도, 이미 살고 있는 사람의 입장에서 생각해 봐야 한다는 것이다. 위장 임차인도 때로는 있지만, 대부분 진성 임차인이라는 관점에서 상대방의 입장을 고려해 이야기하는 것이 좋다.

금전 문제는 대부분 이사비를 의미하는 경우가 많다. 보통은 계약기간에 따라 이사 가고 이사 온다. 하지만, 부동산 경매는 뜻하지 않게 이사를 가야 하거나, 보증금을 전액 받지 못하게 되는 일이 종종 있고, 대부분의 점유자들은 그 부분을 낙찰자가 채워 주길 기대한다.

이러한 이사비는 줄 수도 있고, 주지 않을 수도 있다. 여기에는 정답이 없으며, 상황에 맞게 선택해야 한다. 명도 대상자가 전 소유자인지 임차인인지에 따라 대화와 협상이 달라진다. 또 임차인이 보증금을 전액 받는지, 일부만 받는지, 단 한 푼도 받지 못하는지에 따라 달라진다.

전 소유자의 경우부터 이야기하면, 대부분 돈이 없어 자신의 집이 부동산 경매로 넘어갔지만, 그들이 자존심마저 잃어버린 것은 아니다. 고압적인 자세로 대단한 정복자라도 되는 것처럼 그들을 상대하면 반드시 문제가 생긴다. 자신이 원해서 부동산 경매로 집이 넘어간 사람은 단 한 명도 없다. 이 점에 유념하여 상대방과 협상을 해야 한다.

보통 전 소유자의 경우에는 거의 대부분 이사비를 주는 쪽으로 결론이 난다. 이런저런 이야기를 하고 이야기를 들어준다고 해도, 결국 마지막에 그들이 원하는 것이 이사비다. 언제까지 이사를 갈 테니 이사비로 얼마를 달라는 것이다. 이사비를 주어야 할 이유도 없고, 법에도 정해져 있지 않지만, 측은지심을 갖고 상대방이 원하는 금액과 내가 줄 수 있는 금액을 적절히 조율해 합의를 보는 것이 좋다.

이사비는 대개 강제집행비를 기준으로 이야기한다. 강제집행비 금액이 정해져 있는 것은 아니지만, 보통 평수에 따른 이사비보다 조금 더 든다고 보면 된다.

이사비를 협상할 때, 상대방이 먼저 이사비 이야기를 꺼내게 하는 방법과 내가 먼저 이야기하는 방법이 있다. 내가 먼저 이야기할 때는 상대방이 허탈하게 느낄 정도의 금액을 말하는 것이 유리하다.

처음 말한 금액이 바로 기준점이 되기 때문이다. 처음부터 100만 원을 이야기하면, 그 후에 아무리 이야기를 잘해도 최소한 100만 원은 주어야 한다. 10평짜리 빌라의 이사비로 100만 원이나 준다면, 아무리 상대방에 대해 역지사지의 마음과 측은지심을 갖고 있다고 해도 과한 것이 사실이다. 돈이 남아서 이사비를 주는 것은 아니기 때문이다.

보증금을 단 한 푼도 받지 못하는 임차인이 있다면 전 소유자와 비슷한 방법으로 이사비를 책정하여 주면 된다. 보증금을 조금이라도 받는 임차인은 적당한 선에서 잘 이야기하면 되고, 보증금을 전액 받는 임차인이라면 굳이 줄 필요는 없다.

나는 보통 "전세 만기가 되었다고 이사비를 주는 집주인은 없습니다."라고 말한다. 그러면 대부분 수긍한다. 이 부분에 대해서는 앞에서 자세히 다루었으니 참고하면 도움이 될 것이다.

부동산 명도에서 많은 사람이 실수하는 것은 조급함 때문이다. 하루라도 빨리 내보내고 싶은 마음에 상대방을 압박하면, 상대방은 처음에는 선의를 갖고 대화하다가 어느 순간부터 앙심을 품고, 낙찰자를 대화 상대자가 아닌 적으로 간주하게 된다. 이렇게 되면 부동산 명도가 힘든 것은 물론이고, 부동산이 훼손되는 경우도 있다.

특별한 일이 없다면 이사를 가는 기한은 법원에서 배당을 하는 날까지로 하면 큰 무리가 없다. 임차인은 이사를 가고 싶어도 배당일에 보증금을 받아야만 갈 수 있는데, 이를 무시하고 압력을 넣으면 서로 힘들어질 뿐이다. 낙찰받고 배당을 받을 때까지 두 달 넘게 걸리니, 배당일을 기준으로 이사 날짜를 원만하게 정하는 것이 좋다.

부동산 명도를 잘하는 사람은 소송이나 강제 집행을 통해 내보내는 사람이 아니라, 원만하게 대화로 풀어나가는 사람이다. 대화를 하다 하다 도저히 말이 통하지 않으면, 최후의 수단으로 선택할 수 있는 것이 강제 집행이다.

이 또한 실제로 실행한다기보다는 상대방을 압박하기 위한 하나의 수단으로 활용하는 것이 좋다. 실행할 것이라는 액션만 취해도 상대방은 협상 자리에 나오게 되어 있다. 칼자루를 쥐고 있는 것은 바로 낙찰자라는 점을 분명히 인식하게 해주는 것이 가장 좋은 방법이다. 상대방의 기분이 상하지 않을 정도로 승자의 아량을 적당히 보여 주며 협상한다면 웃으면서 상대방과 인사할 수 있을 것이다.

부동산 명도는 어려운 것이다. 컴퓨터 게임처럼 마우스를 클릭해 미션을 완료하는 것이 아니라, 살아 있는 사람을 직접 상대해야 하기 때문이다. 하지만 상대방이 정말로 악독한 사람이 아니라면, 내가 하는 말과 행동에 맞춰 손바닥을 마주치게 되어 있다. 될 수 있는 한 포커 페이스를 유지하며 감정을 드러내지 말고, 차분하게 이성적으로 대화하는 것이 중요하다.

결국 부동산 명도라는 것은 사람과 사람의 관계다. 다 사람 살아가는 일인데, 풀지 못할 일은 없다. 상대방의 자존심을 건드리지 말고, 금전 문제만 잘 협상한다면 어렵지 않게 명도할 수 있을 것이다.

7. 반지하도 사람이 사는 곳

부동산 경매로 낙찰받은 집이 번듯하고 멋진 집이라면 더할 나위 없이 좋다. 하지만 이 글을 읽고 있는 사람은 대부분 돈에 여유가 있어 투자하는 것이 아니다. 오히려 돈이 없어 직장을 다니며 투자해서, 경제적 자유를 얻고 싶어 하는 사람들일 것이다.

게다가 사는 곳이 수도권이라면, 아무리 저가에 매수할 수 있는 부동산 경매라고 해도, 아파트는커녕 빌라에 투자하기도 힘든 경우가 허다하다. 그렇다고 돈을 더 모아 투자하겠다는 생각으로 무작정 목돈을 모으려 하면, 어느 순간 목돈이 모이지도 않고 제자리걸음하고 있다는 것을 알게 된다.

처음부터 괜찮은 아파트를 투자하고 싶지만 현재 처지가 그렇지 않다면, 반지하라도 얼마든지 투자 수단이 될 수 있다는 것을 기억하라. 물론 반지하는 사람들이 선호하지 않는 장소인 것만은 분명하다.

하지만 반지하에도 분명 사람은 살고 있으며, 누군가는 살게 되어 있다. 물론 관리도 어렵고 매도나 임대에도 어려움이 있는 것은 맞다. 본인이 할 수 있는 범위에서 최대한 노력하는 것이 중요하다고 볼 때, 가진 돈은 적지만 투자는 꼭 하고 싶다면, 반지하는 선택할 수 있는 매력적인 대안이 될 수 있다.

나도 반지하 물건을 많이 가지고 있다. 전부 깨끗이 수리하고 임대를 놓았다. 그렇다고 지상층에 비해 보증금이나 월세를 적게 받는 것도 아니다. 심지어 지상층보다 많이 받는 반지하 물건도 있다. 반지하는 사람들이 기피한다는 선입견을 버리고, 어떻게 하면 반지하라도 사람들이 들어가 살고 싶게 만들지 생각해 보면 어떨까?

입찰 전에 부동산 경매에 나온 물건 내부를 구경하기는 쉽지 않다. 아파트와 달리 집마다 구조가 다른 빌라는 더욱 그렇다. 아파트는 비록 물건 내부를 보지 못해도 똑같은 구조의 아파트를 보면서 감을 잡을 수 있지만, 빌라는 그것도 쉽지 않다. 더구나 반지하 빌라라면 더욱 어렵다.

일단 사람들이 반지하를 선호하지 않는 가장 큰 이유는 습기 때문이다. 습한 기운 탓에 곰팡이가 생기는 것이 반지하를 기피하는 가장 큰 이유다. 또 다른 이유는 지상층에 비해 사생활 보호가 잘 안 되기 때문이다. 아무래도 유리창이 사람의 무릎이나 허리 부위에 있다 보니, 지나가는 사람이 내부를 무의식적으로라도 볼 수 있다는 점이 가장 걱정하는 부분이다.

그렇다면, 어떻게 이런 반지하 빌라의 문제점들을 피하고, 괜찮은 반지하 물건을 고를 수 있을까?

먼저 반지하 빌라의 현장 조사를 할 때 출입문 바닥을 잘 살펴봐야 한다. 출입문 바닥이 축축하다면 전체적으로 습기가 많다는 이야기이므로, 빌라 내부에도 습기 문제가 있다고 유추할 수 있다. 이는 분명 문제지만, 거꾸로 보면 그만큼 저가에 낙찰받을 수 있다는 뜻도 된다.

습기 문제는 공사로 얼마든지 해결할 수 있다. 최근에는 기술이 발달해 다양한 방법으로 습기를 제거할 수 있다. 물론 그만큼 공사비가 추가로 든다는 단점이 있지만, 그 부분은 낙찰가를 낮춰 충분히 상쇄할 수 있다.

다음으로 유리창 상태를 봐야 한다. 혹시 유리창이 알루미늄 새시가 아니라 하이 새시나 화이트 새시라면 내부 공사를 했다는 뜻이므로 반지하라도 내부가 좋을 가능성이 크다.

반지하는 낮에 환하지 않은 경우가 많다. 그런데 사실 반지하가 아니라도 옆 빌라와 다닥다닥 붙어 있어, 한낮에도 불을 켜야 할 정도로 어두운 지상층 빌라도 많다.

그에 비해 옆 빌라와 꽤 떨어져 있고, 한쪽이 벽으로 막혀 있어 사생활이 보호되는 반지하라면 지상층보다 훨씬 좋다. 이런 반지하는 낮에 불을 켜지 않아도 될 정도로 환하다. 이런 것을 잘 고르면 반지하라도 괜찮다.

지상층을 높은 가격으로 낙찰받는 것보다는, 반지하를 지상층의 반도 안 되는 가격으로 낙찰받아 리모델링을 통해 깔끔하게 내부를 수리하여 임대를 놓는 것이 여러모로 훨씬 더 좋다. 수익률이나 임대료 면에서도 어정쩡한 지상층보다 더 좋은 경우가 많다.

반지하라서 안 된다는 선입견을 버리고, 어떻게 하면 싸게 낙찰받아 사람들이 들어가 살고 싶은 마음이 들도록 보기 좋게 꾸미느냐로 발상을 전환하면 된다.

물론 단점은 분명 있다. 매매가 쉽지 않다는 것이다. 하지만 임대를 통해 꾸준히 월세를 받거나, 전세를 놓은 후에 저렴하게라도 매매로 내놓는다면, 그동안 받은 금액으로도 충분히 보상을 받고 손해를 보지 않을 것이다.

중요한 것은 반지하냐 아니냐가 아니라, 어떤 목적으로 낙찰받아 어떻게 탈바꿈시킬 것이냐 하는 문제다. 반지하라도 내부를 멋지게 꾸미면, 반지하라는 단점을 충분히 보완하고도 남는다.

집을 보러 온 사람들이 오히려 예쁘다고 칭찬하고, 먼저 계약하고 싶어 한다. 나도 들어가 살고 싶다고 느낄 정도가 되면, 누구든 들어와 살려고 할 것이다. 나 역시 내가 살고 있는 집보다 더 잘 꾸민 반지하 물건들을 가지고 있다.

반지하라는 선입견을 버리고 잘 꾸며 임대를 놓겠다는 생각으로, 최대한 싸게 낙찰받는다면 반지하가 오히려 효자가 될 수 있다.

돈이 많고 여유가 있다면, 당연히 돈을 조금 더 투자해서 지상층 물건을 낙찰받는 것이 맞겠지만, 그렇지 않다면 반지하도 훌륭한 투자 수단이 될 수 있다. 결코 무시하거나 선입견을 갖지 말고 차근차근 잘 살펴 반지하로도 좋은 수익을 보길 바란다.

8. 대출에 대하여

가진 돈이 충분하다면, 굳이 대출을 받아 부동산 물건을 매입할 이유는 없다. 하지만 부동산 경매를 하는 사람들이 금전적인 여유가 있어 부동산 경매를 하는 것은 아니다. 경제적 자유를 이루기 위한 방편의 하나로 경매를 한다. 그러니 가진 돈이 많을 리 없다.

물론 금전적인 여유가 있는 사람들이 '레버리지 투자(낮은 이자의 대출을 지렛대 삼아 고수익 투자를 하는 것)'를 위해 대출을 받기도 하지만 말이다. 대출을 받지 않고 부동산 경매를 하는 것과 대출을 받고 부동산 경매를 하는 것 중에 선택하라면, 사실 정답은 없다. 각자 자신의 능력과 상황에 맞게 선택하면 된다. 때로는 돈이 있어도, 수익률을 높이기 위해서 또는 절세 측면에서 대출을 받기도 한다.

사실 1억 원이나 되는 현금을 동원할 수 있는 사람은 그다지 많지 않다. 그래서 누군가 대출 없이 순전히 자신이 가진 현금으로 그 정도

가격의 부동산을 매입한다면, 국세청에서 혹시 증여나 상속받은 돈으로 매입한 것은 아닌가 하는 의심을 할 수도 있다. 물론 실제로 자금 출처에 대해 소명을 해야 하는 경우는 극히 드물다.

우리가 투자할 때 5,000만 원짜리 빌라 한 채를 현금으로 사는 것보다, 5,000만 원짜리 빌라를 낙찰받아 4,000만 원을 대출받고, 내 돈 1,000만 원만 투자하여 5채를 매입하는 것이 더 솔깃하고 매력적이다.

하지만 레버리지를 활용한 투자는 양날의 칼과도 같다. 잘못하여 조금이라도 삐끗하면 돌이킬 수 없는 상황이 올 수 있으니, 잘 조절해서 현명하게 대출받는 것이 좋다.

처음에는 큰 부담 없이 대출을 받지만, 대출이 쌓이다 보면 어느 순간 대출 이자와 함께 원금을 일부라도 갚아야 하는 시기가 온다. 대출이 만기되었을 때 은행이 원금 일부 상환을 요구하는 경우도 있기 때문이다.

이런 상황을 만났을 때, 현금이 부족하면 하루하루 피가 마르는 심정으로 전전긍긍하게 된다. 힘들게 겨우겨우 쌓아 놓은 성이 순식간에 무너질 수도 있다. 레버리지 활용에는 이런 위험이 존재한다. 현명한 대출은 피와 살이 되지만, 과한 대출은 패가망신을 불러올 수 있다.

경락 대출은 평소 거래하던 은행을 통해 받는 경우도 있지만, 부동산 경매는 등기부등본에 있는 모든 권리를 말소해야 하는 특수한 과정을 거치기 때문에 취급하지 않는 은행도 많다. 그래서 대부분 법원에서 활동하는 대출 중개인을 통해 받는다.

법원 근처에서 활동하는 대출 중개인들은 다년간 부동산 경매 대출업무를 한 사람들이다. 각각의 물건에 맞춰 좋은 조건을 제시한다. 물론 가끔은 과도한 법무비를 나에게 떠넘기는 것은 아닌가 하는 의구심이 들기도 한다.

드물게 과도한 대출 수수료를 제시하는 경우도 있지만, 여러 대출 중 개인의 대출 조건을 비교해 보면 큰 차이는 없다. 요즘은 정보가 많이 공개되어 바가지를 쓰는 일은 거의 없다. 그러니 대출 조건을 비교해 본 후에 조금만 깎고 대출을 실행하는 것이 좋다.

상담할 때의 조건과 실제 은행에 가서 자서하고 대출받을 때 조건이 달라지는 경우도 가끔 있다. 이럴 경우를 대비해 자서를 서둘러서 일찍 해놓는 것도 한 방법이다. 자서를 한다고 해서 꼭 그 은행에서 바로 대출받아야 하는 것은 아니다. 자서만 해놓고 실제 대출 실행은 나중에 해도 된다. 그러니 최대한 자서는 일찍 하는 것이 좋다.

대출 중개인들도 중개를 통해 먹고사는 사람이고, 대출할 때 필요한 각종 서류를 은행에 직접 제출하고, 소유권이전 등기도 하는 법무사도 그것으로 먹고사는 사람이다. 지나치게 과도한 수수료라면 따져봐야겠지만, 그렇지 않다면 그대로 실행하면 된다.

법무사에 지불한 수수료는 나중에 부동산을 매도할 때 양도세 감면을 받을 수 있다. 먼저 조금 더 지불한다고 해도 나중에 다 돌려받을 수 있으니 크게 개의치 말기 바란다.

9. 리모델링에 대하여

지은 지 얼마 되지 않아 경매로 나오는 부동산도 있지만, 대부분 최소 10년 넘은 물건들이 경매로 나온다. 사는 동안 아무리 집을 깨끗하게 써도 작은 흠집이나 수리할 부분들이 어쩔 수 없이 생긴다.

명도가 끝나면 부동산에 매매나 임대를 내놔야 하는데, 이럴 때 리모델링이 된 집과 그렇지 않은 집은 차이가 크다. 사람은 누구나 조금이라도 더 깨끗하고 좋은 집에서 살고 싶어 한다. 같은 가격이라면 조금이라도 흠이 없는 집을 선택하는 것이 인지상정이다.

그래서 내부를 깨끗하게 꾸몄다는 이유만으로 주변의 집들보다 비싼 가격에 임대를 놓는 경우도 많다. 다른 곳이 보증금 1,000만 원에 월세 30만 원일 때, 약간의 돈을 들여 리모델링하면 보증금 1,000만 원에 월세 35만 원이나 40만 원도 가능하다.

이왕이면 돈을 조금 더 지불하고서라도 좀 더 좋은 곳에서 거주하고 싶은 인간의 욕망 때문이다. 낙찰받고 빈집 상태에서 깨끗하게 리모델링을 제대로 하면, 그다음부터는 크게 신경 쓰지 않아도 되고, 새로운 세입자를 구할 때도 따로 손보지 않아도 된다.

리모델링하는 방법은 본인이 모두 직접 하는 방법, 모든 과정을 업체에 통으로 맡기는 방법, 그리고 본인이 큰 틀을 주관하고 각각 공정에 맞는 업체 사람을 불러 맡기는 방법이 있다. 통으로 맡기는 방법은 제일 간단하지만, 비용이 많이 든다. 직접 하는 방법은 돈은 제일 적게 들지만, 몸도 고되고 생각만큼 예쁘게 안 나오는 경우가 많다.

한 번 정도는 직접 해보면서 경험을 쌓고, 그다음부터는 각각의 공정을 업체에 맡겨 하나씩 해나가는 방법이 시간도 절약되고 돈도 절약된다. 물론 믿을 만한 업체가 있다면 통으로 맡기는 것도 좋다.

각각의 장단점이 있으므로 자신의 상황에 따라 선택하면 된다. 시간 절약에 주안점을 두느냐, 비용 절감에 주안점을 두느냐에 따라, 다른 선택을 할 수 있다. 어떤 방법을 쓰든 리모델링을 하려면 확실하게 하는 것이 좋다. 어정쩡하게 하면 어느 부분은 마음에 들지만, 어느 부분은 미진해서 리모델링을 한 후에도 찜찜하고 아쉬운 마음이 남기 마련이다. 미진한 부분만 다시 하려면 추가로 드는 비용이 만만치 않다.

처음부터 리모델링을 한다는 생각으로, 리모델링 비용을 감안하고 입찰가를 산정하는 것이 좋다. 리모델링은 보통 페인트칠, 도배, 장판, 싱크대 교체, 욕실 타일과 변기 교체 등을 하게 되며, 그 외에는 상황에 따라 달라진다. 새시는 비용이 가장 많이 드는 부분이니 충분히 고민해야 한다. 새시는 필요비로 나중에 양도세에서 전액 환급받을 수 있다는 점도 기억하자.

리모델링비는 각자의 경험과 노하우에 따라 달라지지만, 나는 10평 기준으로 300~400만 원 정도를 책정한다. 이 정도면 페인트칠, 도배, 장판, 싱크대, 세면기, 변기 교체까지 할 수 있다. 이 정도면 내부가 새집처럼 변한다. 욕실은 타일을 깨끗이 청소하는 것만으로도 새것처럼 바뀐다. 하는 김에 새로 교체하면 좋겠지만, 그게 어렵다면 각자 자금에 따라 선택하고 조정하면 될 것이다.

리모델링에서 제일 중요한 부분은 여성이 관심을 갖는 부분과 일치한다. 남성이 잠을 자는 장소로서 집을 구한다면, 여성은 자신이 거주하고 생활하는 곳으로 집을 구한다. 따라서 남성의 눈이 아닌 여성의 눈으로 여성들이 좋아할 만한 리모델링을 해야 한다.

이런 이유로 주방은 중요하다. 그래서 싱크대는 될 수 있는 한 교체하는 것이 좋다. 낙찰받은 집의 싱크대가 거의 새것이라면, 별것 아닌데도 비용이 절약되어 기분이 좋을 정도로 싱크대는 리모델링에서 무척 중요한 부분이다.

많은 집주인이 비용을 아끼려고 리모델링을 하지 않고 임대를 놓는다. 그러면서 임대가 안 나간다고 하소연한다. 몇 가지만 교체하고 임대를 내놓으면 금방 집이 나간다는 점을 잊지 말자.

부동산 중개업자도 같은 조건이면 당연히 리모델링이 잘된 물건을 먼저 보여 주게 되어 있다. 단지 리모델링을 했다는 이유 하나만으로 주변 집들보다 높은 가격에 내놔도 잘 나가는 경우가 많다. 부동산 경매에서 리모델링은 선택이 아니라 필수다.

10. 입찰가 산정에 대하여

아무리 열심히 권리분석을 하고 임장을 해도, 낙찰받지 못하면 아무 소용이 없다. 사실 낙찰받는 방법은 아주 간단하다. 무조건 높은 가격을 써내면 낙찰받는다.

하지만 우리가 부동산 경매를 하는 이유는 시세보다 더 싸게 매수하기 위해서지, 단순히 경매로 부동산을 취득하기 위해서가 아니다. 그렇다고 무조건 낮은 가격을 쓴다면 낙찰받는 것은 요원한 일이다. 이래저래 내가 이익을 볼 수 있는 금액 한도 내에서 적절히 낙찰받을 수 있는 금액을 쓰는 것은 꽤 어려운 일이다.

낙찰받아 이익을 많이 보면 좋겠지만, 나 혼자만 부동산 경매를 하는 것도 아니다. 여러 명이 경쟁하여 가장 높은 가격을 써낸 사람이 소유권을 취득하는 제도라서, 최대한 합리적인 금액을 산정하는 것이 중요하다. 너무 높은 금액을 써내면 이익은커녕 손해를 볼 수 있고, 너무 낮은 금액을 써내면 남들 들러리만 서면서 시간만 낭비하고 절대 낙찰받을 수 없다.

매매를 목적으로 입찰가를 산정하는 것은 논외로 하자. 취득하고 1 년 이내에 양도하면 양도세가 엄청나기 때문이다. 단기 매매는 이익이 나더라도 실제 수익은 얼마 되지 않고, 국가에 수익의 대부분을 기부하는 셈이 된다.

물론 단기 매매라도 절세를 통해 이익을 내는 경우도 있지만, 여기에는 어느 정도 편법이 동원되는 측면도 있어 이 부분은 생략한다.

임대를 기준으로 입찰가를 산정할 때 2~3년 후 매매를 목표로 삼으면 좋다. 임대를 놓아 당장 목돈을 투입하는 부담을 줄이고, 임대를 놓는 기간 동안 월세를 통해 조금이라도 이익을 볼 수 있다. 이것 자체로도 훌륭한 투자일 테니 임대를 기준으로 입찰가를 산정해 보자.

계속 바뀌는 세법

2019년 현재 정부의 부동산 규제로 조정대상지역은 2년 후 매매를 해도 양도세가 많이 나온다. 하지만, 이런 규제는 영원할 수 없다는 점을 기억하자. 시간이 흐르면 결국 규제가 풀리고, 양도세 부담없이 자유롭게 매매할 수 있게 될 것이다.

감정가 1억 원인 아파트가 있다. 감정가와 실거래가는 다르다. 부동산 거래가 활발한 상승기에는 실거래 가격이 감정가보다 높은 경우가 많다. 반대로 부동산 거래가 지지부진한 하락기에는 실거래 가격이 감정가보다 낮은 경우가 많다. 감정평가사가 감정을 하고, 4~6개월 후에 경매가 진행되기 때문이다.

네이버 부동산을 통해 확인해 보니 전세 시세는 6,000만 원이고, 월세 시세는 보증금 1,000만 원에 월세 45만 원이다. 낙찰가의 80%를 대출받는다고 가정하고, 얼마로 입찰가를 산정하면 좋을지 따져 보자.

이 집의 전세 시세는 6,000만 원이다. 이때 경매 물건에 특별한 하자가 없다면, 낙찰가는 전세 시세보다는 더 높다. 왜냐하면 전세 시세보다 싸게 낙찰받고, 수리해서 높게 전세를 놓으면 무조건 남는 장사라는 것을 모두 다 알기 때문이다.

이 집을 7,000만 원에 낙찰받는다고 가정하자. 취득세, 법무사 비용, 이사비, 리모델링비 등을 넉넉하게 낙찰가의 10%로 잡자. 그럼 소유권을 이전하는 데 필요한 돈은 총 7,700만 원(= 7,000 + 700)이다.

낙찰가의 80%를 대출받으면 대출금은 5,600만 원이다. 따라서 소유권을 이전하기 위해 필요한 돈은 2,100만 원(= 7,700 - 5,600)이다. 이때 보증금 1,000만 원, 월세 35만 원으로 임대 놓으면, 실제 들어간 돈은 1,100만 원이다.

대출 5,600만 원의 금리를 5%로 가정하면, 매월 이자는 23만 3,000원이다. 매달 월세 35만 원을 받아 이자 23만 3,000원을 내면, 이자를 내고도 11만 7,000원이라는 현금이 생긴다.

이렇게 매월 10만 원 넘는 현금이 생기는 수익형 주택이라면 굳이 팔아야 할 이유는 없다. 1년에 생기는 이익만 140만 원이다. 몇 년간 이렇게 임대를 놓은 후 8,500만 원에 팔면, 양도세도 적을 뿐만 아니라 실제로 낼 세금은 거의 없다. 그동안 얻은 월세 수익에 양도할 때의 이익까지 합하면, 흔히 말하는 화수분이나 다름없다.

수도권에는 보증금 500만 원, 월세 30만 원 이상 나오는 빌라가 꽤 많다. 이런 빌라를 대상으로 입찰가를 산정해, 월 10만 원 이상 들어오는 파이프라인을 만들어 보자.

경매로 나온 빌라의 감정가는 7,000만 원이다. 월세 30만 원을 받아 10만 원 이익을 남기려면, 매월 이자는 20만 원이다. 1년 이자는 총 240만 원이다.

대출 이자율을 5%로 가정하자. 이걸 역으로 환산해서 대출금을 계산하면, 대출금은 4,800만 원(= 240만 원 / 5%)이 된다. 따라서 낙찰가의 80%인 4,800만 원을 대출받는다고 가정하면, 낙찰가는 6,000만 원(= 4,800만 원 / 80%)이다.

취득세, 법무사 비용, 이사비, 리모델링비 등을 낙찰가의 10%로 잡으면 600만 원이다. 이렇게 되면 총 투자금은 6,600만 원이다. 여기서 대출 4,800만 원을 제하면 1,800만 원이 지출된 셈이고, 월세를 놓아 보증금 500만 원을 받으면, 실제 투자금은 1,300만 원이 된다. 이를 보기 쉽게 표로 작성해 보면 다음과 같다.

단위: 만 원

감정가		7,000
낙찰가	감정가의 85%	6,000
취득비+리모델링비	낙찰가의 10%	600
대출금	낙찰가의 80%	4,800
대출 연이자	5%	240
대출 월이자		20
월세	500만 원 (보증금)	30
월수입		10
연수입		120
투자금		1,800
실투자금		1,300

위 계산은 임의로 한 것이라 금액이 정확하지 않을 수 있지만, 실제로 해보면 이와 비슷한 결과가 나올 것이다. 수도권을 잘 살펴보면 이런 빌라나 아파트는 얼마든지 있다.

여기서 중요한 것은 위에 나온 계산처럼 따져서 충분히 수익이 나는 가격에 낙찰받는 것이다. 입찰가를 산정했으면 흔들리지 말고 그 금액으로 입찰해야만 원하는 수익을 얻을 수 있다.

위 계산은 책이라는 한계 때문에 글로 길게 썼다. 실제로는 엑셀로 계산식을 만들어, 숫자만 넣으면 바로 답이 나오게 만들 수 있다. 그럼 누구나 쉽게 입찰가를 산정할 수 있다.

어떻게 보면 획일적인 입찰가가 나올 것 같지만 실제로는 그렇지 않다. 사람마다 각자 월 수익 목표, 법무사 비용, 이사비, 리모델링비 기준이 다르기 때문이다.

앞 예에서는 월수입을 10만 원으로 잡았지만, 5만 원으로 잡을 수도 있고, 15만 원으로 잡을 수도 있다. 아니면, 월수입은 미미하더라도 보증금을 높여 실제 투자되는 금액이 적게 들도록 입찰가를 산정할 수도 있다.

월세가 아니라 전세를 받는 시스템으로도 산정할 수 있다. 시세 1억 원, 전세 6,500만 원인 아파트가 있다. 7,500만 원에 낙찰받는다고 가정할 때 낙찰가의 80%인 6,000만 원을 대출받을 수 있다.

시세 1억 원인 집에 대출이 6,000만 원이나 있다면 6,500만 원에 전세로 들어올 사람은 없을 것이다. 이럴 때는 전세 보증금을 받아 대출을 상환하는 조건으로 계약하면 된다.

또는 전세 보증금을 조금 낮춰서 6,000만 원에 내놓고, 4,000만 원만 대출 상환하고, 대출 2,000만 원을 남기는 조건으로 계약할 수도 있다. 이때는 내 돈이 들지 않고, 다시 투자금을 손에 쥐게 된다.

그리고 다음에 낙찰받는 물건은 월세 시스템으로 10만 원이 들어오게 하여, 앞서 낙찰받은 전세 물건의 대출 이자를 내게 만들자. 그러면 실제로 이자를 전혀 내지 않으면서 오히려 두 채의 주택을 마련하고 몇 년 후에 매매하여 이익을 볼 수 있다. (p146~147에서 설명했던 방법)

이처럼 꼭 매매를 기준으로 삼지 않고, 임대를 기준으로 산정해도 충분히 원하는 이익을 얻을 수 있다. 중요한 것은 자신이 정한 원칙을 지키는 것이다.

매월 들어오는 수입을 10만 원으로 정했다면 모든 계산 후에 10만 원이 들어오는 입찰가를 산정하고 입찰해야 한다. 수도권에서 찾기가 쉽지는 않지만, 잘 찾아보면 분명히 있다.

지방으로 내려가면 수도권보다는 훨씬 많다. 매매를 목적으로 하기보다는 임대를 목적으로 입찰가를 산정하고, 몇 년 후에 시세대로 팔아 이익을 얻는 것이 효과적일 수 있다.

11. 전업 투자에 대하여

우리는 남들이 출근하는 시간에 출근하지 않고 여유롭게 하루를 시작하고, 평일에도 하고 싶은 것을 하며 쉬엄쉬엄 투자하면서 사는 사람을 전업투자자라고 착각하기 쉽다.

'전업'이라는 말은 부동산 경매를 사업으로 하고 있다는 뜻이다. 이왕 하는 사업, 멋지게 직장을 때려치우고 하면, 더 많은 시간을 할애할 수 있고 오로지 이 일에만 전념할 수 있을 것처럼 보인다.

하지만 실제로는 부동산 경매를 직업으로 하는 사람이 그리 많지 않다. 또한 부동산 경매를 전업으로 하겠다고 직장을 때려치운 사람들 대부분은 다시 직장으로 돌아간다.

이유가 뭘까? 상사의 눈치를 보고 사람들에게 이리저리 치이면서 왜 다시 출퇴근을 하려고 할까? 한가롭게 쉬면서 투자할 때는 투자하고, 취미 생활도 즐기며 살 수 있을 텐데 말이다.

사업은 어느 것 하나 쉬운 것이 없다. 사업이 쉽다면 자영업을 하는 사람들 중 망하는 사람이 없어야 한다. 하지만 주변을 둘러보면 망하는 가게가 많다. 사업을 한다는 것은 모든 것을 자신이 책임져야 한다는 의미도 되지만, 24시간 내내 사업에 모든 힘을 쏟아야 한다는 의미도 된다. 잠시도 사업에 소홀해서는 안 된다. 그렇게 해야 겨우 실패하지 않게 된다.

전업 투자를 하려면 최소한의 전제조건이 있다. 임대 수입이든 다른 수입이든 매월 지출하는 생활비만큼은 수입이 생겨야 한다. 이 조건이 충족되지 않으면 목돈을 갖고 있어도 쉽게 쓸 수 없다. 생활비는 어떠한 일이 있어도 무조건 지출되어야 하는 필수비이기 때문이다. 이 조건이 충족되지 않는다면 무조건 전업 투자를 미루는 것이 좋다.

직장을 다니며 부동산 경매로 몇 건 낙찰받고 수익을 내다 보면, 전업에 대해 고민하게 된다. 상사의 눈치도 지겹고, 틀에 박힌 일상도 힘들고, 여유롭게 나만의 시간을 갖고 싶다는 고민도 하게 된다. 또한 본격적으로 부동산 경매를 하면 더 많은 돈을 벌 수 있을 것 같다는 생각에 사로잡히게 된다. 그러다 보면 오히려 시야가 좁아지고 조급한 마음에 전업에 달려들게 되는 경우가 많다.

직장을 다니면서 부동산 경매 경험을 쌓고, 낙찰 물건을 통해 생활비를 충당할 수 있는 수입 구조가 만들어질 때, 전업에 대해 고민해도 늦지 않다. 그렇게 되면, 월급을 적게 받더라도 시간이 비교적 자유로운 파트타임으로 근무할 수도 있다.

그렇지 않은 상황에서 직장을 그만두면, 매달 돌아오는 생활비의 압박은 상상을 초월한다. 돈이 있어도 쓸 수 없는 상황이 되기 때문이다. 매달 월급이 들어온다면 가진 목돈을 얼마든지 활용할 수 있지만, 그렇지 않다면 아무리 목돈을 갖고 있어도 만약을 대비해서 쓰지 못하고 갖고 있어야 한다.

그러다 보면 어느 순간 목돈이 서서히 작아지고, 마음은 급해지고, 투자는 할 수 없고, 조급한 마음에 시작한 투자는 실패하는 악순환이 반복된다.

전업을 생각한다면 무조건 생활비를 벌 수 있는 시스템을 만든 후에 하기 바란다. 부동산 경매를 통해 시스템이 아니더라도, 생활비가 매월 생기는 구조가 완성되었을 때 부동산 경매 전업을 시작해도 늦지 않다. 그런 상황이 되어야만 부동산 경매를 더욱 여유 있고 부담 없이 할 수 있다.

12. 부동산 경매를 통한 경제적 자유

부동산 경매를 하는 이유는 여러 가지가 있겠지만, 결국 목표는 경제적 자유를 얻는 것이다. 경제적 자유를 이루기 위해 선택한 방법이 부동산 경매인 것이다.

나 역시 그런 이유로 부동산 경매를 하고 있다. 부동산 경매뿐 아니라 다른 투자도 병행하고 있지만, 아직까지 우리나라에서 가진 돈이 없는 사람이 할 수 있는 가장 확실한 투자 방법은 부동산 경매다.

여러 투자 방법 중 부동산 경매를 택한 이유는 저가에 매수할 수 있다는 장점 때문이다. 유망한 지역을 급매보다 싸게 낙찰받고, 경락 대출을 활용하여 큰 돈 들이지 않고 소유할 수 있다.

낙찰받고 명도를 끝낸 후 빈집 상태에서 임대 또는 매매를 원하는 대로 선택할 수 있다는 것도 부동산 경매만이 지닌 큰 매력이다. 이러한 이유로 많은 사람이 부동산 경매에 관심을 갖고 공부하고 낙찰받으려고 하는 것이다.

하지만 부동산 경매를 통해 경제적 자유를 얻는 것이 그리 쉬운 일은 아니다. 책이나 신문을 보면 부동산 경매를 통해 부자가 된 사람들에 대한 이야기가 종종 나온다.

왜 그럴까? 그만큼 흔하지 않기 때문이다. 그래서 그들이 책을 펴내고 뉴스에 나오는 것이다. 흔하다면 책을 펴낼 일도 없을 테고, 기자들이 인터뷰하려 하지도 않을 것이다. 그만큼 어렵고 힘든 과정을 거쳤기 때문에 부자가 된 것이다.

어떤 분야든 그 분야를 잘하는 사람이 있다. 그리고 잘하는 사람이 부를 일구는 경우가 많다. 일을 잘한다는 의미는 남들보다 돈을 많이 벌고 있다는 뜻이다. 자본주의 사회에서 이는 당연한 일이다.

사실 부동산 경매를 통하지 않아도 경제적 자유를 얻을 방법은 많다. 실제로 부동산 경매가 아닌 다른 방법으로 경제적 자유를 얻는 사람이 더 많은 것이 현실이다. 하지만 부동산 경매를 통해서도 분명 경제적 자유를 얻을 수 있다. 한 가지만 유념하면 된다. 조급한 마음을 버리고 끝까지 포기하지 않는 것이다.

부동산 경매를 시작한 지 몇 년 만에 부자가 되었다는 이야기를 들으면 자신도 모르게 혹하게 되어 있다. 답답한 현실을 벗어나 나도 그들처럼 단 몇 년 만에 멋지게 경제적 자유를 얻고 싶다고 생각하지만, 현실은 그리 녹록지 않다.

축구를 하는 모든 선수가 박지성이 될 수 없고, 야구를 하는 모든 선수가 박찬호가 될 수 없는 것과 마찬가지다. 박지성 선수의 게임을 TV로 본다고 해서 박지성 선수와 같은 운동 능력을 보여 줄 수는 없다. 그저 TV로 보면서 대리만족할 뿐이다.

그런데 투자 세계에서는 너도나도 박지성 선수가 될 수 있다고 말한다. 부동산 경매를 통해 빠르게 경제적 자유를 이룩한 사람들은 박지성 선수와 같은 사람들이다. 어려운 시절을 참고 견디며 끝까지 포기하지 않고 묵묵히 노력한 사람들만이 빠르게 경제적 자유를 얻을 수 있는 것이다.

우리가 박지성 선수는 될 수 없지만, 조급해하지 않고 천천히 한 발한 발 전진한다면, 조금 늦더라도 경제적 자유를 얻을 수 있다.

하루빨리 경제적 자유를 얻겠다고 모든 에너지를 짧은 시간 안에 쏟아부은 후, 방전된 에너지를 충전하지 못하고 부동산 경매 세계를 떠나 다시는 돌아오지 않는 사람이 너무나도 많다.

서두르다 보니 제대로 된 권리분석이나 시장분석을 하지 않고 덜컥 낙찰받고, 이익은커녕 손해만 본다. 그리고 다시는 부동산 경매를 쳐다보지도 않는다. 거의 대부분 욕심이 앞서 생긴 결과다.

내가 지금까지 설명한 방법대로 1년에 두세 채씩 꾸준히 임대를 놓는다면, 아니 1년에 한 채라도 꾸준히 임대를 놓으면서 매매도 한다면, 10년이 지난 후에는 당신도 경제적 자유에 아주 근접해 있을 것이다.

욕심이 앞서 일을 그르치는 경우가 많다. 하루라도 빨리 경제적 자유를 얻고 싶은 것은 당연한 마음이다. 하지만 급히 먹는 밥이 체한다고, 급히 이룩한 부는 모래 위에 쌓은 성처럼 파도에 휩쓸리기 쉽다.

서서히 튼튼하게 쌓아 올린 성은 쉽게 무너지지 않는다. 그리고 그렇게 경제적 자유를 이룩한 사람은 경제적으로도 정신적으로도 만족하는 삶을 살 수 있게 된다.

누구나 경제적 자유를 얻을 수 있다. 하지만 경제적 자유는 그 과정을 끝까지 인내한 사람에게만 주어지는 열매다. 쉽게 얻을 수 있다면 누구나 다 부동산 경매에 도전하여 부자가 되었을 것이다. 그만큼 쉽지 않은 여정이다. 쉽지 않은 여정이라 그 열매를 맛보는 사람이 적다.

확실한 것은 조금 늦더라도 천천히 한 발 한 발 전진한다면, 당신도 분명 경제적 자유를 얻을 수 있다는 점이다.

부동산 경매 따라잡기

권리분석 뚝딱

권리분석 뚝딱

초보자는 권리분석을 너무 어렵게 생각한다. 하지만 핵심만 알면 권리분석은 정말 쉽다. 대부분의 경매 사건은 근저당권, 가압류, 압류, 임차권 같은 간단한 권리로 되어 있기 때문이다.

우리가 권리분석을 할 때 등기부등본, 매각물건명세서, 현황조사서, 감정평가서, 문건처리내역, 문건송달내역 등을 참고한다. 이 서류 중 가장 중요한 것은 매각물건명세서다. 매각물건명세서를 볼 줄 알고, 몇몇 주의사항만 지키면, 누구나 쉽게 권리분석을 할 수 있다.

매각물건명세서는 법원에서 제공하는 부동산 보증서라고 생각하면 이해가 쉽다. 여기에는 임차인이 누구인지, 언제 전입신고를 했는지, 보증금은 얼마인지, 소멸하지 않는 권리는 무엇인지, 입찰자가 주의할 점은 무엇인지 등 우리가 직접 조사할 수 없는 내용이 기재된다.

바꿔 말하면, 법원에서 작성한 매각물건명세서에 기본적인 권리분석이 되어 있다는 뜻이다.

1분 만에 끝내는 실전 권리분석

아래 실전 경매 사건으로 권리분석 실습을 해보자. 요령만 알면, 누구나 1분 만에 권리분석을 할 수 있을 것이다.

건물 등기 사항 ▶ 건물열람일 : 2015-02-04　　　　　　　📋 **등기사항증명서**

구분	성립일자	권리종류	권리자	권리금액	상태	비고
갑4	2008-07-09	소유권	김혜일	(거래가) 273,000,000원	이전	매매
갑12	2012-08-03	소유권	김■경		이전	강제경매로 인한 매각
을14	2012-08-03	(근)저당	한국주택금융공사	216,000,000원	소멸기준	(주택) 소액배당 6500 이하 2200 (상가) 소액배당 4500 이하 1350
갑17	2014-11-06	가압류	신용보증기금	540,000,000원	소멸	
갑18	2014-11-20	가압류	인천신용보증재단	85,000,000원	소멸	
갑19	2014-11-25	가압류	중소기업은행	30,188,008원	소멸	
갑20	2014-12-01	가압류	국민은행	15,000,000원	소멸	
갑21	2014-12-17	압류	인천광역시중구		소멸	(건축과-40583)
갑22	2015-01-26	임의경매	한국주택금융공사	청구: 183,154,186원	소멸	2015타경■■■(배당종결)

(말소 기준권리)

(매각으로 모두 소멸)

(1) 등기권리 요약을 본다

첫째, 등기권리에 근저당, 가압류, 압류같이 평범한 권리만 있는지 확인한다. 위 등기권리를 살펴보면 조건을 충족한다. 따라서 등기권리는 문제가 없다고 볼 수 있다. 돈 받는 것을 목적으로 하는 권리(근저당, 가압류, 압류, 담보가등기, 경매개시등기)는 경매의 매각으로 모두 소멸하기 때문이다.

둘째, 은행의 근저당권이 가장 앞선 권리인지 확인한다. 은행이 먼저 대출해 준 물건은 문제가 없을 가능성이 크다. 은행은 권리상 문제가 있으면 대출을 해주지 않기 때문이다. 쉽게 말하면, 은행이 대출해 줄 때 권리상 문제가 없었다는 뜻이다. 이 부동산의 최초 근저당권자는 한국주택금융공사다. 한국주택금융공사는 은행권으로 볼 수 있다. 따라서 이 경매사건은 안전할 가능성이 높다.

(2) 매각물건명세서를 본다

이제 매각물건명세서를 통해 진짜 안전한 물건인지 따져 보자.

사건	2015타경■■■ 부동산임의경매		매각물건번호	1	담임법관(사법보좌관)	임●택
작성일자	2015.11.10	❶	최선순위 설정일자	2012.08.03.근저당권		
부동산 및 감정평가액 최저매각가격의 표시	부동산표시목록 참조		배당요구종기	2015.04.07 /		

부동산의 점유자와 점유의 권원, 점유할 수 있는 기간, 차임 또는 보증금에 관한 관계인의 진술 및 임차인이 있는 경우 배당요구 여부와 그 일자, 전입신고일자 또는 사업자등록신청일자와 확정일자의 유무와 그 일자

점유자의 성명	점유부분	정보출처 구분	점유의 권원	임대차 기간 (점유기간)	보증금	차임	전입신고일자.사업자등록신청일자	확정일자	배당요구 여부 (배당요구 일자)
김●자	전부	권리신고	주거 임차인	2014.9.5.~ 2016.9.5.	27,000,000		2014.09.05.	2014.09.05.	2015.02.02
박●호	이건 전부	현황조사	주거 임차인	2014/09/05-2016/09/05	27,000,000		2014.09.05	2014.09.05	

〈 비고
박광호 : 임차인 김형자의 남편

※ 최선순위 설정일자보다 대항요건을 먼저 갖춘 주택.상가건물 임차인의 임차보증금은 매수인에게 인수되는 경우가 발생할 수 있고, 대항력과 우선 변제권이 있는 주택,상가건물 임차인이 배당요구를 하였으나 보증금 전액에 관하여 배당을 받지 아니한 경우에는 배당받지 못한 잔액이 매수인에게 인수되게 됨을 주의하시기 바랍니다.

※ 등기된 부동산에 관한 권리 또는 가처분으로서 매각으로 그 효력이 소멸되지 아니하는 것
❸ 해당사항 없음

※ 매각에 따라 설정된 것으로 보는 지상권의 개요
❹ 해당사항 없음

※ 비고란
❺

❶ 최선순위 설정일자를 확인한다

최선순위 설정일자(말소기준권리)를 보자. '2012.08.03 근저당권'이라고 적혀 있다. 그러므로 말소기준권리는 한국주택금융공사의 근저당권이다.

❷ 임차인의 권리를 확인한다

①과 ②의 날짜를 비교하여 임차인의 대항력을 따져 보자. 임차인은 2014년 9월 5일에 전입신고를 했고, 2014년 9월 6일 0시에 대항력을 취득했다. 말소기준권리(2012.08.03)와 대항력 취득시점(2014.09.06 0시)을

비교하면 말소기준권리가 더 빠르다. 그러므로 대항력 없는 후순위 임차인이다. 따라서 더 이상 임차인을 분석하지 않아도 된다. 후순위 임차인의 권리는 무조건 소멸하기 때문이다.

만약 선순위 임차인이면, 초보자는 입찰하지 않는 것이 좋다. 배당의 함정에 빠져, 예상과 다르게 보증금을 인수할 가능성이 있기 때문이다.

점유자 내역의 '정보출처구분'과 '비고'

위 사건은 두 명의 임차인이 보증금 2,700만 원에 전입한 걸로 나와 있다. 그렇다면 임차인이 두 명일까? 그렇지 않다. 비고란에 '박○호: 임차인 김○자의 남편'이라고 적혀 있기 때문이다. 따라서 두 사람은 부부이고 실제 임차인은 한 명임을 알 수 있다.

정보출처구분에 '권리신고'와 '현황조사' 항목이 있다. '현황조사'는 집행관이 현장 조사를 나가서 아내 김○자씨를 만나서 조사한 내용이고, '권리신고'는 남편 박○호씨가 법원에 제출한 내용이다.

여기서는 권리신고와 현황조사의 전입신고일이 같지만, 가끔 현황조사의 전입일과 권리신고의 전입일이 다른 경우도 있다. 그럴 때는 무조건 '권리신고'를 기준으로 판단하도록 하자.

---

❸ 소멸하지 않는 권리가 있는지 확인한다

여기에 '해당사항 없음'이라고 기재되었다면, 등기부등본에 기재된 권리 중 소멸하지 않는 권리가 없다는 뜻이다. 바꿔 말하면, 등기부등본의 모든 권리가 소멸한다는 뜻이다.

만약 여기에 뭔가 적혀 있다면, 낙찰자가 그 권리를 인수한다. 예를 들어, '매각에 의하여 말소되지 않는 가처분 있음(2013.9.25. 접수 제 10935호)' 같은 문구가 적혀 있으면, 낙찰자가 가처분을 인수한다는 뜻이다. 만약 적힌 말이 무슨 뜻인지 잘 모르면 무조건 피하자.

❹ 지상권이 있는지? 있다면 안전한 지상권인지 확인한다

여기에는 '해당사항 없음'이라고 기재되었다. 쉽게 말하면, 소유자로서 권리행사에 문제가 되는 지상권이 없다는 뜻이다.

'지상권'은 다른 사람 소유의 토지를 사용할 수 있는 권리를 말한다. 참고로 지상권이 모두 위험한 것은 아니다. 예를 들면, 지하철역 인근 부동산에 지상권이 설정되는 경우가 있다. 이런 지상권은 안전하고, 오히려 건물의 가치를 올려주기도 한다.

【 을 구 】			(소유권 이외의 권리에 관한 사항)	
순위번호	등 기 목 적	접 수	등 기 원 인	권 리 자 및 기 타 사 항
1 (전 1)	지상권설정	1998년2월18일 제14795호	1998년2월11일 설정계약	목 적 도시철도시설물소유 범 위 편입면적 54㎡ 평균해수면 3.24㎡'부터 11.50㎡'까지 존속기간 도시철도시설물 존속시까지 지상권자 서울특별시 도면편철장 제1책114호 부동산등기법 제177조의 6 제1항의 규정에 의하여 2003년 06월 30일 전산이기

초보자는 '지상권은 안전한 경우도 있고 위험한 경우도 있다' 정도만 기억하고 넘어가자. 안전한지 위험한지 스스로 판단하기 어렵다면 입찰하지 않으면 된다. 안전하고 좋은 물건은 많으니까 말이다.

만약 매각물건명세서에 '매각 외 건물을 위한 법정지상권 성립 여지 있음' 등의 문구가 적혀 있다면, 절대로 입찰하면 안 된다. 만약 이런 사건에 관심이 많다면, 지상권과 법정지상권에 대해 깊게 공부하고 입찰해야 한다.

❺ 비고란을 확인한다

마지막으로 '비고란'을 확인하자. 이 사건은 비고란에 아무 내용도 적혀 있지 않다. 따라서 낙찰자가 특별히 주의할 점은 없다.

비고란에는 '유치권', '분묘기지권'처럼 등기부등본에 등기되지 않는 특별한 권리에 관한 내용이 기재된다. 또는 '농지취득자격증명서 필요' 같은 특별한 주의사항이 기재된다.

※ 비고란
농지취득자격증명서 필요(미제출시 매수보증금 몰수), 지상에 분묘 3기 소재(분묘기지권 성립여부는 불분명), 현황 맹지임

이제 정리하자.

법원은 매각물건명세서의 ③, ④, ⑤에 낙찰자가 인수하는 권리나 주의사항을 기재하게 되어 있다. 이 경매사건은 아무 내용도 기재되어 있지 않으므로 모든 권리는 소멸하고, 특별히 주의할 점도 없다. 또한 후순위 임차인이 살고 있으므로, 낙찰자가 임차인의 보증금을 인수하지도 않는다. 따라서 입찰해도 안전하다.

다시 강조하지만, 매각물건명세서에 모르는 문구나 용어가 나오면, 그 부분을 찾아서 공부해야 하고, 공부해도 모르겠으면, 그 사건은 포기하는 것이 좋다.

권리분석 핵심 요약

아래 세 가지 조건을 만족하면, 안심하고 입찰해도 된다.

1. 등기부등본에 근저당권, 압류, 가압류만 있고, 은행이 가장 먼저 대출을 해줬다.
2. 소유자나 후순위 임차인이 살고 있다. (선순위 임차인 사건은 피한다.)
3. 매각물건명세서 ③, ④, ⑤에 특별한 내용이 기재되지 않았다.

천천히 꾸준히 걷다 보면
결국 목적지에 도착한다

나는 지금도 여전히 매일 경매로 나온 물건을 보며 기회를 엿보고 있다. 어려운 물건에 들어가 큰 수익을 보는 것도 좋지만, 느린 듯 보여도 한 발 한 발 꾸준히 자신의 길을 가는 거북이처럼, 무리하지 않는 범위에서 내 갈 길을 가려고 한다.

그 이유는 잃지 않는 투자를 하기 위해서이다. 자신의 능력 범위 안에서만 투자하면, 재산이 늘어나는 속도는 느릴지 몰라도 여유 있게 투자할 수 있다. 그렇게 꾸준히 노력하다 보면 저절로 그 능력에 맞는 투자를 하며 계속 성장할 것이라 생각한다.

투자는 자신과의 싸움이다. 지금도 수많은 사람이 말하는 '입이 떡 벌어질 수익 이야기'에 마음이 조급해지는 사람이 많다. 어서 빨리 그들처럼 유치권, 법정지상권, 지분경매, 위장 선순위 임차인을 멋지게 처리해서 누구보다 많은 수익을 벌고 싶은 욕심이 생기기 마련이다.

그런데 사람들은 자신의 그릇만큼 자산이 늘어난다는 것을 잘 모른다. 때가 되면 자연스럽게 특수 물건에도 도전하여 남들보다 많은 수익을 얻기도 한다. 하지만 시간이 지나서야 특수 물건이 꼭 더 좋은 투자가 아니라는 것을 알게 된다.

특수 물건도 부동산 경매의 한 부분이고, 부동산 경매는 부동산 시장의 한 부분이다. 부동산 전체를 바라보고 투자할 수 있는 실력을 갖춰야만, 특수 물건도 돈이 되고 큰 수익으로 돌아오는 것이다.

지루하지만 힘든 과정을 거친 사람에게만 경제적 자유가 허락된다. 물론 부동산 경매로 1~2년 안에 경제적 자유를 이룩한 대단한 사람들도 있다. 잠은 하루에 서너 시간만 자고, 새벽부터 임장 후 출근하고, 퇴근길에 다시 또 현장에 가며, 주말마다 만사 제쳐 놓고 부동산을 보러 다니는 생활을 한다.

거의 매일같이 식구들을 동원하여 입찰하는 삶을 산 사람들만이 겨우 그 시간을 단축할 수 있다. 누구에게나 똑같이 주어지는 시간을 몇 배로 활용하며 노력한 사람들에게만 허락되는 것이 경제적 자유다.

이런 삶을 몇 년 동안 이어 갈 수 있는 사람이라면 상관없지만, 나를 포함한 대부분의 사람은 이 정도로 독하고 모질게 살 수 있는 자세와 습관을 갖추는 것이 솔직히 힘들다.

며칠은 가능할지 몰라도 몇 년을 그렇게 살 수 있는 사람은 극히 드물다. 이런 이유로 나는 천천히 꾸준하게 1년에 제대로 된 물건 한두 건만 낙찰받아 소화한다면, 생각한 시간보다 더 빨리 원하는 결과에 도달할 수 있다고 생각한다.

성공한 사람들의 한결같은 공통점은 힘들고 어려워도 끝까지 포기하지 않았다는 것이다. 부동산 경매를 시작해 끝까지 성공적으로 해 내겠다는 목표를 이루려면, 지치지 않기 위해서 긴 호흡을 갖고 물건 분석, 임장, 입찰을 습관적으로 해야 한다. 그런 후에 낙찰을 받고, 명도를 하고, 매매 또는 임대를 하며 경험을 쌓아야 한다.

이런 것들이 하나둘씩 쌓이다 보면 어느 순간 자신이 꿈꾸던 경제적 자유를 갖게 되었다는 것을 깨닫게 될 것이다.

이 책을 읽는 모든 분이 어렵게만 생각했던 부동산 경매를 시작할 수 있는 용기를 갖고, 끝까지 포기하지 않고 노력할 수 있는 힘을 얻고, 원하던 꿈을 이룰 수 있기를 간절히 바란다.

나의 글이 독자의 행복한 삶에 조금이나마 도움이 된다면 더할 나위 없는 기쁨일 것이다.

부동산 경매 따라잡기

발 행 일 2019년 11월 1일 (개정판 1쇄)

지 은 이 이재범 (핑크팬더)

펴 낸 이 묵향
펴 낸 곳 책수레
출판등록 2019년 5월 30일 제2019-00021호
주   소 서울시 도봉구 노해로 67길 2 한국빌딩 B2
전   화 02-3491-9992
팩   스 02-6280-9991
이 메 일 bookcart5@naver.com
포 스 트 https://post.naver.com/bookcart5
블 로 그 https://blog.naver.com/bookcart5

ISBN   979-11-967439-2-5 (13320)

※ 이 책은 2013년 출간된 『소액 부동산 경매 따라잡기』의 개정증보판입니다.